"十一五"国家重点图书出版规划项目

北京市社会科学理论著作出版基金重点资助项目

启 功 全 集

（修 订 版）

第 一 卷

诗文声律论稿

汉语现象论丛

说八股

北京师范大学出版集团
BEIJING NORMAL UNIVERSITY PUBLISHING GROUP
北京师范大学出版社

图书在版编目（CIP）数据

启功全集（修订版）.第1卷，诗文声律论稿、汉语现象论丛、说八股 / 启功著. —北京：北京师范大学出版社，2012.9

ISBN 978-7-303-14712-0

Ⅰ.①启… Ⅱ.①启… Ⅲ.①启功（1912—2005）—文集 Ⅳ.①C52

中国版本图书馆CIP数据核字（2012）第 125339 号

营 销 中 心 电 话　010–58802181　58805532
北师大出版社高等教育分社网　http://gaojiao.bnup.com.cn
电 子 信 箱　beishida168@126.com

QIGONG　QUANJI

出版发行：北京师范大学出版社 www.bnup.com.cn
　　　　　北京新街口外大街19号
　　　　　邮政编码：100875
印　　　刷：北京盛通印刷股份有限公司
经　　　销：全国新华书店
开　　　本：170 mm × 260 mm
印　　　张：372.5
字　　　数：5021千字
版　　　次：2012 年 9 月第 1 版
印　　　次：2012 年 9 月第 1 次印刷
总 定 价：2680.00 元（全二十卷）

策划编辑：李　强　责任编辑：李　强　倪　花　李　志
美术编辑：毛　佳　装帧设计：李　强
责任校对：李　菡　责任印制：李　啸

启功先生像

出 版 说 明

启功先生（1912—2005），字元白，亦作元伯，北京人，满族。启功先生是著名教育家、国学大师、古典文献学家、书画家、文物鉴定家、诗人，曾任中国人民政治协商会议全国委员会第五届委员，第六、七、八、九、十届常务委员，是九三学社中央委员会顾问、中央文史研究馆馆长、国家文物鉴定委员会主任委员、中国书法家协会主席和名誉主席、北京师范大学教授。

启功先生是一位成就卓著的学者，学问博大精深，著述丰富严谨，教学勤勉认真；启功先生也是一位浸沉传统又自撷新意的艺术家，诗词承古创今，法书神秀骨骏，法绘笔墨雅逸；启功先生更是一位信仰理性不泯良心的真人，学高堪为师表，身正公允世范，一生谦己敬人。启功先生给我们留下了丰富而宝贵的文化遗产。

启功先生在辅仁大学、北京师范大学执教七十多年。北京师范大学九十五周年校庆之际，受学校委托，启功先生拟定并题写了"学为人师，行为世范"的校训。这两句话，深具精辟的教育理念，是先生一辈子教书达人的生动写照。启功先生仙逝后，北京师范大学出版社开始《启功全集》的收集整理和编辑出版工作。这一重要选题被列入"十一五"国家重点图书出版规划。

《启功全集》包括诗文与书画两大部分，较全面地收录了启功先生撰写的专著、论文、诗词、题跋、书信、日记、讲学录及口述历史，选辑了启功先生创作的绘画、书法精品。除努力汇集启功先生各个时期发表的著作、散论和书画作品之外，《启功全集》的一个特点是收集了启功先生不曾发表的文字和书画，如将此前未发表的诗作另辑一册、将新发现的题跋补充到《启功丛稿》曾发表的题跋部分等。为方便读者理解，做如下说明：

一、全集各卷文字均以规范简化字横排。不能以简化字表述的古代专名、古籍原文和作者特用的写法（馀、惟）等，则保持原貌并各卷统一。

二、著述与作品保持原体例，与新收集的著述、作品按时间分类编排。有些作品的写作年代是按推测的年代编辑的；口述和记录文字注明了执笔或整理情况；书信部分，编者对受信人略有加注，一般不加注释。

三、同题文章有数个版本时，内容略有出入者，以最后版本为准；内容出入较大者，收编一处方便对照。

四、因各种原因，原系启功先生撰写却以他人名义发表的文章，经过查实照例收编。

五、单行本著作的各种版本的前言、后记随原著收编。

六、诗词形式的题跋，收入诗集，不再归入题跋。

七、书画部分重在收录作品，不作释文。

我们努力收集启功先生的著述和书画，但难免有遗漏，尤其是书画作品，因广受友人、藏家喜爱，流布海内外一时无法尽收。《启功全集》资料收集仍在进行，我们将继续补充。启功先生关于古籍整理的一些重要工作，如点校《清史稿》、校勘《敦煌变文集》、注释《红楼梦》等，此次没有收录。另外，启功先生有系统临写的古代法帖，因本社此前编有《坚净居丛帖》凡数十种，本次也没有收录。

整理与编辑《启功全集》，对我们来说是一次难得的学习机会。感谢社会各界对编辑工作的一贯支持。我们愿全心全力，努力学习，改正编辑工作中出现的错误和疏漏，诚请读者批评指正。

北京师范大学出版社

2008 年 9 月

目 录

诗文声律论稿

汉语现象论丛

说八股

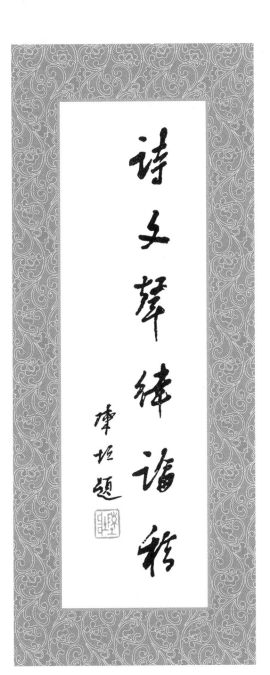

诗文声律诂稽

陈垣题

一、绪　论

　　本文所要探索的是古典诗、词、曲、骈文、韵文、散文等文体中的声调特别是律调的法则。所采取的方法，是摊开这些文学形式，分析前代人的成说，从具体的现象中归纳出目前所能得出的一些规律。但如果问这些规律是怎样形成的，或者问古典诗文为什么有这样的旋律，则还有待于许多方面的帮助来进一步探索，现在只能摆出它们的"当然"，还不能讲透它们的"所以然"。这些初步结果，仅能说是进一步研究的阶梯和材料而已。

　　古典文学形式中，有一种规矩严格的诗歌，人称它为"律诗"。由于它完成在唐代，所以唐代人称它为"近体诗"或"今体诗"，后世也就沿称。这都是对着"古诗""古体诗"而起的名称。所谓"律"，是指形式排偶与声调和谐的法则，也就是指整齐化和音乐化的规格，所以这种律又被称为"格律"。至于词、曲，根本即在音乐的声律中，因此并无"律词""律曲"等名称。在文章方面，除"律赋"外，虽没有特标"律"字名称的文体，但也有讲求声调和谐的作品。无论诗、词、曲、文，律化的条件都有两个方面：一是字句形式上的要求，一是声调搭配上的要求。字句形式整齐排偶这一方面究竟比较简单；而令人觉得复杂的，要属于声调配搭怎样和谐这一方面。本文所要探索的即是这后一方面的问题。题目所标称的"诗文"，是包括古典文学中诗、词、曲、骈文、韵文、散文诸种形式。先从诗谈起，推至其他体裁。

　　从前人对于诗、词、曲的声调格式，常是凭硬记的，或把一些作品画出平仄谱子来看，或找几首标准的作品来熟读。还有人统计若干种正规格式和变态格式的诗以至词、曲，辑成谱录。诗的声调谱式自王士禛《律诗定体》以后，有许多人补充和续作，前代日本人也曾有过一些著作，他们陆续研究，各有功绩。词、曲谱式也有很多专书，这里都不及详举。

经过对各种文体声调的探讨，看到声调抑扬的现象是古代汉语习惯的一个部分，也是古代汉语语言艺术的一个部分。本文拟分别解剖古典文学形式中诗、词、曲、骈文、韵文、散文声调方面的一些现象。各种古典文学形式，随着它们内容的不同，声调的运用也并不一律，即以诗歌为例，在律诗完全成熟以后，有人在作某些作品时，为了适应它的特定内容，仍然有采用非律调体裁的。所以并不能对一切古典诗文形式都用这种律调来要求，尤其不是说今天学习创作诗文的人都需要采取这些古典形式和它的格律。

4

二、四声、平仄和韵部问题

自古代至现代的全国汉语方音，如从复杂的方面讲，许多字的读音，各时代、各地区互有不同，可以说是千差万别。如从简单的方面讲，今天各地的方音，虽然仍很复杂，但从大的范围上看，可以归成两类：如吴、闽、粤等方言区域的语音可算甲类；以上区域之外的大部分普通话区域（从前称为官话区）的语音可算乙类。

方音差别的情况：有些地方，平上去入四声各分阴阳，甚至可多到九声、十声，但无论各有几声，都可以概括地分为两大调，即"平"（包括阴平和阳平）和"仄"（或称"侧"，包括平以外的各声）。可以说平和仄（扬和抑）是汉语声调中最低限度的差别，也可以说是古典诗文声律中最基本的因素。

历代韵书也有两大类，即自《切韵》至沿袭它的《佩文诗韵》为一类，可称 A 类；自《中原音韵》至"十三辙"为一类，可称 B 类。《切韵》所记录的语音，包括的地区本来很广，但后来乙区的方音系统逐步形成，今天则只有甲区人的语音大致还与它接近，而乙区人的语音离它就较远了。至于《中原音韵》虽标着"中原"地区，但这一系统的语音，陆续扩大。今天随着普通话的推广，即甲区人在用普通话时，也用这类韵部了。自有韵书后，诗文创作多依韵书押韵，所以探索古代诗文声律，要先说明两类韵书的问题。

A 类韵书以唐人增修（隋）陆法言编的《切韵》和宋人再修的《广韵》为一大宗，它是古代文人作诗文押韵的标准，所以也可算古典韵书或

"正统派"韵书。因此,虽乙类区域的文人在作诗文时也都用它。这种韵书,字音分平、上、去、入四声,韵部分得较细,有二百零六个。直至清代的《佩文诗韵》,韵部虽有所合并,仍有一百零六个。这都属于 A 类系统。

B 类韵书最早出现的是(元)周德清编的《中原音韵》,字音共分阴平、阳平、上、去四个调类。那些 A 类韵书中的入声字,都分配进这四个调类中。还有些上声、去声的字也与 A 类韵书略有出入。例如有以上作去的或以上作平的等。所分的韵部也比 A 类韵书少得多。元明以来,以乙类方音作曲用韵,基本用这种字音调类和韵部。直至后世的"十三辙"以及近时新编新韵书,都属于 B 类系统。

当然无论自《切韵》至《佩文诗韵》,或自《中原音韵》至"十三辙",它们中间都曾出现过许多种韵书,但小异大同,并且不离它们各自所属的 A、B 类别,所以不再详举。

本文所论,是古典诗文的声律问题,所举例句中各字的平仄读音,都是按照 A 类韵书的标准。因为那些作者多是按这标准写作的。如果仔细探讨元曲或乙类方音的其他歌曲,则应按 B 类标准。即在乙类方音的作品中,如遇以入作平的字,这字在它本句中,必居应用平声的位置。所以各字的读音今天虽有甲乙区域的不同,但句律的平仄抑扬却是一致的。

有人分析某些唐代律诗是分四声的,宋人某些词,元、明人某些曲,也是讲四声的。按词、曲为了歌唱,不但某些字要讲四声,而且还要讲阴阳清浊和发音部位。至于律诗中讲四声的,唐代本来就不多,后世更少有人沿用。在诗文声律中,只有讲平仄而不细拘四声的,却不可能有讲四声而不合平仄的。总之,平仄即扬抑,是语音声调中最概括、最起码的单位,平仄的排列是诗文声律最基本的法则,而选用阴阳声,分别上去入,则属于艺术加工的范畴,所以本文只论平仄,不论四声。

三、律诗的条件

律诗的条件，还没见古代有人详细提过。但从历代著名作品看，约有四项：

1. 一句之中和句与句之间的平仄，都有特定的规格；

2. 平声韵脚，除有时首句入韵外，都是单句仄脚不入韵，双句平脚入韵；

3. 以每首八句为基本形式（唐人有六句的律调诗，但极少。八句以上的称为长律或排律。唐代科举考试用五言六韵，计十二句，称为"试律诗"。清代科举考试用五言八韵，计十六句，称为"试帖诗"。一般的长律不限句数）；

4. 全诗首尾两联（每二句称为一联）对偶与否可以随意，中间各联必须对偶。

这第一项所说的特定规格和其中的变化，详见下文；其他三项，还有一些特殊情况，应该略加说明。

古代作品中，也有一首八句，中间对偶，但是仄声韵脚的，有人称之为仄韵律诗。它们显然和一般律诗不同，在各种按体裁分类的选本上，也少列为律诗，所以仍应算是古体诗。①

有人问：绝句的平仄有合乎律调的，也有不合的，应该怎样分类？

---

① 《柳南随笔》说白居易《西楼月》仄韵一首《长庆集》编入律体，方氏《律髓》亦收之。按这究竟是少数的例子。

按绝句的"绝"字是数量观念，四句是一般诗篇起码句数（特殊的有两句、三句的，《诗经》和古乐府中偶见之），所以称为绝句。在历代编诗分体中，都没有再称律调绝句和古调绝句。但我们若专从平仄声律角度上看，却应知道它们有律调和非律调的差别。因为八句律诗的声律，实是两个四句律调重叠组成的。①

至于律诗中的对偶问题，也有时有些例外，有中间两联并不全对，甚至完全不对的。例如：

（A、B、1、2等标号和排列关系，见后边第四章。）

A1　　昨夜巫山下

B1　　猿声梦里长

C2　　桃花飞渌水

D1　　三月下瞿塘

A1　　雨色风吹去

B1　　南行拂楚王

C2　　高丘怀宋玉

D2　　访古一沾裳（李白《宿巫山下》）

此首各联全不对偶，但声调完全合律。又：

A2　　牛渚西江夜

B非2　青天无片云

C非6　登舟望秋月

① 杜甫《黄河》绝句二首前首平韵，后首仄韵，同编在卷四古体中。《屏迹》五律三首其三为仄韵，同编在卷十二近体中。都因同组难分，有所迁就。

D1　空忆谢将军
（平仄仄平平）

A2　余亦能高咏
（平仄平平仄）

B1　斯人不可闻
（平平仄仄平）

C非6　明朝挂帆去
（平平仄平仄）

D1　枫叶落纷纷（李白《夜泊牛渚怀古》）
（平仄仄平平）

（■处是拗字，下同。拗句标号见后边第九章。）

此首全不对偶，虽拗三句，但各句关系全合，拗句亦是常见的普通拗法。以上两首，除缺少对偶一项外，律诗的四项条件已具有三项，所以前代选诗仍把它们列入律诗。又有长篇诗歌，各句全是律调，排列关系也都合律，而基本上不用对偶的。例如：

B4　初梦龙宫宝焰然
（平仄平平仄仄平）

D1　瑞霞明丽满晴天
（仄平平仄仄平平）

A4　旋成醉倚蓬莱树
（仄平仄仄平平仄）

B1　有个仙人拍我肩
（仄仄平平仄仄平）

C2　瞥见冯夷殊怅望
（仄仄平平平仄仄）

D4　鲛绡休卖海为田
（平平平仄仄平平）

A2　亦逢毛女无惆甚
（仄平平仄平平仄）

B4　龙伯擎将华岳莲
（平仄擎将华岳莲）

C4　少顷远闻吹细管
（仄仄平平平仄仄）

D2　闻声不见隔飞烟
（平平仄仄仄平平）

A1　逡巡又过潇湘雨
（平平仄仄平平仄）

B1　　　仄仄平平仄仄平
　　　雨打湘灵五十弦

C2　　　仄仄平平平仄仄
　　　恍惚无倪明又暗　　┐
　　　　　　　　　　　　├（对偶一联）
D2　　　平平仄仄仄还连
　　　低迷不已断还连　　┘

A4　　　仄平仄仄平平仄
　　　觉来正是平阶雨

B1　　　仄仄平平仄仄平
　　　未背寒灯枕手眠

　　　（李商隐《七月二十八日夜与王郑二秀才听雨后梦作》）

这首共十六句，像是排律。但全篇只有一联对偶，它算是律诗或算是古诗，前代也有过争论，我觉得律诗最主要的特点在于声调的合律，所以这首应与上边李白两首同样看待，那两首可算不对偶的五言律，这一首可算不对偶的七言长律。

　　还有在律诗完全成熟和普遍流行以前，像南北朝后期到初唐，曾流行一种部分合律、部分不合律的作品，可算是过渡形式。唐代律诗成熟以后，还有人沿用或说模拟这种半熟的律体，李白的作品中即很多，杜甫也有些似乎故意不拘声律的律诗，不过是一时的变体罢了，这里不多举例。

四、律诗的句式和篇式

诗文声调的律，都存在于两个方面：一是句中各字平仄的运用，即是句式的问题；二是篇中各句式的排列，即是篇式的问题。现在先谈句式。

我们知道，五、七言律诗以及一些词、曲、文章，句中的平仄大部是双叠的，因此试将平仄自相重叠，排列一行如下：

1	2	3	4	5	6	7	8	9	10	11	12	13	14	……
平	平	仄	仄	平	平	仄	仄	平	平	仄	仄	平	平	……

这好比一根长竿，可按句子的尺寸来截取它。五言的可以截出四种句式：

仄 仄 平 平 仄（今称A式句）即3至7或7至11；

平 平 仄 仄 平（今称B式句）即1至5或5至9；

仄 平 平 仄 仄（今称C式句）即4至8或8至12；

平 仄 仄 平 平（今称D式句）即2至6或6至10。

七言句是五言句的头上加两个字，在竿上也可以截出四种句式：

平 平 仄 仄 平 平 仄（A式句）即1至7或5至11；

仄 仄 平 平 仄 仄 平（B式句）即3至9或7至13；

平 仄 仄 平 平 仄 仄（C式句）即2至8或6至12；

仄 平 平 仄 仄 平 平（D式句）即4至10或8至14。

再将平仄长竿截取句式的情形图解来看：

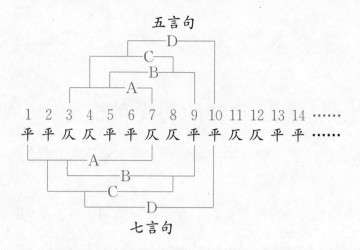

以上每句的平仄并非丝毫不能更动的，除了五言B式句外，无论五言、七言的首字，都可以更换。这是因为句子的发端处限制较宽。只有五言B式句首字不能更换，是因为它如换用仄声，则下边一字便成为两仄所夹的"孤平"，声调便不好听。七言句是五言句上加两个字而成的，不但七言句本身的首字可以更换，即从五言句首带进来的可换之字，也仍保留着可换的资格。下面排列来看（圈内字可平可仄）：

五言句

			壹	贰	叁	肆	伍	
A	〔平	平	〔仄	仄	平	平	仄〕	五言可变两式 七言可变四式
B	〔仄	仄	〔平	平	仄	仄	平〕	五言不能变 七言可变两式
C	〔平	仄	〔仄	平	平	仄	仄〕	五言可变两式 七言可变四式
D	〔仄	平	〔平	仄	仄	平	平〕	五言可变两式 七言可变四式
	一	二	三	四	五	六	七	

七言句

〔 〕内为七言句，〔 〕内为五言句。●为可换之字。

兹将句式变化列表如下，左半截四行示可变各字，右半截各行示变出各句式。

表一：《五、七言律调句式表》

A 〔平／仄 平 〔仄／平 仄 平 平 仄〕〕
　　1 平平仄仄平平仄 七、五言 A1
　　2 仄平平仄平平仄 七、五言 A2
　　3 平平仄平平仄 七言 A3
　　4 仄平仄仄平平仄 七言 A4

B 〔仄／平 仄 〔平／仄 平 仄 仄 平〕〕
　　1 仄仄平平仄仄平 七、五言 B1
　　2 平仄仄平仄仄平
　　3 仄仄仄平仄仄平
　　4 平仄平平仄仄平 七言 B4

C 〔平／仄 仄 〔仄／平 平 平 仄 仄〕〕
　　1 平仄仄平平仄仄 七、五言 C1
　　2 仄仄平平平仄仄 七、五言 C2
　　3 平仄平平平仄仄 七言 C3
　　4 仄仄平平平仄仄 七言 C4

D 〔仄／平 平 〔平／仄 仄 仄 平 平〕〕
　　1 仄平平仄仄平平 七、五言 D1
　　2 平平仄仄仄平平 七、五言 D2
　　3 仄平仄仄仄平平 七言 D3
　　4 平平平仄仄平平 七言 D4

（B2、B3 式句中的仄是律调句式中没有的（孤平），所以是非律句。）

从上表来看，五言律句共有七样，七言律句共有十四样，在各式之内可以选用，但不能弄错 ABCD 四式的界限。无论句子多少的律调诗篇，除拗句外，所用都不离这二十一样句式。

下面谈五、七言律诗的篇式：

五言律诗、七言律诗句式排列关系是相同的，共分首句不入韵和首句入韵两类，每类又有起句句式不同的两种格式。从前人以起句中第二字为标志，称之为五言仄起、五言平起等等，也就是现在所列的 A 式起、C 式起诸式。

首句不入韵一类中，A 式起句的，五言律旧称"五言仄起不入韵式"，七言律旧称"七言平起不入韵式"，它们的排列次序都是 ABCD-ABCD。至于 C 式起句的，五言律旧称"五言平起不入韵式"，七言律旧称"七言仄起不入韵式"，它们的排列次序都是 CDABCDAB。这种排列关系，是因为每联中除可换字外，各字平仄都须相反，所以 A 式的对句宜用 B 式，C 式的对句宜用 D 式。后一联又须与前一联不同，则 AB 之后，宜用 CD；而 CD 之后，宜用 AB。由于此外没有其他句式，所以八句律诗的后半，只好沿着前四句的排列次序重轮一遍。

首句入韵即是 A、C 式的首句换成 D、B 式的句子。这一类中，D 式起句的，五言律旧称"五言仄起入韵式"，七言律旧称"七言平起入韵式"，它们的排列次序都是 DBCDABCD。至于 B 式起句的，五言律旧称"五言平起入韵式"，七言律旧称"七言仄起入韵式"，它们的排列次序都是 BDABCDAB。这里换用的首句，要有两项条件：一是要平声句脚的；二是除句脚一字和可换各字外，各字平仄须与对句相反。所以 A 式句只能换用 D 式句，C 式句只能换用 B 式句。由于只换首句，所以八句的后半四句仍是沿着未换首句的排列次序重轮一遍。八句以上的排律，也是照这样接连排下去。

以上的排列关系，即 A 配 B，C 配 D，从前人称之为黏对；如果配错了，即 A 配了 D，C 配了 B，称为失黏，也就是不合律。

从前还有人把各种起句不同的合律篇式再分为正格、偏格、常调、变调，是没有什么必要的。

五、七言律诗的各种篇式举例如下：

七言律诗	五言律诗
AB 起式	AB 起式
（平起不入韵式）	（仄起不入韵式）
仄平仄仄平平仄 A4　舍南舍北皆春水	仄仄平平仄 A1　好雨知时节
仄仄平平仄仄平 B1　但见群鸥日日来	平平仄仄平 B1　当春乃发生
平仄仄平平仄仄 C1　花径不曾缘客扫	平平平仄仄 C2　随风潜入夜

D4	平平平仄仄平平 蓬门今始为君开		D2	仄仄仄平平 润物细无声
A1	平平仄仄平平仄 盘飧市远无兼味		A1	仄仄平平仄 野径云俱黑
B4	平仄平平仄仄平 樽酒家贫只旧醅		B1	平平仄仄平 江船火独明
C2	仄仄平平平仄仄 肯与邻翁相对饮		C1	仄平平仄仄 晓看红湿处
D1	仄平平仄仄平平 隔篱呼取尽馀杯		D1	平仄仄平平 花重锦官城

(杜甫《客至》) | (杜甫《春夜喜雨》)

CD 起式			CD 起式	
（仄起不入韵式）			（平起不入韵式）	
C4	仄仄仄平平仄仄 剑外忽传收蓟北		C2	平平平仄仄 林风纤月落
D2	平平仄仄仄平平 初闻涕泪满衣裳		D1	平仄仄平平 衣露静琴张
A2	仄平平仄平平仄 却看妻子愁何在		A1	仄平平仄仄 暗水流花径
B1	仄仄平平仄仄平 漫卷诗书喜欲狂		B1	平平仄仄平 春星带草堂
C4	仄仄平平平仄仄 白日放歌须纵酒		C1	仄平平仄仄 检书烧烛短
D2	平平仄仄仄平平 青春作伴好还乡		D2	仄仄仄平平 看剑引杯长
A2	仄平平仄平平仄 即从巴峡穿巫峡		A2	平仄平平仄 诗罢闻吴咏
B1	仄仄平平仄仄平 便下襄阳向洛阳		B1	平平仄仄平 扁舟意不忘

(杜甫《闻官军收河南河北》) | (杜甫《夜宴左氏庄》)

DB 起式			DB 起式	
（平起入韵式）			（仄起入韵式）	
D4	平平平仄仄平平 昆明池水汉时功		D1	平仄仄平平 清旭楚宫南
B1	仄仄平平仄仄平 武帝旌旗在眼中		B1	平平仄仄平 霜钟万岭舍
C2	仄仄平平平仄仄 织女机丝虚夜月		C1	仄平平仄仄 野人时独往

仄平平仄仄平平
D1　石鲸鳞甲动秋风

平平平仄平平仄
A3　波漂菇米沉云黑

仄仄平平仄仄平
B1　露冷莲房坠粉红

平平仄平平仄仄
C1　关塞极天唯鸟道

平平仄仄仄平平
D2　江湖满地一渔翁

（杜甫《秋兴》）

平仄仄平平
D1　云木晓相参

仄仄平平仄
A1　俊鹘无声过

平仄仄平平
B1　饥乌下食贪

仄平平仄仄
C1　病身终不动

平仄仄平平
D1　摇落任江潭

（杜甫《朝》）

BD 起式

（仄起入韵式）

仄仄平平仄仄平
B1　背郭堂成荫白茅

平平仄仄仄平平
D2　缘江路熟俯青郊

仄平仄仄平平仄
A4　桤林碍日吟风叶

平仄平平仄仄平
B4　笼竹和烟滴露梢

仄仄平平平仄仄
C2　暂止飞乌将数子

平平仄仄仄平平
D2　频来语燕定新巢

平平仄仄平平仄
A1　旁人错比扬雄宅

仄仄平平仄仄平
B1　懒惰无心作解嘲

（杜甫《堂成》）

BD 起式

（平起入韵式）

平平仄仄平
B1　华亭入翠微

平仄仄平平
D1　秋日乱清晖

平仄平仄仄
A2　崩石欹山树

平平仄仄平
B1　清涟曳水衣

仄仄平平仄
C1　紫鳞冲岸跃

平仄仄平平
D1　苍隼护巢归

仄仄平平仄
A1　向晚寻征路

平平仄仄平
B1　残云傍马飞

（杜甫《重题郑氏东亭》）

　　五、七言平韵律调绝句，也各有四式，即是上列各式中每式前四句的声律格式，不另举例。

五、两字"节"

我们既知诗句中常常两字一"顿",或称一"逗"(句中这类小距离、轻停顿,有人称之为"音步"),例如仄仄或平平。因为它是前边所说的那根平仄长竿上的小单位,所以可称之为"节"。它又譬如一个盒子,有盖有底。但有时每节并不一定是两仄或两平,因为一节之中的上字声调有时可以活动,也就是盒盖可以更换;下一字声调关系重要,也就是盒底需要稳定。所以应用仄仄的有时可以用平仄,应用平平的有时可以用仄平。于是仄仄平平有时可以变成平仄仄平;平平仄仄有时可以变成仄平平仄。这种盒底既然重要,现在即用它为标志来做节的称呼,盒底是仄的(包括仄仄或平仄)称为仄节,盒底是平的(包括平平或仄平)称为平节。从前对于律诗篇式所称的仄起、平起,都是指首句第二(贰)字而言,也就是以句中第一节的盒底为标准的。

有人由于看到盒盖可以活动,盒底不能活动的现象,便创出"一三五不论,二四六分明"的歌诀来。这种歌诀的说法,似是而非,因为不能专因盒盖能换而影响全句的和谐,所以一、三、五的能换与否,是有条件的,不是任何句式中都可以不论的。从第四章《表一》里可以看出,一、三有不论的,但 B 式句的三因怕四成孤平,就仍须论,五则没有不论的了。

又句中各节,除句脚半节外,都须要间隔错综,平节后须接仄节,仄节后须接平节,即是二四六必须是平仄平或仄平仄。如果这种节的关系错了,便成为非律句。句中每个盒底既不容随便更换,又需要间隔错综,所以"二四六分明"这句虽未能说明怎样分明，但还算没有错误。

再用表来说明各种句式中二、四、六的关系。

表二：《律句二四六字关系表》

五言句

句式			壹	贰	叁	肆	伍
	一	二	三	四	五	六	七
A	平/仄	平	仄/平	仄	平	平	仄
B	仄/平	仄	平/平	平	仄	仄	平
C	平/仄	仄	仄/平	平	平	仄	仄
D	仄/平	平	平/仄	仄	仄	平	平

七言句

从表中可以看到 A、B、C、D 四种句式中的二四六间隔错综的情况。又看到 A 二和 B 二相反，B 二和 C 二相同。四、六也是如此。八句以至多句的律诗，句中、联中、联间二四六的关系也都如此。首句入韵的，即是以 D 代 A，以 B 代 C。DB 之所以能代 AC，不仅是因为具有平声句脚，同时 A 与 D 的二四六是一样的，C 与 B 的二四六也是一样的。

关于节的上一字，即盒盖，也并不是完全无关紧要的，例如七言 A 式句更换第一和第三字，便可变出四种样子。其他句式，也是如此。又当有些非律句中，遇到两个同调的节无法错开时，有时换一个盒盖，也比两节四字全同好一些。例如前一节是甲甲，后一节用乙甲；或前一节是乙甲，后一节用甲甲。这虽不能因此便变拗成律，但在句中也能发生些疏通变化。

以上所谈的这种两字节，不但五、七言律诗句中是重要的小单位，即在古体诗和其他古典文学形式的句子中，也同样是重要的小单位。盒子底盖的关系，也是一样。

在词、曲、骈文、韵文、散文句中的节，是除去句中领、衬、尾字来算的。例如：

仄　平平　（平）　平仄　（平）

帝　高阳　之　苗裔　兮，

仄　平仄　（仄）　仄平

朕　皇考　曰　伯庸。（《离骚》）

其中"帝""朕"是领字，"之""曰"是衬字，"兮"是尾字。所剩"高阳""苗裔""皇考""伯庸"，恰是抑扬相间的四个节。

还有些句式，尾字在韵脚之下。例如：

坎坎伐檀兮，

置之河之干兮，

河水清且涟漪。（《诗经·魏风·伐檀》）

"兮""漪"是尾字，"之干""且涟"的"之""且"是衬字。这三句实际各有两节：

仄仄　仄平

坎坎　伐檀

仄平　平平

置之　河干

平仄　平平

河水　清涟

句中声律的节，与词的分合有时是不一致的。例如：

"好雨知时节"

末三字词的分合是：

知　时节。

这情况在词曲等句中更是常见的。例如：

争知　我，

倚栏　干处，

正恁　凝眸。（柳永《八声甘州》）

栏干是一个词，在词调的句法规格上，这一句中词的分合应是"一、二、一"式，即：

倚　栏干　处，

而声调上则应是仄平和平仄两节，于是"栏干"二字便被分到两节中去。弄清这个问题，对于词曲中出现的特别句式情况，便容易解释了。词曲里更常有语义连贯而句式断开，或语义断开而句式连贯的，也像这类道理。

附带谈到五、七言诗句中词与句式的关系。句中各词，无论如何分合，句末三字必须与上边四字分开，要自成为"三字脚"。这三字可以是"二、一"式，也可以是"一、二"式，甚至可以是"一、一、一"式（古代汉语很少有真正三字不可分的词）。如果倒数第三字与倒数第四字相连为一词时，便不是正常的五、七言诗句的规格。词曲或其他文体中的五、七言句式，有诗句式的，也有其他式的，那些非诗句式的，则不拘此例。

至于一个字的半节，在声调上，并非都是附属品，而常有重要作用（只是被用的数量比重上不如两字节多）。词曲中有一字句或逗，固然最明显，即其他各种句式，总不外乎单数字的或双数字的。单数字的句子必然有一字的半节，而双数字的句子有时也会有不止一个的一字半节。总之，无论哪样句式，都是一些双字和单字的小单位所组成。那些一字的半节，在五、七言诗句中固然是声调上的重要部分，即在词曲或骈散文章中，一些半节单字也一样与声调有关（即一些衬字有时也会当半节、一节用，它们有时在一些两个节间平仄发生问题的地方，能起疏通或垫补的作用）。本文所引各种文体的句、联、段、篇中，那些一个字的半节或重要的单个衬字，都一律附注平仄。至于关系不大的领、衬、尾字（或词、句），都在所注的平仄上加标括号"（　　）"。

六、律句中各节的宽严

律诗无论五言句或七言句，以部位论，是下段比上段严格；以声调论，是平声比仄声严格。

现在把一句按节划分：

五言句

甲乙　　丙丁　　戊己　　庚

七言句

庚处虽是余下的半节，但它是句脚，同时也是押韵的地方。在律诗中，AC 句脚仄声无韵，BD 句脚平声押韵，绝不许错，可称是最严格的地方。往上一节即戊己处，比起庚处自然宽些，因为它没有押韵与否的问题。但这里却存在着有无孤平或孤仄的问题。这一节连带句末庚处，便是所谓"三字脚"，只能是以下这样：

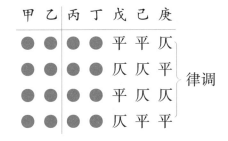

如果己处孤平被两仄所夹，或孤仄被两平所夹，都是非律的：

甲	乙	丙	丁	戊	己	庚	
●	●	●	●	仄	平	仄	非律调
●	●	●	●	平	仄	平	

如果戊处孤平或孤仄，也是非律的：

甲	乙	丙	丁	戊	己	庚	
●	●	●	仄	平	仄	仄	非律调
●	●	●	平	仄	平	平	

还有这三字脚如果平仄全同，也是非律的：

甲	乙	丙	丁	戊	己	庚	
●	●	●	●	仄	仄	仄	非律调
●	●	●	●	平	平	平	

以上原则，也可以用来看各种独立的三言句，但一般的三言句不都要求这样严格罢了。

再往上看一节，即丙丁处，又宽些。只要乙丁处的两个"盒底"不重复平仄时，除不许孤平外，即使丁处孤仄或丙丁戊三处连平、连仄，也是许可的。

甲	乙	丙	丁	戊	己	庚		
●	●	仄	平	仄	●	●	（二仄夹平）	
●	仄	平	仄	●	●	●	（二仄夹平，乙丁同仄。）	非律调
●	平	仄	平	●	●	●	（乙丁同平）	
●	平	平	仄	平	平	仄	（乙丁不同平仄）	
●	仄	平	仄	平	仄	仄	（乙丁不同平仄）	律调
●	平	仄	仄	仄	平	平	（乙丁不同平仄）	

再往上一节，即甲乙处就更宽了。甲处是七言句首，当然没有任何限制，乙处也是孤仄孤平完全可以的，甲乙丙连成三仄或三平更是可

以的。

甲	乙	丙	丁	戊	己	庚	
平	仄	平	平	平	仄	仄	
平	仄	平	平	仄	仄	平	
仄	平	仄	仄	平	平	仄	
仄	平	仄	仄	仄	平	平	律调
平	平	平	仄	平	平	仄	
平	平	平	仄	仄	平	平	
仄	仄	仄	平	平	仄	仄	

从以上各例中可以证明，律句中部位的宽严层次，是愈往下边愈严的。排列来看：

最宽	次宽	次严	最严
甲乙	丙丁	戊己	庚

可知五、七言律句是上部宽而下部严，最宽于发端而最严于结尾的。

在平仄方面，首句仄脚的，可以换用平脚押韵的另一句式，成为首句入韵式；而篇内平声句脚，都是押韵处，却不能换用仄脚。又句中丙丁一节不可孤平，丁处则许可孤仄。这都可见律诗中平声的严格，是过于仄声的。

七、古体诗

所谓古体诗（或称古诗），是对于律体诗（或称律诗）而言的。凡不合律体条件的，都可算古体（有的算拗体）。在律诗尚未正式形成，律体这一名称尚未出现时，是没有古体这一名称的。现在我们所说的古体，是包括律体形成以前的作品和后世模拟古体的作品。古体律体之别，除了声调的不同之外，还有字面对与否以及句式、句数等等问题，现在只说声调方面的差别。

四言、六言诗没有律体的名称，可以先不谈；五言、七言诗都有律体，可以古、律相比，看出差别。古体诗声调的情况，大约有下面几种：

1. 句脚一字以上各节，盒底有接连重复处，如平节接了平节，或仄节接了仄节，也就是一句中的二、四（贰）、六（肆）处有平仄接连重复的；

2. 在律句规格不许可的地方，犯了孤平、孤仄、三平、三仄或接连三个以上的平或仄；

3. 全篇句式的排列次序有不合规格处，即一篇中各句之间不按 A（或 D）BCDABCD 式或 C（或 B）DABCDAB 式的排列次序；

4. 各句句脚的平仄有间隔不匀处，即首联以下的各联中有上下句句脚平仄同声的；

5. 篇中有换韵处。

简单来说，即不合律诗规格的，除拗律外，都算古体。下边举例说明。五言古诗，例如：

平仄仄平仄
君至石头驿（"头"字孤平）

仄平平仄平
寄书黄鹤楼（"鹤"字孤仄）

平仄仄仄仄
开缄识远意（句末三仄相连）

仄仄平平平
速此南行舟（句末三平相连）

平仄平仄仄
风水无定准（"水""定"两仄节相连）

平平仄仄平
湍波或滞留（律句）

仄仄平仄平
忆昨新月生（"昨""月"两仄节相连。此是上句，仍用平脚）

平平仄平平
西檐若琼钩（"檐""琼"两平节相连）

平平平仄仄
今来何所似（律句）

仄仄平平平
破镜悬清秋（句末三平相连）

仄仄平仄平
恨不三五明（"不""五"两仄节相连。此上句仍用平脚）

平平仄平平
平湖泛澄流（"湖""澄"两平节相连）

仄平仄仄仄
此欢竟莫逐（句末三仄相连）

平平平仄仄
狂杀王子猷（"杀""子"两仄节相连）

平平仄平仄
巴陵定遥远（"陵""遥"两平节相连）

平仄仄平平
持赠解人忧（律句）

（李白《答裴侍御先行至石头驿以书见招期月满泛洞庭》）

七言古诗，例如：

仄平仄仄平仄平
岁云暮矣多北风（"矣""北"两仄节相连）

平 平 仄 平 仄 平 平
潇湘洞庭白云中 （"湘""庭""云"三平节相连）

平 仄 平 平 仄 仄 仄
渔父天寒网罟冷 （句末三仄）

仄 平 仄 仄 平 平 平
莫徭射雁鸣桑弓 （句末三平）

仄 平 仄 仄 仄 平 仄
去年米贵阙军食 （"军"字孤平，"阙"字处应平而用仄）

平 平 仄 仄 仄 平 平
今年米贱太伤农 （律句）

平 仄 仄 平 仄 仄 仄
高马达官厌酒肉 （句末三仄）

仄 仄 仄 仄 平 平 平
此辈杼轴茅茨空 （句末三平，"辈""轴"两仄节相连）

仄 平 仄 平 仄 仄 仄
楚人重鱼不重鸟 （句末三仄，"人""鱼"两平节相连）

仄 平 仄 仄 平 平 平
汝休枉杀南飞鸿 （句末三平）

仄 平 仄 仄 仄 平 仄
况闻处处鬻男女 （"男"字孤平，"鬻"字处应平而用仄）

仄 平 仄 平 仄 平 平
割慈忍爱还租佣 （句末三平）

仄 仄 仄 平 仄 平 仄
往日用钱禁私铸 （"私"字孤平）

平 仄 平 仄 平 平 平
今许铅铁和青铜 （句末三平，"许""铁"两仄节相连）

仄 平 平 平 仄 仄 仄
刻泥为之最易得 （句末三仄，"泥""之"两平节相连）

仄 仄 仄 仄 平 平 平
好恶不合长相蒙 （句末三平，"恶""合"两仄节相连）

仄 仄 平 平 平 仄 仄
万国城头吹画角 （律句）

仄 仄 平 仄 平 平 平
此曲哀怨何时终 （句末三平，"曲""怨"两仄节相连）

（杜甫《岁晏行》）

五、七言古体诗的句脚平仄，主要是一甲一乙；也有全篇句脚平仄一律的，如每句押韵式；或部分句脚平仄相同的。至于押韵，主要是上句非韵，下句押韵；也有句句押韵的。所用韵部，有全篇一韵的；也有篇中换韵的。还有杂言古体诗，表面上似比一般五、七言古体诗复杂，例如李白《蜀道难》，句形虽有三言、四言、五言、七言、八言（四四式）、九言（四五式、二七式）、十一言（六五式）各种，但篇中句脚排列和押韵情况，仍是抑扬交替、间隔匀称的（五、七言古体诗的句式和篇式，本无固定的规格，赵执信《声调谱》等曾举一些名作加以评点，这只能算是某些风格的推荐，并不能算必遵的谱式）。

五、七言古诗中夹杂律句，汉魏以来，不断出现。但是少量的，偶然的，或说作者未必有意作成的。南北朝后期到唐代，五、七言律诗逐渐成熟，古体诗的声调也有新发展。这种发展，即是避免律句和故意运用律句的问题。

五言古体中避免律句的，是那些严格的纯古体；多用律句的，便是那种半熟式律诗或称过渡体的调子；此外没有新的变化。

七言古体，唐代以来，除各种旧有的调式外，出现两类情况：

1. 避免律句的：这在李白、杜甫各家的作品中都有，但句调则是各种非律句式都用的。此外有一种是多用一些特定句调的。这些句调是七言句的上四字平仄不太拘，而在三字脚处特用仄平仄、平仄平、仄仄仄、平平平（七言古调句上二节关系不合律，例如平节接平节或仄节接仄节，而三字脚却合律的，声调易于软弱。又三平脚以上一字多不用平，以免破坏三平脚的突出）。这种句调在古代以至李、杜，本是常见的，如前引杜甫《岁晏行》中即有许多句。但自韩愈以来，使用得更有意识，更加集中（当然篇中并非绝对不用其他句式）。例如韩愈《谒衡岳庙遂宿岳寺题门楼》、李商隐《韩碑》、白居易《九日宴集醉题郡楼兼呈周殷二判官》、苏轼《武昌西山》、陆游《眉州郡燕大醉中间道驰出城宿石佛院》等，都是平韵诗。

　　　　　　平　仄　平
　　玻璃春作江水清

　　　　　　平　仄　平
　　紫玉箫如雏凤鸣

仄仄仄
漏声不闻看炧烛

平平平
侠气未减欺飞觥

仄仄仄
单车万里信有数

平平平
二年三过宁忘情

仄平仄
钗头玉茗妙天下

平平平
琼花一树真虚名

平平仄
酒酣忽作檀公策

平平平
间道绝出东关城

仄仄仄
清歌未断去已远

平平平
回首楼堞空峥嵘

仄仄仄
貂裘狐帽醉走马

平平平
陌上应有行人惊

仄仄仄
径投野寺睡正美

平平平
鱼鼓忽报江天明

（陆游《眉州郡燕大醉中间道驰出城宿石佛院》）

这种也有仄韵（或换韵）的，但其中不仅不一定严守非律的三字脚，还有时掺杂律句。这是因为既属仄韵，与律诗已有差别，间杂少量律句，也不致与律诗牵混。这例如杜甫《哀江头》起句便是律句，中间还有律句，但由于运用的位置合适，并不觉得破坏古调罢了。仄韵诗避开律调本较平韵诗为易，仄韵七言古诗即使不多用非律三字脚，已能见古调特色，但还有尽量多用的，如韩愈《寒食日出游》、王安石《纯甫出释惠崇画要余作诗》等等都是。

2. 运用律句的：这类是多用律句，作成古体（当然篇中并非绝对不用非律句）。其中可分两种：一种是分组换韵的，各组用韵，有平有仄，抑扬动听。这自王勃《秋日登洪府滕王阁饯别序·诗》、卢照邻《长安古意》、高适《燕歌行》、王维《桃源行》等，以及元稹、白居易的"长庆体"，都属此种。至清初吴伟业，更大规模地运用律句，比起元、白，又发展了一步。另一种是不换韵的，这种宜于仄韵诗（律句多而押平韵，篇中句式关系相合的便成排律；关系不合的便成失黏的排律，所以不宜平韵的）。例如苏轼《用前韵答西掖诸公见和》、陆游《怀成都十韵》等，都属此种。

仄 平 仄 仄 平 平 仄
放翁五十犹豪纵 （A4 律句）
（各式律句、非律句的编号见第九章）

仄 平 仄 仄 平 平 仄
锦城一觉繁华梦 （A4 律句）

仄 仄 平 平 仄 仄 平
竹叶春醪碧玉壶 （B1 律句）

平 平 仄 仄 平 平 仄
桃花骏马青丝鞚 （A1 律句）

仄 平 平 仄 仄 平 平
斗鸡南市各分朋 （D1 律句）

仄 仄 平 平 平 仄 仄
射雉西郊常命中 （C2 律句）

仄 仄 仄 仄 仄 平 平
壮士臂立绿绦鹰 （B非 25 非律句）

平 平 平 仄 平 平 仄
佳人袍画金泥凤 （A3 律句）

平 仄 平 平 仄 仄 平
椽烛那知夜漏残 （B4 律句）

平 平 仄 仄 平 平 仄
银貂不管晨霜重 （A1 律句）

仄 平 平 仄 仄 平 仄
一梢红破海棠回 （D1 律句）

仄 仄 平 平 仄 平 仄
数点香新早梅动 （C非 14 非律句）

仄 平 平 仄 平 仄 平
酒徒诗社朝暮忙 （D非 13 非律句）

仄仄平平仄平仄
日月匆匆迭宾送（C非14非律句）

平仄平平仄仄平
浮世堪惊老已成（B4 律句）

平平仄仄平平仄
虚名自笑今何用（A1 律句）

平平平仄仄仄平
归来山舍万事空（D非 4 非律句）

仄仄平平仄平仄
卧听糟床酒鸣瓮（C非14非律句）

仄平平仄仄平平
北窗风雨耿青灯（D1 律句）

仄平仄仄平平仄
旧游欲说无人共（A4 律句）　　　　　　（陆游《怀成都十韵》）

　　从以上两类现象中，可以看到七言古体方面，唐代以来的作者对于声调的辨别是日趋仔细的；对于律句和非律句的运用，是日趋巧妙的。

八、拗句与拗体

"拗"是指声调的不合律，"拗句"这里是指声调不合律的五、七言诗句，"拗体"是排列关系不合律的律体诗篇，当然拗体篇中有拗句，也可能有律句。

拗句的情况与古调句可以说没有两样，都是不合律式的句子。只是拗句是处在律诗篇章环境中的，古调句是处在古诗篇章环境中的罢了。

拗体仍然是八句的律诗，无论所用句式是拗是律，因它的排列关系有不合律处，所以称为拗体。拗体篇中各句的句式，有部分拗句、部分律句的，也有全用拗句或全用律句的（前边第七章古体诗五项情况中，前三项也是拗句和拗体的情况，可参看）。

拗句在篇中，共拗几句和拗哪一句或哪几句，都没有限制。拗体的句式排列，也没有一定的规格。

拗句在联中，有只拗一句的（或上句或下句），有两句全拗的。两句全拗时，配搭的情况，较常见的是上句拗第几字，下句也在那个部位拗一字，从前人称之为一"拗"一"救"，其实下句自己也拗了，怎能还救上句呢？我想不如称之为"陪"，或者还合适些。这是因为下句也拗时，就不致显得上句拗得那么孤单突兀了。

常见的拗字部位，五言句多在第三字，七言句多在第五字。也有拗两字甚至三字的，多是除了第三（五）字外，再拗其他字。这也是造成"一三五不论"谬说的原因之一。

五言拗第三字的例子，如：

A非3　落日<u>放</u>船好
（仄仄仄平仄）

B非2　轻风<u>生</u>浪迟（杜甫）
（平平平仄平）

七言拗第五字的例子，如：

A非8　映阶碧草<u>自</u>春色
（仄平仄仄仄平仄）

B非3　隔叶黄鹂<u>空</u>好音（杜甫）
（仄仄平平平仄平）

又如：

C非3　四蹄<u>碧</u>玉片
（仄平仄平仄）

D非3　双眼<u>黄</u>金瞳（沈佺期）
（平仄平平平）

C非6　草色全经<u>细</u>雨后
（仄仄平平仄仄仄）

D非6　花枝欲动<u>春</u>风寒（王维）
（平平仄仄平平平）

这类句式的问题，主要在于三字脚的变态，即成为"仄平仄""平仄平""仄仄仄""平平平"。

还有些拗句句式拗在五、六字（三、四字）处，此式因较常见，赵执信、王士禛便称之为"拗律句"。既拗，岂能成律！又有些各式拗句，王士禛随便注称"别律句"，词义已不明确，要与律句无关了。这种拗两字的句式，也有几种，无论拗哪两个字，其句中第三（五）字总是主要的。一联中拗字尽管不对称，但第三（五）字则常是对拗的。例如：

A非6　人事<u>有</u>代谢
（平仄仄仄仄）

B非6　<u>往</u>来成古今（孟浩然）
（仄平平仄平）

又如：

C非6　寒灯<u>坐</u>高馆
（平平仄平仄）

D 非 3　<ruby>秋<rt>平</rt></ruby><ruby>雨<rt>仄</rt></ruby><ruby>闻<rt>平</rt></ruby><ruby>疏<rt>平</rt></ruby><ruby>钟<rt>平</rt></ruby>（王维）

又如：

A 非 14　<ruby>未<rt>仄</rt></ruby><ruby>明<rt>平</rt></ruby><ruby>先<rt>平</rt></ruby><ruby>见<rt>仄</rt></ruby><ruby>海<rt>仄</rt></ruby><ruby>底<rt>仄</rt></ruby><ruby>日<rt>仄</rt></ruby>

B 非 18　<ruby>良<rt>平</rt></ruby><ruby>久<rt>仄</rt></ruby><ruby>远<rt>仄</rt></ruby><ruby>鸡<rt>平</rt></ruby><ruby>方<rt>平</rt></ruby><ruby>报<rt>仄</rt></ruby><ruby>晨<rt>平</rt></ruby>（方干）

又如：

C 非 14　<ruby>岸<rt>仄</rt></ruby><ruby>上<rt>仄</rt></ruby><ruby>丰<rt>平</rt></ruby><ruby>茸<rt>平</rt></ruby><ruby>五<rt>仄</rt></ruby><ruby>花<rt>平</rt></ruby><ruby>树<rt>仄</rt></ruby>

D 非 6　<ruby>波<rt>平</rt></ruby><ruby>中<rt>平</rt></ruby><ruby>的<rt>仄</rt></ruby><ruby>皪<rt>仄</rt></ruby><ruby>千<rt>平</rt></ruby><ruby>金<rt>平</rt></ruby><ruby>珠<rt>平</rt></ruby>（崔日用）

以上四例中，"有"与"成"，"坐"与"闻"，"海"与"方"，"五"与"千"，都是对拗的字。也有全不对拗的，但究属少见，例如：

A 非 1　<ruby>暮<rt>仄</rt></ruby><ruby>景<rt>仄</rt></ruby><ruby>巴<rt>平</rt></ruby><ruby>蜀<rt>仄</rt></ruby><ruby>僻<rt>仄</rt></ruby>

B 非 2　<ruby>春<rt>平</rt></ruby><ruby>风<rt>平</rt></ruby><ruby>江<rt>平</rt></ruby><ruby>汉<rt>仄</rt></ruby><ruby>清<rt>平</rt></ruby>（杜甫）

33

又如：

A 非 17　<ruby>优<rt>平</rt></ruby><ruby>娄<rt>平</rt></ruby><ruby>比<rt>仄</rt></ruby><ruby>丘<rt>平</rt></ruby><ruby>经<rt>平</rt></ruby><ruby>论<rt>仄</rt></ruby><ruby>学<rt>仄</rt></ruby>

B 非 17　<ruby>伛<rt>仄</rt></ruby><ruby>偻<rt>仄</rt></ruby><ruby>丈<rt>仄</rt></ruby><ruby>人<rt>平</rt></ruby><ruby>乡<rt>平</rt></ruby><ruby>里<rt>仄</rt></ruby><ruby>贤<rt>平</rt></ruby>（王维）

也有拗两字以上的，如：

C 非 7　<ruby>安<rt>平</rt></ruby><ruby>得<rt>仄</rt></ruby><ruby>仙<rt>平</rt></ruby><ruby>人<rt>平</rt></ruby><ruby>九<rt>仄</rt></ruby><ruby>节<rt>仄</rt></ruby><ruby>杖<rt>仄</rt></ruby>

B 非 25　<ruby>挂<rt>仄</rt></ruby><ruby>到<rt>仄</rt></ruby><ruby>玉<rt>仄</rt></ruby><ruby>女<rt>仄</rt></ruby><ruby>洗<rt>仄</rt></ruby><ruby>头<rt>平</rt></ruby><ruby>盆<rt>平</rt></ruby>（杜甫）

又如：

A 非 4　<ruby>有<rt>仄</rt></ruby><ruby>时<rt>平</rt></ruby><ruby>自<rt>仄</rt></ruby><ruby>发<rt>仄</rt></ruby><ruby>钟<rt>平</rt></ruby><ruby>磬<rt>仄</rt></ruby><ruby>响<rt>仄</rt></ruby>

B 非 29　落日<u>更见渔樵</u>人（杜甫）

　　也都极少见的。

　　拗体的例子，如：

D1　　凤凰台上凤凰游

B 非 3　凤去台空<u>江</u>自流

A3　　吴宫花草埋幽径

B 非 3　晋代衣冠<u>成</u>古丘

A1　　三山半落青天外

B1　　二水中分白鹭洲

C2　　总为浮云能蔽日

D2　　长安不见使人愁（李白《登金陵凤凰台》）

这首中既有拗句，前四句关系亦不合，但每联中上下句关系尚合（即黏对不误，也就是首联上句 D 式下句 B 式，次联上句 A 式下句 B 式）。又有一种全用拗句的（杜甫有几首这类作品，其中《愁》一首自注"强戏为吴体"，"吴体"一称，来源和意义不详），如：

D 非 13　披垣埤竹<u>梧</u>十寻

D 非 7　洞门对溜<u>常</u>阴阴

A 非 26　落花游<u>丝白日</u>静

D 非 6　鸣鸠乳燕<u>青</u>春深

A 非 6　腐儒衰晚<u>谬</u>通籍

仄　仄　平　平　平　仄　平
B 非 3　退食迟回违寸心

仄　仄　平　平　仄　仄　仄
C 非 6　衮职曾无一字补

仄　平　仄　仄　平　平　平
D 非 7　许身愧比双南金（杜甫《题省中院壁》）

这首每句都拗，前四句关系不合，前两联中上下句关系亦不合。还有一种，全用律句，只是各联关系不合的，如：

平　平　平　仄　仄
C2　平生何以乐

仄　仄　仄　平　平
D2　斗酒夜相逢

仄　平　平　仄　仄
C1　曲中惊别绪

仄　仄　仄　平　平
D2　醉里失愁容

平　仄　平　平　仄
A2　星月悬秋汉

平　平　仄　仄　平
B1　风霜入晓钟

平　仄　平　平　仄
A2　明日临沟水

平　平　仄　仄　平
B1　青山几万重（李峤《饯骆四》）

又如：

平　平　仄　仄　仄　平　平
D2　娇歌急管杂青丝

平　仄　平　平　仄　仄　平
B4　银烛金杯映翠眉

仄　平　仄　仄　平　平　仄
A4　使君地主能相送

平　仄　平　平　仄　仄　平
B4　河尹天明坐莫辞

平　平　仄　仄　平　平　仄
A1　春城月出人皆醉

仄　仄　平　平　仄　仄　平
B1　野戍花深马去迟

仄 平 仄 仄 平 平 仄
A4　寄声报尔山翁道

平 仄 平 平 仄 仄 平
B4　今日河南胜昔时

（岑参《使君席夜送严河南赴长水得时字》）

以上这类全律句的拗体作品，在唐初律诗篇式没太成熟定型时，本是常见的。这里所举二首，只是那种"初唐体"的余波而已。至于五言拗体的样式不多，因为五言律诗篇中如果排列既不合律，又再夹杂拗句，便成了五言的过渡体，它的律诗资格便发生动摇了（以上所举拗体篇式只是举隅示例，此外尚有其他样式，因拗体本无定式，所以不再多举）。

36

九、五言、七言句式总例

五言 A、B、C、D 四类句式，包括律句与非律句，每类可变八种句式（A、C、D 类中，各有律句二种，非律句六种；B 类中有律句一种，非律句七种）。

七言 A、B、C、D 四类句式，包括律句与非律句，每类可变三十二种句式（A、C、D 类中，各有律句四种、非律句二十八种；B 类中有律句二种，非律句三十种）。

现将五言、七言的律句与非律句各式排列于下，并将所见唐人诗中各式的句子作例。非律句式方面，包括"拗句"（即律体篇中的非律句）与"古句"（即古体篇中的非律句）。常作拗句用的非律句式，已见第八章，可以参看。

分别 ABCD 句类的标准，是根据七言的二、七字和五言的二、五字（即五、七言句首一节的盒底和句末一字）而定。律句类注"A1"、"B2"等等；非律句类注"A 非 1"、"B 非 2"等等。

五言句式总例

A1	仄仄平平仄	好雨知时节
		（杜甫）
A2	平仄平平仄	诗罢闻吴咏
		（杜甫）

A 非 1	仄仄平仄仄	盛德无我位
		（李白）
A 非 2	平仄平仄仄	高阁横秀气
		（李白）
A 非 3	仄仄仄平仄	落日放船好
		（杜甫）
A 非 4	平仄仄平仄	尝读远公传
		（孟浩然）
A 非 5	仄仄仄仄仄	大暑去酷吏
		（杜牧）
A 非 6	平仄仄仄仄	尊酒酌未酌
		（杜牧）
B1	平平仄仄平	当春乃发生
		（杜甫）
B 非 1	平平仄平平	孤高耸天宫
		（岑参）
B 非 2	平平平仄平	春寒花较迟
		（杜甫）
B 非 3	仄平仄仄平	寸心贵不忘
		（李白）
B 非 4	平平平平平	徘徊双明珰
		（刘慎虚）
B 非 5	仄平仄平平	奈何阻重深
		（张九龄）
B 非 6	仄平平仄平	影斜轮未安
		（杜甫）
B 非 7	仄平平平平	七层摩苍穹
		（岑参）

C1	仄平平仄仄	竹批双耳峻
		（杜甫）
C2	平平平仄仄	林风纤月落
		（杜甫）
C非1	仄平平平仄	似行山林外
		（于鹄）
C非2	平平平平仄	江帆春风势
		（席豫）
C非3	仄平仄仄仄	四蹄碧玉片
		（沈佺期）
C非4	平平仄仄仄	青钱买野竹
		（杜甫）
C非5	仄平仄平仄	故乡杳无际
		（陈子昂）
C非6	平平仄平仄	淹留问耆宿
		（杜甫）
D1	平仄仄平平	衣露静琴张
		（杜甫）
D2	仄仄仄平平	万里可横行
		（杜甫）
D非1	平仄仄仄平	清眺极远方
		（羊士谔）
D非2	仄仄仄仄平	五月入五洲
		（李白）
D非3	平仄平平平	高院梅花新
		（高适）
D非4	仄仄平平平	漠漠秋云低
		（杜甫）

D非5	平仄平仄平	遥裔腾太清
		（李百药）
D非6	仄仄平仄平	此日千里鸣
		（杜甫）

七言句式总例

A1	平平仄仄平平仄	盘飧市远无兼味
		（杜甫）
A2	仄平平仄平平仄	即从巴峡穿巫峡
		（杜甫）
A3	平平平仄平平仄	支离东北风尘际
		（杜甫）
A4	仄平仄仄平平仄	舍南舍北皆春水
		（杜甫）
A非1	平平仄仄平仄仄	阶前短草泥不乱
		（杜甫）
A非2	仄平平仄平仄仄	故乡门巷荆棘底
		（杜甫）
A非3	平平平仄平仄仄	三更风起寒浪涌
		（杜甫）
A非4	仄平仄仄平仄仄	有时自发钟磬响
		（杜甫）
A非5	平平仄仄仄平仄	晴川历历汉阳树
		（崔颢）
A非6	仄平平仄仄平仄	腐儒衰晚谬通籍
		（杜甫）

A 非 7　　平平平仄仄平仄　　前台花发后台见

（白居易）

A 非 8　　仄平仄仄仄平仄　　洛城一别四千里

（杜甫）

A 非 9　　平平仄平平平仄　　斯须九重真龙出

（杜甫）

A 非 10　　仄平平平平平仄　　霓为裳兮风为马

（李白）（霓有仄读）

A 非 11　　平平平平平平仄　　柯如青铜根如石

（杜甫）

A 非 12　　仄平仄平平平仄　　玉簪欲成中央折

（白居易）

A 非 13　　平平仄仄仄仄仄　　承家节操尚不泯

（杜甫）

A 非 14　　仄平平仄仄仄仄　　未明先见海底日

（方干）

A 非 15　　平平平仄仄仄仄　　呼儿将出换美酒

（李白）

A 非 16　　仄平仄仄仄仄仄　　昔年八月十五夜

（白居易）

A 非 17　　平平仄平平仄仄　　优娄比丘经论学

（王维）

A 非 18　　仄平平平平仄仄　　别时茫茫江浸月

（白居易）

A 非 19　　平平平平平仄仄　　来如雷霆收震怒

（杜甫）

A 非 20　　仄平仄平平仄仄　　此身未知归定处

（杜甫）

A 非 21	平平仄平仄平仄	瞿塘石城草萧瑟
		（杜甫）
A 非 22	仄平平平仄平仄	辇前才人带弓箭
		（杜甫）
A 非 23	平平平平仄平仄	朝如青丝暮成雪
		（李白）
A 非 24	仄平仄平仄平仄	朔方健儿好身手
		（杜甫）
A 非 25	平平仄平仄仄仄	镌功勒成告万世
		（韩愈）
A 非 26	仄平平平仄仄仄	落花游丝白日静
		（杜甫）
A 非 27	平平平平仄仄仄	边风飘飘那可度
		（高适）
A 非 28	仄平仄平仄仄仄	孔明庙前有老柏
		（杜甫）
B1	仄仄平平仄仄平	但见群鸥日日来
		（杜甫）
B2	（即 B 非 8，参看本文第四章《表一》。）	
B3	（即 B 非 7，参看本文第四章《表一》。）	
B4	平仄平平仄仄平	笼竹和烟滴露梢
		（杜甫）
B 非 1	仄仄平平仄平平	且为王孙立斯须
		（杜甫）
B 非 2	平仄平平仄平平	天姥连天向天横
		（李白）
B 非 3	仄仄平平平仄平	隔叶黄鹂空好音
		（杜甫）

B 非 4　　平仄平平平仄平　　巫峡秋涛天地回

（杜甫）

B 非 5　　仄仄平仄仄仄平　　若务除恶不顾私

（独孤及）

B 非 6　　平仄平仄仄仄平　　才薄将奈石鼓何

（韩愈）

B 非 7　　仄仄仄平仄仄平　　为我度量掘臼科

（韩愈）

B 非 8　　平仄仄平仄仄平　　身欲奋飞病在床

（杜甫）

B 非 9　　仄仄平平平平平　　剑阁峥嵘而崔嵬

（李白）

B 非 10　　平仄平平平平平　　君失臣兮龙为鱼

（李白）

B 非 11　　仄仄平仄仄平平　　独树花发自分明

（杜甫）

B 非 12　　平仄平仄仄平平　　先帝天马玉花骢

（杜甫）

B 非 13　　仄仄平仄平仄平　　石廪腾掷堆祝融

（韩愈）

B 非 14　　平仄平仄平仄平　　时见松枥皆十围

（韩愈）

B 非 15　　仄仄仄平仄平平　　以手抚膺坐长叹

（李白）

B 非 16　　平仄仄平仄平平　　天地为之久低昂

（杜甫）

B 非 17　　仄仄仄平平仄平　　抱病起登江上台

（杜甫）

B 非 18	平仄仄平平仄平	良久远鸡方报晨
		（方干）
B 非 19	仄仄仄仄仄仄平	一舞剑器动四方
		（杜甫）
B 非 20	平仄仄仄仄仄平	山鸟水鸟自献酬
		（罗隐）
B 非 21	仄仄平仄平平平	二月饶睡昏昏然
		（杜甫）
B 非 22	平仄平仄平平平	颜氏之子才孤标
		（杜甫）
B 非 23	仄仄仄平平平平	昔日太宗拳毛䯄
		（杜甫）
B 非 24	平仄仄平平平平	望不见兮心氛氲
		（李白）（望有平读）
B 非 25	仄仄仄仄仄平平	挂到玉女洗头盆
		（杜甫）
B 非 26	平仄仄仄仄平平	春渚日落梦相牵
		（杜甫）
B 非 27	仄仄仄仄平仄平	举酒欲饮无管弦
		（白居易）
B 非 28	平仄仄仄平仄平	今我不乐思岳阳
		（杜甫）
B 非 29	仄仄仄仄平平平	落日更见渔樵人
		（杜甫）
B 非 30	平仄仄仄平平平	虽有绝顶谁能穷
		（韩愈）
C1	平仄仄平平仄仄	花径不曾缘客扫
		（杜甫）

C2　　　　仄仄平平平仄仄　　织女机丝虚夜月
　　　　　　　　　　　　　　　（杜甫）

C3　　　　平仄平平平仄仄　　春日啼莺修竹里
　　　　　　　　　　　　　　　（杜甫）

C4　　　　仄仄仄平平仄仄　　剑外忽传收蓟北
　　　　　　　　　　　　　　　（杜甫）

C非1　　　平仄仄平平平仄　　金节羽衣飘婀娜
　　　　　　　　　　　　　　　（杜甫）

C非2　　　仄仄平平平平仄　　昔有佳人公孙氏
　　　　　　　　　　　　　　　（杜甫）

C非3　　　平仄平平平平仄　　今夜闻君琵琶语
　　　　　　　　　　　　　　　（白居易）

C非4　　　仄仄仄平平平仄　　玉不自言如桃李
　　　　　　　　　　　　　　　（李白）

C非5　　　平仄仄平仄仄仄　　优诏幸分四皓秩
　　　　　　　　　　　　　　　（白居易）

C非6　　　仄仄平平仄仄仄　　草色全经细雨后
　　　　　　　　　　　　　　　（王维）

C非7　　　平仄平平仄仄仄　　秋水才深四五尺
　　　　　　　　　　　　　　　（杜甫）

C非8　　　仄仄仄平仄仄仄　　独有不眠不醉客
　　　　　　　　　　　　　　　（白居易）

C非9　　　平仄仄仄平仄仄　　公马莫走须杀贼
　　　　　　　　　　　　　　　（韩愈）

C非10　　仄仄平仄平仄仄　　落落盘据虽得地
　　　　　　　　　　　　　　　（杜甫）

C非11　　平仄平仄平仄仄　　言者无罪闻者戒
　　　　　　　　　　　　　　　（白居易）

C 非 12 仄仄仄仄平仄仄 帝日汝度功第一

（李商隐）

C 非 13 平仄仄平仄平仄 偏劝腹腴愧年少

（杜甫）

C 非 14 仄仄平平仄平仄 岸上丰茸五花树

（崔日用）

C 非 15 平仄平平仄平仄 殊锡曾为大司马

（杜甫）

C 非 16 仄仄仄平仄平仄 爱汝玉山草堂静

（杜甫）

C 非 17 平仄仄仄平平仄 堂上不合生枫树

（杜甫）

C 非 18 仄仄平仄平平仄 后有韦讽前支遁

（杜甫）

C 非 19 平仄平仄平平仄 鸂鶒来过吴江水

（李白）

C 非 20 仄仄仄仄平平仄 五百里内贤人聚

（阎朝隐）

C 非 21 平仄仄仄仄仄仄 黄鹤一去不复返

（崔颢）

C 非 22 仄仄平仄仄仄仄 弟子韩幹早入室

（杜甫）

C 非 23 平仄平仄仄仄仄 曾貌先帝照夜白

（杜甫）

C 非 24 仄仄仄仄仄仄仄 病鹤带雾傍屋宿

（皮日休）

C 非 25 平仄仄仄仄平仄 惟用法律自绳己

（韩愈）

C 非 26　仄仄平仄仄平仄　一夜飞度镜湖月

（李白）

C 非 27　平仄平仄仄平仄　三月无雨旱风起

（白居易）

C 非 28　仄仄仄仄仄平仄　七月六日苦炎热

（杜甫）

D1　仄平平仄仄平平　隔篱呼取尽馀杯

（杜甫）

D2　平平仄仄仄平平　青春作伴好还乡

（杜甫）

D3　仄平仄仄仄平平　指挥若定失萧曹

（杜甫）

D4　平平平仄仄平平　昆明池水汉时功

（杜甫）

47

D 非 1　仄平平仄仄仄平　普天无吏横索钱

（杜甫）（横应仄读）

D 非 2　平平仄仄仄仄平　诸生讲解得切磋

（韩愈）

D 非 3　仄平仄仄仄仄平　世间彩翠亦作囊

（韦应物）

D 非 4　平平平仄仄仄平　无人收拾理则那

（韩愈）

D 非 5　仄平平仄平平平　簿书何急来相仍

（杜甫）

D 非 6　平平仄仄平平平　花枝欲动春风寒

（王维）

D 非 7　仄平仄仄平平平　洞门对溜常阴阴

（杜甫）

D 非 8　　平平平仄平平平　　东西南北桥相望

（白居易）

D 非 9　　仄平平平仄平平　　愿随春风寄燕然

（李白）

D 非 10　　平平仄平仄平平　　行人但云点行频

（杜甫）

D 非 11　　仄平仄平仄平平　　欲行即骑访名山

（李白）

D 非 12　　平平平平仄平平　　湘东山川有清辉

（曹松）

D 非 13　　仄平平仄平仄平　　暮春三月巫峡长

（杜甫）

D 非 14　　平平仄仄平仄平　　东川节度兵马雄

（杜甫）

D 非 15　　仄平仄仄平仄平　　未成曲调先有情

（白居易）

D 非 16　　平平平仄平仄平　　睢盱侦伺能鞠躬

（韩愈）

D 非 17　　仄平平平仄仄平　　或骑麒麟翳凤凰

（杜甫）

D 非 18　　平平仄平仄仄平　　东来橐驼满旧都

（杜甫）

D 非 19　　仄平仄平仄仄平　　欲行不行各尽觞

（李白）

D 非 20　　平平平平仄仄平　　琵琶声停欲语迟

（白居易）

D 非 21　　仄平平平平平平　　野云低迷烟苍苍

（韩偓）

D非22	平平仄平平平平	飞湍瀑流争喧豗
		（李白）
D非23	仄平仄平平平平	别君去兮何时还
		（李白）
D非24	平平平平平平平	梨花梅花参差开
		（崔橹）
D非25	仄平平平平仄平	美芹由来知野人
		（杜甫）
D非26	平平仄平平仄平	终军弃繻英妙时
		（杜甫）
D非27	仄平仄平平仄平	茂陵著书消渴长
		（杜甫）
D非28	平平平平平仄平	中原君臣豺虎边
		（杜甫）

　　或问有无拗第二（贰）字的非律句？回答：有的。例如唐初狄仁杰《石淙诗》"老臣预陪玄圃宴"，全篇只拗一"臣"字，分明是拗第二字。但各种句式都以第二（贰）字为枢轴，为标识，为联中黏对的基点，所以现在不把它算入拗字范围。如果五言 A1 句拗第二字，便算是五言 C 非 1 句式；七言 A1 句拗第二字，便算是七言 C 非 17 句式。其余如此类推。

十、永明声律说与律诗的关系 [*]

诗、文，尤其是诗的和谐规律，在理论上作出初步归纳，实自南朝时始。最重要的记载，见于南齐时沈约所撰《宋书·谢灵运传·论》、萧梁时萧子显所撰《南齐书·陆厥传》和初唐李延寿所撰《南史·陆厥传》。沈约说：

> 夫五色相宣，八音协畅，由（犹）乎玄黄律吕，各适物宜。欲使宫羽相变，低昂互节。若前有浮声，则后须切响。一简之内，音韵尽殊；两句之中，轻重悉异。妙达此旨，始可言文。

李延寿说：

> 永明……时盛为文章。吴兴沈约、陈郡谢朓、琅玡王融，以气类相推毂。汝南周颙，善识声韵。约等文皆用宫商，将平、上、去、入四声（《南齐书》作"以平、上、去、入为四声"，应从），以此制韵，有平头、上尾、蜂腰、鹤膝。五字之中，音韵悉异；两句之内，角徵不同。不可增减，世呼为永明体。（此段与《南齐书》略同，而多"有平"至"不同"五句。）

这里沈约的话尤为重要。起首"五色"四句是泛说诗文应讲音调，"欲使"以下则是实说他的办法。沈约虽倡四声之说，而在所提的具体办法中，却只说了宫与羽（李延寿说宫与商，角与徵），低与昂，浮声与切响，轻与重，都是相对的两个方面，简单说即是扬与抑，事实上也就是平与仄。

---

* 本章所论，启功先生在重版时有重要修正，见第十五章《"八病""四声"的新探讨》。

又从沈、萧、李三人的话中，看到当时所说的"宫、商"等名称，即是"平、上"等名称未创用之前，对语音声调高低的代称。这恐是因为宫商等名称借自乐调，嫌其容易混淆，才另创"平上去入"四字来作语音声调的专名。

从他们实际注意声调抑扬这现象上看，可知沈约等人在音理上虽然发现了"四声"，但在写作运用上却只是要高低相间和抑扬相对。从下边所列沈约自己举出的各例句中，可以看出扬处用的是平，抑处用的是上、去、入。在这里上、去、入之间并看不出选用的理由和区别，可见上、去、入在当时实是作一个抑调用的，归结起来，仍是平仄而已。况且辨别四声和运用平仄并不矛盾，能辨别复杂的，未必不使用简单的。后世的种种误解，大约都由于把辨四声认作用四声了。

沈约等人对抑扬声调的安排，是主张一句中须有变化，两句间不许雷同；在部位上是头、尾、腰、膝处不要生病。又此论虽亦通于骈俪文章，而主要是对五言诗讲的。

我们已知沈约等人提出的原则如此，而他们的具体样本又是怎样呢？仍可从沈约同篇文中所举的实例来看。他说：

> 子建函京之作，仲宣灞岸之篇，子荆零雨之章，正长朔风之句，并直举胸情，非傍诗史。正以音律调韵，取高前式。

按："子建（曹植）函京之作"是：

平 平 去 平 入
从军度函谷（C非6）

平 上 去 平 平
驱马过西京。（D1律句）

"仲宣（王粲）灞岸之篇"是：

平 平 去 平 去
南登灞陵岸（C非6）

平 上 去 平 平
回首望长安。（D1律句）

"子荆（孙楚）零雨之章"是：

平平平平去
晨风飘歧路（C非2）

平上平平上
零雨被秋草。（A2律句。"被"字有平读。）

"正长（王赞）朔风之句"是：

入平上平上
朔风动秋草（C非5）

平上上平平
边马有归心。（D1律句）

（以上句例是据《文选》沈约《宋书·谢灵运传·论》李善注）

非常清楚，每例的下句都是律句。因此可以了解，沈约所谓"音律调韵"，无疑即指这类律调而言。

又有一种似乎消极一些的意见，梁代钟嵘《诗品·序》说：

> 古曰诗颂，皆被之金竹，故非调五音，无以谐会。若"置酒高堂上""明月照高楼"，为韵之首。……余谓文制本须讽读，不可蹇碍。但令清浊流通，口吻调利，斯为足矣。至平上去入，则余病未能；蜂腰鹤膝，闾里已具。

按：

仄仄平平仄
置酒高堂上（A1律句）（阮瑀《杂诗》）

平仄仄平平
明月照高楼（D1律句）（曹植《七哀》）

都是纯粹律句。可见钟氏并非不懂声调抑扬（仄平）之实，只是认为无须用四声而已。钟嵘的见解，与沈约似异而实同。这两个例句，正是沈约所举之外的两个珍贵的声律样本。①

------

① 钟氏《诗品》又记谢灵运自称的佳句有"池塘生春草，园柳变鸣禽"一联。"春"字有"蠢"读，见《考工记·梓人》郑注，那么这是C2和D1的两个律句。

所谓"两句之中，轻重悉异"（"两句之内，角徵不同"），即是说上下句相对的各字平仄互不雷同，这还容易理解；"一简之内，音韵尽殊"（"五字之中，音韵悉异"），怎样殊法异法，似乎不易理解。看到以上例句，方知即指句子的合乎律调。那么两个律句，平仄互不相同，岂不就是一对律联？联是律诗的基本单位，联能合律，才谈得到篇。沈约《答陆厥书》说："十字之文，颠倒相配，字不过十，巧历已不能尽，何况复过于此者乎！""十字之文"，正指五言两句。

头、尾、腰、膝，各指句中哪个部位？按：末字当然是尾，而且又是句中最严的地方，所以我们要先从这里着眼，往上推移，则第肆字是膝，第三字是腰。至于头是哪个字？按：除去尾腰膝，所剩只是第一第二两字，正是一节，以节论，是盒底重要，所以应是指第贰字。头是句中的起点，尾是最严的地方，因此先举头尾，次举腰膝。

到了唐代，出现了"八病"之说，如唐初王通《中说·天地篇》有"分四声八病"的话。中唐僧皎然《诗式·明四声》说："沈休文酷裁八病，碎用四声。"又封演《封氏闻见记·声韵》说："永明中沈约文词精拔，盛解音律，遂撰四声谱，文章八病，有平头、上尾、蜂腰、鹤膝。"稍后的日本僧遍照金刚（空海）的《文镜秘府论》第四卷（"西"字卷）有《文二十八种病》一篇，序言中曾提到"四纽未显，八病未闻"的话。这二十八种病的前八种是"平头、上尾、蜂腰、鹤膝、大韵、小韵、旁纽、正纽"，他对韵纽四病说："已下四病，但须知之，不必须避。"篇中并未注明各病的创说者是谁。各条病名之下都有解释，也不知是否空海所作。还采有别人的异说，如刘滔、元兢等人。其间引有沈氏的话，又称他为"沈给事"，知非沈约。

空海书中各病的解释多不近情理，韵纽四病姑且不谈，前四病中，他说五言诗第五字如与第拾字同声，叫做上尾，这还算合理。他说第一二字如与第六七字同声叫做平头，这便比较笼统，不够准确。至于腰膝的解释便奇怪了，他说五言句中第贰字如与第五字同声叫做蜂腰，照这样说，凡五言 A 式、B 式句无论律句或非律句，都要算是蜂腰病句了。

他又说五言诗第五字如与第十五字同声叫做鹤膝，照这样说，古人五言诗中犯鹤膝病的就太多了。如果说所谓同声并非同平同仄，而是指平上去入四声不得相同，那么平韵诗的单句脚还可以换着用上去入声；但仄韵诗的单句平脚就难更换了，难道仄韵诗全篇单句脚都必须一平一仄（上或去或入）？也就是每四句的句脚都必须是"仄仄平仄"或"平仄仄仄"吗？

到了宋代，相沿传录的这类八条避忌，都加了"八病"的标题，又都题上"沈约"的名字。解释与空海书中的说法相同，但较简单，例句也偶有异同。宋人未必都抄自空海的书，但从解释的论点看，确是同出一源。这类记载"八病"说的书，在北宋有李淑的《诗苑类格》（已佚，南宋王应麟的《小学绀珠》卷四和南宋失名人的《锦绣万花谷》卷二十一曾节引）。南宋魏庆之的《诗人玉屑》卷十一《诗病有八》条，也全载"八病"说，通行易见。宋人书中所载与空海不同处，是题上了沈约的名字，还多出"八病惟上尾、鹤膝最忌，馀病亦通"两句话。

综合以上的历史资料看来，永明时代的声律学说，是诗歌方面走向律化的几项探索归纳。蜂腰、鹤膝等，原是南朝闾里之间通行的口诀。沈约等人把它提高到理论上，便是"前有浮声，后须切响"等说法。各"病"中与律调关系最切的或者说最摸到关键处的，只是头、尾、腰、膝四项问题。

自南朝流传下来的，大约只有各病的标题，也就是平头、上尾等名称，并没有每条的解释文字，后人望文生义，作出种种揣测，这但看空海书中所记的各家异说，即足见纷纷揣测的情况。我们今天研究南朝的声病学说，只要看沈约、钟嵘所举的例句，再和"浮声切响""轻重悉异"等理论相印证，便可明了其中的道理，正不必跟着那些揣测的话旋转。

至于韵纽四病，究竟南朝时候曾否提出？回答是至今还没有见到可靠的证据。即使曾在南朝出现，当时的道理一定也很简单，不会像空海所记的那样烦琐（魏庆之所记较简，又多含糊）。我们姑从韵语的习惯上看，例如五言诗二句，韵脚一字以外的九字中，如有与韵脚同韵的字，便易干扰韵脚的突出。又或韵脚之外其他各字多有互相同属一韵的，容易被误为句中另有一套韵，而分散了韵脚的作用，这都是韵的病。还有句中、联中除特用双声处外，多出现双声字，无论是与句脚、韵脚或句中其他字互相双声，俱容易绕舌难读，这都是纽的病。如果诗中韵、纽方面有特别考究的必要时，也不过是这类或近似这类道理的运用，但一般诗句很少有这样仔细推敲的。所以李延寿只提出头、尾、腰、膝四项，空海说韵、纽四病"不必须避"，都是有缘故的。至于宋人认为只有上尾、鹤膝最重要，又说"馀病亦通"，便证明他们已不知其所以然了。

或问怎说后世对各"病"名称的解释容易误会？这可举一旁证：律句中忌"孤平"，是从来相传的口诀，但没有解释的注文，也没说哪个字的位置例外。如果有人看到"孤"字而推论到句首、句尾的单个平声也要避忌，岂不大错？因为"孤平"实指一平被两仄所夹处，句子首尾的单平并不在内。所以说仅仅从各病的名称上来揣测，是不易准确，而要从南朝人所举的实例上着眼。

五言平韵诗，自齐梁至周隋，律化趋势日见明显。如谢朓、沈约、何逊、阴铿、庾信、隋炀帝杨广、薛道衡、张正见、孔德绍等人的作品，不但大量出现律句，有的人甚至有全篇排列关系也都合律的作品，但句与篇全都合律的究竟数量还不多。

七言诗至此时律化的趋势也很明显。庾信、陈后主陈叔宝、隋炀帝杨广、陈子良等人已有运用大部分律句的作品，尤其八句平声韵的诗已成了七言律诗的雏形，但其中总有些拗句或排列关系不合律的地方。

现在看来，永明声律学说虽未能解决律诗的全部问题，但已提出了五言句和联的律化法则。又经陆续发展，至唐初沈佺期、宋之问，五、七言律体才算定型稳固。

在古代韵书创立之后，古代作者按韵书所规定的字音作诗文，我们有书可据，它的韵律是较易考察的；如果古代某作者在某些字上是按他自己的方音写作的，这用他的方音读去，可能完全合律，但我们对于那位作者的方音掌握不够时，判断那种作品是否合律，就较难精确了。

十一、四言句、六言句

四言句，在平仄长竿上截得出的，有下列四种：

甲　仄仄平平（A）

乙　平平仄仄（B）

丙　平仄仄平（A）*

丁　仄平平仄（B）

（有＊号的句式问题见后）

以上四句中，每句的第一、第三两字，都是盒盖，所以丙丁两式即是换了盒盖的甲乙。如果盒盖交错变换，可得八种句式。这都算是四言两节合律句式。列表如下：

表三：《四言两节合律句式表》

A 仄/平 仄 平/仄 平	1	仄仄平平
	2	平仄平平
	3	平仄仄平 *
	4	仄仄仄平 *
B 平/仄 平 仄/平 仄	1	平平仄仄
	2	仄平仄仄 *
	3	仄平平仄
	4	平平平仄

还有八种非律句式，亦可称为拗句。列表如下：

表四：《四言非律句式表》

A 非　平仄　平　仄平　平
- 1　平平仄平
- 2　仄平仄平
- 3　仄平平平
- 4　平平平平

B 非　仄平　仄　平仄　仄
- 1　仄仄平仄
- 2　平仄平仄
- 3　平仄仄仄
- 4　仄仄仄仄

现在用 A 类韵书标准来看《诗经》中的四言句式情况：

A 非 4　关关雎鸠（平平平平）　（全平两节）

A 非 3　在河之洲（仄平平平）　（盒盖错开的两平节，一仄隔开两句七平。）

B 非 4　窈窕淑女（仄仄仄仄）　（全仄两节。"窕"字如从平读，则为律句。）

A 3　君子好逑（平仄仄平）　（律句）

B 1　参差荇菜（平平仄仄）　（律句）

A 1　左右流之（仄仄平平）　（律句）

B 非 4　窈窕淑女（仄仄仄仄）　（重句，见前。）

A 1　寤寐求之（仄仄平平）　（律句）

B 1　求之不得（平平仄仄）　（律句）

B 非 1　寤寐思服（仄仄平仄）　（盒盖错开的两仄节）

A 非 4　悠哉悠哉（平平平平）　（全平两节）

B非4　展转反侧（仄仄仄仄）　（全仄两节）

……　　　　　　　　　（《诗经·周南·关雎》）

这里律句的运用和非律句的配搭，都很自然，抑扬转换，收到和谐效果。四言句，在诗歌词曲之外，其他各文体中，用处也很宽广。后世一些声调精致的骈文、韵文中，所用的四言句，也常尽量选用合律句式。举一个清代的例子：

A1　宛彼崇丘（仄仄平平）　　　　B1　朱弦已绝（平平仄仄）

A2　于汉之阴（平仄平平）　　　　B4　空桑谁抚（仄平平仄）

A1　二子来游（仄仄平平）　　　　A1　海忆弃舟

A2　爰逮于今（平仄平平）　　　　B1　岩思避雨（平平仄仄）

B3　广川人静（仄平平平）　　　　A1　邈矣高台（仄仄平平）

A2　孤馆天沉（平仄平平）　　　　B1　岿然旧楚（平平仄仄）

B1　微风永夜（平平仄仄）　　　　A非3　譬操南音（仄平平平）

A2　虚籁生林（平仄平平）　　　　B3　尚怀吾土（平仄平仄）

B1　泠泠水际（平平仄仄）　　　　A4　白雪罢歌 *（仄仄仄平）

A2　时泛遗音（平仄平平）　　　　B4　湘灵停鼓（平仄平仄）

B1　三叹应节（平平仄仄）　　　　A2　流水高山（平仄平平）

A3　如彼赏心 *（平仄仄平）　　　B4　相望终古（平仄平仄）

（汪中《汉上琴台之铭》）

六言句在平仄长竿上可以截出下列四种句式：

甲　平平仄仄平平　（A）

乙　仄仄平平仄仄　　（B）

丙　仄平平仄仄平　　（A）＊

丁　平仄仄平平仄　　（B）

（有＊号的句式问题见后）

丙丁是换了盒盖的甲乙。如果盒盖交错变换，可得十六种句式，这都算是六言三节合律句式。列表如下：

表五：《六言三节合律句式表》

A　平平仄仄平平 / 仄平平平仄仄平

	1	平平仄仄平平
	2	仄平平仄平平
	3	平平平仄平平
	4	仄平仄仄平平
	5	仄平平仄仄平 ＊
	6	平平仄仄仄平 ＊
	7	仄平仄仄仄平 ＊
	8	平平平仄仄平 ＊

B　仄仄平平仄仄 / 平仄仄平平仄

	1	仄仄平平仄仄
	2	平仄仄平仄仄 ＊
	3	仄仄仄平仄仄 ＊
	4	平仄平平仄仄
	5	平仄仄平平仄
	6	仄仄平平平仄
	7	平仄平平平仄
	8	仄仄仄平平仄

此表之外的句式，可算六言非律句，亦可称为六言拗句（六言各类句式见后）。

四言、六言句子声调的探求，到了清代已有人说出它的规律。顾莼《唐赋必以集》中《论赋十则》说：

音节随时各异，自汉至唐宋，随取一两句读去，迥然不同，今则必须以和谐为主。如"四六"：

平〔可平可仄〕平〔平〕必须仄〔仄〕可仄可平仄〔必须仄〕，

平〔可平可仄〕平〔平〕必须仄〔仄〕可仄可平仄〔必须仄〕平平〔必二字俱要平〕；

仄〔可仄可平〕仄〔必须仄〕平〔当可仄，究以平声为妙〕平〔必须平〕，

仄〔可仄可平〕仄〔必须仄〕平〔可仄可平〕平〔必须平〕仄〔可仄可平〕仄〔必须〕。

不至棘口，则得矣。

（引自潘遵祁《唐律赋钞》的附录）

按汉至唐宋，音节是怎样不同，缘故何在？不是这里所能谈得清的，现在只看他所提出的和谐句调的法则。这四句律调实例是：

B1　渔舟唱晚〔平平仄仄〕，

B1 60

A2　响穷彭蠡之滨〔仄平平仄平平〕；　（"之"字处用平不用仄）

A1　雁阵惊寒〔仄仄平平〕，　（"惊"字处用平不用仄）

B7　声断衡阳之浦〔平仄平平平仄〕。

（王勃《秋日登洪府滕王阁饯别序》）

从顾莼这段话中，很清楚地看到他不但感觉到盒盖可动而盒底不可动的现象，他还感觉到四言、六言合律的平声句脚处宜用平平而不宜用仄平的现象（为什么这两个句式中这个地方用平平便好听，用仄平便不甚好听，我还说不出所以然）。

这种规律，不仅存在于骈文句中，在六言诗中也可以看到，凡用合律句子的六言诗，平脚处也多如此。例如：

B1　柳叶鸣蜩绿暗〔仄仄平平仄仄〕

A1　荷花落日红酣〔平平仄仄平平〕　（"红"字处用平不用仄）

平 仄 仄 平 平 仄

B5　　三十六陂春水

仄 平 平 仄 平 平

A2　　白头相见江南　　（"江"字处用平不用仄）

（王安石《题西太一宫壁》）

至于六言拗句，即《表五》以外的句式，不但各节的关系不合，平脚处也不一定用平平。例如：

仄 平 平 仄 平 仄

B非23　惠崇烟雨归雁　　（"雨""雁"两仄节相连）
　　　　　　　　　　　　（句式编号见后）

仄 仄 平 平 仄 平

A非26　坐我潇湘洞庭　　（"湘""庭"两平节相连，句脚仄平。）

仄 仄 平 平 仄 仄

B6　　欲唤扁舟归去

仄 平 平 仄 平 平

A2　　故人言是丹青　　（"丹"字处用平不用仄）

（黄庭坚《题郑防画夹》）

根据以上的情况看来，四言句《表三》中 A3、A4 两式和六言句《表五》中 A5、A6、A7、A8 四式，都不够严格的律句。还有四言的 B2 和六言的 B2、B3，因有孤平，也不够严格的律句。所以后边《表六》中凡上文有 * 号的句式都不列入。

不过，非律的四言、六言句，在诗歌中固然免不了；在词曲中，遇到特定句式处，也仍要用；在骈文、韵文中，不但是免不了的，特别是四言拗句，有时还是特定需要的。例如律赋中常见一种句调，多用在破题处或篇中文气振起处。如"帝里佳境，咸京旧池"（唐王棨《曲江池赋》），"渺若毫端，轻飞可观"（唐林滋《小雪赋》）等等。这里"帝里""咸京""轻飞"各句都是非律句，后世时常沿袭。

词、曲、骈文、韵文、散文中的六言句，有的是三个节的句子；有的则是加了领、衬、尾字而成的，实际所剩不到三节；还有在三节之外附加领、衬、尾字，表面上又成了其他字数的句子了。

61

这里将六言律句和非律句各式排列如下：

	A式句		B式句
A1	平平仄仄平平	B1	仄仄平平仄仄
A2	仄平平仄平平	B2	（即B非9，见《表六》）
A3	平平平仄平平	B3	（即B非10，见《表六》）
A4	仄平仄仄平平	B4	平仄平平仄仄
A非1	仄平平仄仄平	B5	平仄仄平平仄
A非2	平平仄仄仄平	B6	仄仄平平平仄
A非3	平平仄仄仄平	B7	平仄平平平仄
A非4	平平平仄仄平	B8	仄仄仄平平仄
A非5	平平仄平平平	B非1	仄仄平仄仄仄
A非6	仄平平平平平	B非2	平仄仄仄仄仄
A非7	平平平平平平	B非3	仄仄平仄仄仄
A非8	仄平仄平平平	B非4	平仄平仄仄仄
A非9	平仄仄仄平平	B非5	仄仄平平仄仄
A非10	仄仄平仄平平	B非6	平仄仄平仄仄
A非11	平仄平仄平平	B非7	仄仄平仄平仄
A非12	仄仄仄仄平平	B非8	平仄平平仄仄
A非13	平平仄平仄平	B非9	平仄仄平仄仄
A非14	仄平平平仄平	B非10	仄仄仄平仄仄
A非15	平平平平仄平	B非11	仄平平平仄仄
A非16	仄平仄平仄平	B非12	平平仄平仄仄
A非17	仄仄平仄仄平	B非13	仄平仄平仄仄
A非18	平仄仄仄仄平	B非14	平平平平仄仄
A非19	仄仄仄仄仄平	B非15	平平仄平平仄
A非20	平仄平仄仄平	B非16	仄平平平平仄
A非21	平仄仄平平平	B非17	平平平平平仄

A 非 22　仄仄平平平平	B 非 18　仄平仄平平仄
A 非 23　平仄平平平平	B 非 19　仄平平仄仄仄
A 非 24　仄仄仄平平平	B 非 20　平平仄平仄仄
A 非 25　平仄仄平仄平	B 非 21　仄平平仄仄仄
A 非 26　仄仄平平仄平	B 非 22　平平平仄仄仄
A 非 27　平仄平平仄平	B 非 23　仄平平仄平仄
A 非 28　仄仄仄平仄平	B 非 24　平平仄平平仄
	B 非 25　仄平仄仄平仄
	B 非 26　平平平仄平仄

综合以上各章所论，四言、五言、六言、七言的合律句式，可以用一个表概括起来如下：

表六：《七五六四言律调句式总表》

〔　〕中为七言，〔　〕中为五言，（　）中为六言，（　）中为四言。

A〔平/仄 平〔（平/仄 仄 平 平））仄〕

1〔（平平〔（仄仄平平））仄〕　七言、五言 A1　六言、四言 A1

2〔（仄平〔（平仄平平））仄〕　七言、五言 A2　六言、四言 A2

3〔（平平平仄平平）仄〕　七言 A3　六言 A3

4〔（仄平仄仄平平）仄〕　七言 A4　六言 A4

B〔仄/平 仄〔（平/仄 平 仄 仄））平〕

1〔（仄仄〔（平平仄仄））平〕　七言、五言 B1　六言、四言 B1

2 平仄仄平仄仄平

3 仄仄仄平仄仄平

4〔（平仄平平仄仄）平〕　七言 B4　六言 B4

上表左侧四行表示可能截出各种句式的部位，右侧十六行表示具体截出的各种句式。■处的仄声，不合律调，所以各种句式俱无。六言、四言在 BC 式中，都是仄脚，因此六言、四言只归为 AB 两类。

十二、词、曲中的律调句

自此以下各章，目的在于说明律词句在这些文体中所占的地位，并非讲这些文体的谱式。

词，指自唐人小令至宋人长调等各种作品；曲，指宋、元、明人南、北曲的小令、散套以至杂剧、传奇等各种作品。词、曲的平仄句式，和前边几章所谈的各种律句一样。但词、曲都是入乐的，所以其中常有受到乐谱限制的句式。常见词曲家说，某句某字必须用四声中某声。又有时某字不但要讲四声，还要讲清浊，以至唇齿舌牙喉鼻等发音部位。还有同是一类的律句，因为某些节的盒盖不许更换，于是同类句式中不能随便选择，譬如 A1 不能换用 A2。更有特殊的地方，必须用拗句。如此等等，都属于特定句式。但一般的只论平仄的普通律句，究占绝大多数的（诗中也有由于入乐而成的特定句式和篇式，例如"阳关调"，只是不多罢了）。

现举唐人《菩萨蛮》一首为例：

仄 平 平 仄 平 平 仄
小山重叠金明灭 （七言 A2 律句）

仄 平 仄 仄 平 平 仄
鬓云欲度香腮雪 （七言 A4 律句。"灭""雪"一韵）。

仄 仄 仄 平 平
懒起画蛾眉 （五言 D2 律句）

仄 平 平 仄 平
弄妆梳洗迟 （五言 B 非 6 句，后世亦用五言 B 式律句。"眉""迟"一韵。）

仄 平 平 仄 仄
照花前后镜 （五言 C1 律句）

平 仄 平 平 仄
花面交相映 （五言 A2 律句。"镜""映"一韵。）

平 仄 仄 平 平
新贴绣罗襦 （五言 D1 律句）

平 平 平 仄 平
双双金鹧鸪 （五言 B 非 2 句，后世亦用五言 B 式律句。"襦""鸪"一韵。）

（温庭筠作，见《花间集》）

（按温词此调一组共十四首，每首上下两片的末句共二十八句，其中二十七句的末三字都是平仄平，只有"独倚门"一处是仄仄平。但这一组中有"钗上双蝶舞"句，"蝶"字以入作平。依此例看，"独"字也是以入作平的。可知早期此调此句是用 B 拗句式的。又宋元明词曲中字，以入作平之外还有以此作彼的，都是作者方音关系。参见第二章。）

一般长调中，例如最常见的《满江红》《贺新郎》等调子，其中句式，也是合乎律调的占绝大多数，而只有很少数特定句式。不再一一举例。篇中句式排列关系，是按各个词牌谱式而定的。

词的句式，字数多寡不同，自一字、二字至九字、十字的都有。有些较长的句子，常是些短句拼合而成的。还有十几字的句子，例如李清照的《声声慢》起首"寻寻觅觅冷冷清清凄凄惨惨戚戚"，作者为表达当时孤独没落的情绪，特选用絮叨重复的语言。这个长句实是三个短句所合成，它的平仄是：

平平仄仄，仄仄平平，平平仄仄仄仄。

如果去掉重字，或说从每节盒底看，便是：

平仄仄平平仄仄。

分明是一个七言 C1 律句。这也是短句拼成长句的手法之一。南宋人嫌它消极，另填新词，也不用叠字，这种痕迹便不明显了。

至于曲的句式，也和词的情况相同，自一字至许多字的句子都有，有些长句也是用短句拼成的。曲句中绝大多数也是合乎一般律调的，当然也有受乐谱限制而产生的特定句式。曲子的句与句之间的排列关系，更是随着各调谱式而定的。

曲句还有一种特点，即衬字（包括领、尾）较多，句中主要的字有时被衬字扰乱，句式的确实字数有时不易分辨。但如看已经分写正字衬字的曲谱，也就不难了然。

一般的曲牌，和词中小令、中调多半相类，而少有那些慢词长调的形式。曲牌的标准，主要是便于歌唱，所以尤其需要口吻流利，于是用一般律调句式处自然要多，而用特定句式处自然要少，不再一一举例。偶有一些表面复杂的句式，例如关汉卿《南吕一枝花·不伏老》散套中《黄钟煞》曲牌里有两个二十余字的句子，从来读者多惊为曲中的长句，分写如下：

> 我却是
>
> 蒸不烂　煮不熟　捶不扁　炒不爆
>
> 仄仄平平仄
> 响当当　一粒铜豌豆，
>
> 谁教您　子弟们　钻入它
>
> 锄不断　砍不下　解不开　顿不脱
>
> 平平仄仄平
> 慢腾腾　千层锦套头。

合着看，便是两句气势旺盛，似乎不可分割的长句子。但分析开来，实是许多三个字的衬句，最后各用五言律句镇住末尾。"一粒铜豌豆"是五言 A1 律句，"千层锦套头"是五言 B1 律句。两列衬句的趋势，都向末尾贯注而来，前列末尾 A 式句是抑，后列末尾 B 式句是扬，非常匀称。

又如马致远《破幽梦孤雁汉宫秋》杂剧在《梅花酒》《收江南》等曲牌里有大量三言四言句，也是每串后边分别用五言或七言律句镇住末尾。表面上相当复杂的曲句平仄形式，实不外乎一些简单规律。当然也不是没有句形变化多样的曲牌，但无论怎样变化，律句总是基本的句式。句式的关系虽是随着每个曲牌而定的，但各种曲牌中的句式安排，无论间隔疏密，总不离抑扬交替的原则。至于后世的民间曲调，也在这类规律中。

元曲押韵的特点，是平仄通押，按方音念起来，凡韵母相同的字，都可作一韵押。后世民间曲调也是这样。词韵一般上去通押，也有平仄通押的，例如《哨遍》《西江月》等。

十三、骈文、韵文中的律调句和排列关系

骈文的骈，是指字句对偶整齐而言；韵文的韵，是指押韵而言。骈文不一定都有韵，韵文也不一定都是骈体。还有从句中字数角度而言的，像有许多骈体文（包括有韵和无韵的），多用四言句和六言句（当然不是一律的、绝对的），所以凡属这类的文章，又被统称为"四六"，这可算广义的；宋人习惯指一些制诰、笺启中的骈偶作品为"四六"，则可算是狭义的。

先谈无韵骈文中的平仄声律问题。按骈体文章中，除赋类有"律赋"的名称外，其他文体并没有什么律与非律的界限（律赋的条件，除声调的标准外，还有韵字的限制）。但从文中声调来看，也未尝没有较精和较粗的差别。如果把那些较精的借称为律调，那些较粗的便可借称为古调。较精的：句中平节仄节间隔匀称的各组（所谓组是指一联或一段）句脚平仄排列也合乎抑扬规律（当然一些声调较精的文章，也并非绝无较粗的句或组，这像律诗之有拗句或拗联）；较粗的：句中平节仄节可以间隔不太匀，句脚平仄排列也不一定密切地依照抑扬次序，只是句与句之间或组与组之间大致达到由抑归扬或由扬归抑而已。

骈文无论有韵与否，句中字数的限制都比诗歌为宽。各种字数的句式都会受到采用，但大部分的骈文中大部分的句式，是以四言、六言居多的。

声调精致的"四六"骈文，每句中的平仄规格和句与句之间的排列关系，也各有它的基本法则。大致是：一句中的平节仄节交替，也就是主要用四言、六言的合律句式。句与句之间的排列关系，是以联为基本

单位。每半联（半联或称一扇）有一句的，有两句的，也有较多句的。
半联一句的，上下句平节仄节相反。举王勃《秋日登洪府滕王阁饯别序》的例子（自此七例同出此篇），如：

平平　仄仄
时维　九月，（两节，平仄）

仄仄　平平
序属　三秋。（两节，仄平）

又如：

仄　平平　（平）　仄仄
俨　骖騑　于　上路，（两节，平仄）

仄　平仄　（平）　平平
访　风景　于　崇阿。（两节，仄平）

又如：

仄仄　仄　（平）　平平　平
爽籁　发　而　清风　生，（两个三字句组成，句脚仄平。）

平平　平　（平）　仄平　仄
纤歌　凝　而　白云　过。（两个三字句组成，句脚平仄。）

又如：

仄平　（仄）　平仄　平平
落霞　与　孤鹜　齐飞，（三节，平仄平）

平仄　（仄）　平平　仄仄
秋水　共　长天　一色。（三节，仄平仄）

半联两句的，每句节数并不见得相同，主要在于这半联两句的句脚平仄相反；两半联相对的各节平仄相反。如：

（上下两半联相反。又"渚""岛"之间用"穷"字平声隔开，"宫""岗"之间用"即"字仄声隔开。但一般骈句并不都如此讲究。）

无韵骈文的全篇句脚平仄，也有一种规律，它们多是甲乙乙甲甲乙乙甲……反复进行的。例如：

豫章故_仄郡，

洪都新_仄府。

星分翼_仄轸，

地接衡_平庐。

襟三江而带五_平湖，

控蛮荆而引瓯_仄越。

物华天_仄宝，

龙光射牛斗之_平墟；

人杰地_平灵，

徐孺下陈蕃之_仄榻。

……

这里"郡"是首句句脚，是开端，可以不计。"府"是第一联的下句句脚，是仄。以下则"轸庐"是仄平，"湖越"是平仄……（如果第一联下句句脚是平，以下各联句脚则是平仄、仄平……）。所以这样的排列，是因为如果句脚一律全是平或一律全是仄，却又无韵，当然不好听；又如甲乙甲乙地排下去，而又无韵，也非常单调。于是把各联句脚互相颠倒，一联句脚平仄，一联句脚仄平，甲乙乙甲甲乙乙甲……反复进行，便没有那种连平或连仄以及一甲一乙却都无韵的病态了。这种句脚平仄颠倒交替的方法，从前称之为"仄顶仄，平顶平"。当然无韵骈文句脚排列并非绝无例外处，也不是没有其他形式的（最特别的例如佛经中的偈语，在梵文原作自有它的音乐性，但翻成汉文，只能顾了句子整齐，顾不了平仄和押韵。于是每句字数一致，而句脚却是既无韵也不管平仄。后来文人也有故意模拟这样翻译偈语的作品，只能算是一种例外的别体），只是这类算是最基本、最普遍的罢了。

无韵骈文的技巧，无论是句中各节的平仄交替，或上下句句脚的反复抑扬，以至字面的排比对偶，明清时代的"八股文"中都曾采用。而八股文中常有半联（八股文一篇四"比"，即是四联。一比二"股"，一股即是半联）十几句甚至更多句的。

有些长楹联也是这类手法，用各种长短句子拼成，每句的句脚也常是仄顶仄，平顶平。

现在举八股文两股为例，这是清代人用全无内容的两股来嘲笑八股文的空疏滥调的，但它的平仄铿锵，足以说明八股文中的声调问题。

　　平仄　　仄仄　　平平
　天地　乃　宇宙　之　乾坤，（三节，仄仄平）

　　平平　　平平　　仄仄
　吾心　实　中怀　之　在抱。（三节，平平仄。两句间平仄相反。）

　久矣夫，

　　平仄　平平
　千百　年来，（仄节，平节）

　仄平　仄仄
　已非　一日　矣。（平节，仄节）

　　　仄仄　　平平
　溯　往事　以　追维，（仄节，平节）

　仄仄　　仄仄
　曷勿　考　载记　（两仄节的半句）

　　平仄　平平　　仄仄
　　而诵　诗书　之　典要。（三节，仄平仄）

（以上前一股）

　平仄　　仄平　　平仄
　元后　即　帝王　之　天子，（三节，仄平仄）

平平　　　　仄仄　　　　平平
苍生 乃 百姓 之 黎元。（三节，平仄平。两句间平仄相反。）

庶矣哉，

仄仄　　平平
亿兆 民中，（仄节，平节）

仄平　　仄平
已非 一人 矣。（两平节。"一人"与前股之 "一日"盒底平仄相反。）

　　仄平　　而　仄仄
思 入时 而 用世，（平节，仄节）

仄仄　　仄仄
曷弗 瞻 黼座 （两仄节的半句）

平平　　平仄　　　　平平
而登 廊庙 之 朝廷。（三节，平仄平。此股中 重要平仄与前股相反。）

（以上后一股）

有韵的骈文，也有精粗的不同。例如陆机、鲍照、江淹、庾信等人的某些篇赋和唐代以来的律赋，试与汉魏的赋相比，便感觉像有律诗与古诗的差别。其他的韵文，也有声调圆熟和声调古朴的不同，这里不再举例。

还有被近代称为"散文化"的韵文，像《楚辞》中《渔父》《卜居》等，汉代辞赋有些篇中也常见这样的段落。后世作品，属于这类的，以苏轼《赤壁赋》等为最著名。这类作品句法不太整齐对偶，韵脚距离又似疏密不匀，使人觉得不易捉摸，如果逐句排起来看，仍是非常清楚的。现在即将《赤壁赋》的前一大段的各句句脚排列如下：

秋，望。舟，下。来，兴。客，诗，章。

（以上一段无韵）

　　　（韵）　　　　（韵）　　　　　（韵）
上，间。江，天。如，然。乎，风，止；

　　　（韵）
乎，立，仙。

（以上一段韵脚匀称。"乎风止"合为一抑，"乎立仙"合 为一扬。）

甚，之，曰。

　　（以上三句无韵）

桨，光^(韵)。怀，方^(韵)。

甚，之，曰。

　　（以上三句无韵）

桨，光（韵）。怀，方（韵）。

　　（以上一段韵脚匀称）

者，之，然。

　　（以上三句无韵）

怨，慕（韵）。泣，诉（韵）。嬺，缕（韵）。蛟，妇（韵）。

　　（以上一段韵脚匀称）

……

这篇赋的特点，只是在韵语段落之间，插入一些散语段落而已。

韵文（并包括诗、词、曲）的押韵法则，有两个方面：一是韵句的位置，一是韵部的多少。

韵句位置，是指篇中押韵的句子各在第几句处。这不外三种情况：一，连续的，即每句押韵；二，间隔的，即隔句押韵、隔组押韵和分组换韵等；三，混合的，即将以上两种形式部分地结合使用。

韵部多少，是指篇中共用几个韵部，这不外两种情况：一，单韵的，即全篇用一个韵部；二，多韵的，即全篇用不止一个韵部，在篇中换韵。

以上两个方面、五种形式，相互错综，变化便很复杂。式例繁多，不再一一列举。

十四、散文中的声调问题

后世所称为"散文"（或称"古文"，宋人也曾称之为"平文"）的，似应是句法不拘规格，声调也不管平仄的，其实并不尽然。散文句中也有各节抑扬的问题，篇中也有句式、句脚的排列问题。只是字面的对偶、句式的长短、句次的排列等都不那么机械严格罢了。现在举《史记·屈原列传》一段为例：

仄平　仄　平平
屈原　者，名平，（两平节，用一仄隔开。）

仄平　平仄
楚之　同姓　也。（平节，仄节）

　　仄平　　仄平
为　楚怀　王　左徒。（两平节）

仄平　仄仄
博闻　强志，（平节，仄节）

平平　仄仄
明于　治乱，（平节，仄节）

平平　平仄
娴于　辞令。（平节，仄节）

仄仄　仄平
入则　与王　（仄节，平节）

　平仄　仄仄　仄仄　仄仄
　图议　国事　以出　号令，（四仄节）

仄仄
出则　（仄节）

　仄仄　平仄　仄仄　平平
　接遇　宾客　应对　诸侯。（三仄节，一平节。两句中连续抑调，总归于扬。）

平仄　仄平
王甚　任之。（仄节，平节）

仄平　仄平　仄平　平仄
上官　大夫　与之　同列，（三平节，一仄节，由扬到抑。）

平仄　　　平仄　平平
争宠　而　心害　其能。（两仄节，一平节，由抑到扬。）

平平　　　仄平　仄平　仄仄
怀王　使　屈原　造为　宪令，（三平节，一仄节）

仄平　仄仄
屈平　属草，（平节，仄节）

　　　仄仄
稿　未定。（仄节。以上"令""草""定"全取抑调。）

仄平　仄平　　　平仄　仄平
上官　大夫　见　而欲　夺之，（四节，平平仄平，取扬调。）

仄平　仄仄
屈平　不与，（平节，仄节）

　　平平
因　谗之。曰：（平节）

平仄　仄平　平仄
王使　屈平　为令，（三节，仄平仄）

仄仄　仄平
众莫　不知。（仄节，平节。以上"与"
"之""令""知"，抑扬相间。）

仄仄　仄仄
每一　令出，（两仄节，抑调。）

平仄　平平
平伐　其功，（仄节，平节，归于扬调。）

仄平　仄仄　仄平　平仄
以为　非我　莫能　为也。（四节，平仄相间，而归于抑。）

平仄　平平　仄平
王怒　而疏　屈平。（一仄节，两平节。"出"
"功""也""平"，抑扬相间。）

仄平　　　平仄　　　仄平
屈平　疾　王听　之　不聪　也，（三节，平仄平）

　　　　　平仄　　　仄平
　　　　谗谄　之　蔽明　也，（仄节，平节）

　　　　　平仄　　　仄平
　　　　邪曲　之　害公　也，（仄节，平节）

　　　　　平仄　　　仄平
　　　　方正　之　不容　也，（仄节，平节。古代散文中
有时有韵语，此四句谐韵。）

平平　平仄
故　忧愁　幽思，（平节，仄节）

平仄　平平
　而作　离骚。（仄节，平节）

平平　仄
离骚　者，（平节，以一仄与下句平节隔开。）

平平
犹　离忧　也。（平节。以扬调结此段。）

……
（《史记·屈原列传》）

各种成篇成段的文字中，只有价目表、人名单是毫无声调可言的，但贾谊的文中竟有三串人名，居然有抑扬可寻。试为分析如下：

仄仄　平仄　平平　仄仄
宁越　徐尚　苏秦　杜赫

（平仄）　仄平　平
　之属　为之　谋，

平平　平仄　平仄　平仄　平仄　仄仄
齐明　周最　陈轸　昭滑　楼缓　翟景

平仄　仄仄
　苏厉　乐毅

（平平）　平平　仄
　之徒　通其　意，

平仄　平仄　仄平　平平　平平　平仄
吴起　孙膑　带佗　儿良　王廖　田忌

平平　仄平
　廉颇　赵奢

（平平）　仄平　平
　之朋　制其　兵。
（《史记》卷六）

这里是三串人名和三个五字的半句，每半句中末三字都是合律的，而三个句脚"谋、意、兵"是平仄平，抑扬相间。第一串人名"越、尚、秦、赫"是仄仄平仄，合于一般四句诗中第三句作隔句用的排列形式；第二串人名除"明"是开端处一个平节外，以下七个仄节，是全抑的；第三串人名"起、膑、佗、良、廖、忌、颇、奢"是两仄两平相间匀称的八个节。这三串各作一个单位看，它们的错综关系是极明显的。第一串最短而合律；第二串虽长而主要取抑调；第三串长短与第二串相等，而完全合律，并以平节收束，最后归扬。从以上各段看来，散文中也有声调抑扬的问题。

有人说，汉代文章骈散不分，句法整齐的居多，不足充分说明散文中的声调问题，那么不妨再从唐人的散文中找一篇来看。按韩愈散文的特点之一，在于打破汉魏以后的骈俪习气，所以号称"文起八代之衰"。他的《柳子厚墓志铭》更是他有意识地运用单行文气，破除四六偶句的典型作品，现在摘取一段，试看其中的抑扬：

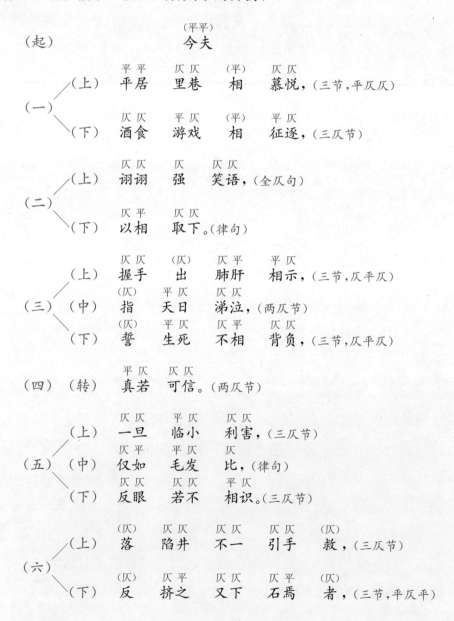

平仄　仄

（结）　　　皆是　也。（仄节）

这段文作者为表达一种悲愤的心情，所以前十二句全取抑调，最后"石焉"一扬，结句仍归于抑。但在各句中的各节，则大部分是平节仄节相间。读起来，虽有连续抑调，却毫不死板沉闷。散文中这种抑扬，本是一般具有的，只因它不如骈文那样明显，所以读者不易觉察。这里再举宋代王安石的一篇来看。《读孟尝君传》通篇没有对偶句子，纯是单行文气，但它的声调抑扬，仍是有迹可寻的。

世　皆称　孟尝君　能　得士，（平节，仄节，抑调。）

士　以故　归之。（仄节，平节，扬调。）

而　卒赖　其力，（两仄节，抑调。）

以　脱于　虎豹　之秦。（三节，平仄平，扬调。）

嗟乎，（平节）

孟尝君　特

　鸡鸣　狗盗　之雄　耳，（三节，平仄平，扬调。）

岂足　以言　得士。（三节，仄平仄，抑调。）

不然，（平节）

擅齐　之强，（两平节）

得一　士焉，（仄节，平节）

宜　可以　南面　而　制秦，（两仄节，一平节）

尚　何取

　鸡鸣　狗盗　之　力哉。（四节，仄平仄平）

平平　仄仄　平仄　平平
鸡鸣　狗盗　之出　其门，（四节，平仄仄平。自"然"至"门"全取扬调。）

仄仄　　仄仄　仄仄
此士　之　所以　不至　也。（三仄节，全取抑调，语调肯定而有力。）

（王安石《读孟尝君传》）

这里抑扬呼应，读起来相当顺口。当然并不是说一切散文都完全具备这样条件，更不是说作古典式散文必须用这样的声律，只是说明古代散文常有这种情况而已。

从前文人诵读文章，讲究念字句有轻重疾徐。有人不但读诗词拿腔作调，读骈散文章也常是这样。还有人主张学文章要常听善读的人诵读，最易得到启发。现在可以明白，所谓善读文章，除了能传出文中思想感情之外，还能把声调的关键表现出来。例如把领、衬、尾和次要的字、句轻读、快读，把音节抑扬的重要地方和重要的字、句重读、慢读。哪一句、哪一组是呼，哪一句、哪一组是应，藉此表现出来。听者不但可以从声调的抑扬中领会所读文章的开合呼应，获得更多的理解；又可在作文时把声调安排得与内容相适应，而增强文章的艺术效果。只是从前提倡这种办法的人和当时的读者与听者，都没有具体地说出其中的所以然罢了。

1964 年夏初稿成，1974 年秋写讫。启功自记
1976 年香港大公报分期连载，1990 年 4 月再校一过。
1996 年秋全稿承中华书局陈抗先生重校，谨此致谢！启功记

十五、"八病""四声"的新探讨

一、八病不是南朝人说的

幼年读过梁启超先生的文章,有一句话说:"不惜以今天的我,攻击昨天的我。"当时觉得很可笑。年长渐知"今是昨非",甚至渐知"今虽小是,而昨已大非",只有逐步自忏之一法。自忏之道,在于"首过",吾今自首之过,在过去出版的、又几经重版的一本文章小册《诗文声律论稿》。最近中华书局又要重印我的手稿初印本,由陈抗编审再加精核,命我复看,我除深感陈先生的精密审查之外,又发现其第十章有许多错误。其中论五言诗"八病"一说最误。当时虽已发现谢灵运、沈约、钟嵘初步摸到五言律调的抑扬,而他们并未提出"平头、上尾"等等"八病"的题目。我虽没找着南朝人提出"八病"的证据,但还朦胧地承认沈约和唐初李延寿都提出"八病"的说法。现在得知日本清水凯夫氏已提出对沈约与"八病"说的问题(我还未见),我国的跃进同志也提出中国的声病学说都出自印度的说法,但还没有详论"八病"是怎样形成的。跃进同志又说南朝的读音与今天不同,而有存疑的结论。这在鄙人重读旧稿时,都给了我极重要的怀疑的胆量。

我在旧作《诗文声律论稿》第十章"永明声律说与律诗的关系"中,把沈约撰的《宋书·谢灵运传·论》中所说的"前有浮声,后须切响",和沈氏与陆厥的信中所说"十字之文,颠倒相配,字不过十,巧历已不能尽"(萧子显《南齐书·陆厥传》所引)的话,以及唐初李延寿所撰的《南史》的话拉到一起，都算入"沈约等人"所创。后来"四声、八病"久被人们说成是沈约的首创，不佞浅学粗心，也随声附和。现在在发生怀疑之后，分析我的疑点。

二、摸到五言律调是从《宋书·谢灵运传·论》开始的

沈约撰《宋书·谢灵运传·论》说：

> 夫五色相宣，八音协畅，由（犹）乎玄黄律吕，各适物宜。欲使宫羽相变，低昂互节，若前有浮声，则后须切响。一简之内，音韵尽殊；两句之中，轻重悉异。妙达此旨，始可言文。至于先士茂制，讽高历赏：子建函京之作，仲宣灞岸之篇，子荆零雨之章，正长朔风之句，并直举胸情，非傍诗史。正以音律调韵，取高前式。

史官撰传论，当然是发挥传主的思想和议论，这项理论也是采自谢氏之说的。此外还有一条：钟嵘《诗品》记谢灵运与其弟惠连当面作诗有"池塘生春草，园柳变鸣禽"一联，大谢说："对惠连辄有佳句。"其下句是个律句，而上句却不合律。宋版有一卷《二谢诗》（有影印本），便把下句改成"园柳双鸣禽"，又把一个合律的句子改成"非佳句"了。我在《周礼·考工记·梓人》章中见到郑注"春有蠢读"的音，恍然大悟"池塘"句正是"平平平仄仄"一个律句，那么这次兄弟二人吟诵的正是一对律联，所以可以自夸是"佳句"。《宋书·谢灵运传·论》中沈约又举了"子建函京之作"等四人的例句，其实也是为大谢议论作证的。

"子建函京之作"：从军度函谷，驱马过西京。（四、五、六、七言律句和非律句俱见拙作《诗文声律论稿》，下同）

"仲宣（王粲）灞岸之篇"：南登灞陵岸，回首望长安。

"子荆（孙楚）零雨之章"：晨风飘歧路，零雨被秋草。（被有平读）

"正长（王瓒）朔风之句"：朔风动秋草，边马有归心。

以上的具体诗句是据《文选》李善注。此外还有梁代钟嵘《诗品·

序》说：

> 古曰诗颂，皆被之金竹，故非调五音，无以谐会。若"置酒高堂上""明月照高楼"，为韵之首。……余谓文制本须讽读，不可蹇碍。但令清浊流通，口吻调利，斯为足矣。至平上去入，则余病未能；蜂腰鹤膝，闾里已具。

他所举的两句正是可贵的两个律调标本：

"置酒高堂上"（阮瑀《杂诗》）；"明月照高楼"（曹植《七哀》）。

至于"闾里已具"，足见律调的要求，及于闾里传说，已流行很久很广了。至于"子建函京"等句，实在《谢传》之《论》中，谓为谢兆其端，实无不可。

三、李延寿撰《南史》所言声病的错误

初唐修《梁书》的是姚思廉，他是南朝姚察的儿子，他父亲深知南朝的史事，思廉撰《梁书》自比李延寿撰《南史》会合乎实际得多。《梁书》中《沈约传》并没有关于"八病"的任何记载，而李延寿撰的《南史》就有许多谬误之处。他说："永明……时盛为文章，吴兴沈约、陈郡谢朓、琅玡王融，以气类相推毂。汝南周颙，善识声韵。约等文皆用宫商。"按"宫商"是音乐的调名，是歌唱时音调高低的标志。诗文用字，何须谱出宫商？他接着写："将平上去入四声（这句上下似有脱落文字），以此制韵，有平头、上尾、蜂腰、鹤膝。五字之中，音韵悉异，两句之内，角徵不同，不可增减，世呼为永明体。"这里不但套用《宋书·谢灵运传·论》，还加入头、尾、腰、膝四病名，又用"角徵"乐调名来讲诗的律调。

四、隋唐人扩大"八病"之说

隋唐之间的王通《中说·天地》有"四声、八病"的话，唐李延寿撰《南史》有"平头、上尾、蜂腰、鹤膝"四病之目。中唐僧皎然《诗

式》说："沈休文酷裁八病，碎用四声。"这"酷裁""碎用"直同梦话。又封演撰的《封氏闻见记·声韵》也说"永明中沈约文词精拔，盛解音律，遂撰《四声谱》，文章八病，有平头、上尾、蜂腰、鹤膝。"再后有日本入唐僧人空海撰《文镜秘府论》有《文二十八种病》一章，"八病"即其中的前八种病，前四种即头、尾、腰、膝之病，后四种即大韵、小韵、旁纽、正纽。对后四病却说："已下四病，但须知之，不必须避。"这岂不是废话。他总举"二十八种病"各有解说，还各有"释曰""或曰"，乃引旁人的解释，其间有一条引"沈给事"的话，没注名字。沈约没作过"给事"的官，可知这沈氏不是南朝人。我在旧著中曾简单提出："各病的解释多不近情理"。

至于宋代"八病"之说更加明确，而且都注出沈约的姓名，真可谓"俗语不实，流为丹青"了。我在旧著讲到，宋人各家所说，除明确加上沈约之名，还提出"八病""惟上尾、鹤膝最忌，馀病亦通"。今日推论这后四字仍然费解，所谓亦通，是与"最忌"相通，还是可以不管它呢？

五、"八病"的标准

先不管五言诗走向律调发展有几种病（先有头、尾、腰、膝，继有大韵、小韵、旁纽、正纽），唐宋以来"八病"最著名。日本空海的《文镜秘府论》又说文有"二十八种病"，又说有"三十种病"，今经考证，四、八、二十八、三十，病类越续越多，实与沈约都没有关系。流传病类最著名、最普通的要算"八病"之说，而"八病"之说较早、较详的要数《文镜秘府论》西字卷所列《文二十八种病》的前八病，现在姑且简录如下：

"第一，平头：五言诗第一字不得与第六字同声，第二字不得与第七字同声，同声者不得同平上去入四声，名为犯平头。平头诗曰：'芳时淑气清，提壶台上倾。'"

今按"芳时"与"提壶"同声是平头，"清"是首句韵脚，不能算病。上去入声，律调中根本不作韵脚。《文镜秘府论》中又有"释曰"

复改"四声"为"上、去、入三声",是已知律调的标准了。"释曰"又云:"上句第一二字,是平声,则下句第六七字不得复用平声。"又"或曰:若上句第二字与下句第二字同声,皆是巨病。"似已摸到二字一盒,而盒底更重要了。但"芳时""提壶"二句是黏对的问题,而"八病"并无"黏对"一病。

"第二,上尾:五言诗中第五字不得与第十字同声,名为上尾,如'西北有高楼,上与浮云齐',是其病也。"又曰:"'荡子别倡楼,秋庭夜月华。'若以家代楼,此则无嫌。"按"家""华"是首句入韵的律调,此时五言律调已渐出现。

"第三,蜂腰:五言诗一句之中,第二字不得与第五字同声,言两头粗,中央细,似蜂腰也。诗曰:'青轩明月时,紫殿秋风日。'"

按这是仄韵,已属古体诗,今不觉其为病(以下仄韵的俱不再举)。

又曰:"徐步金门出,言寻上苑春。"

按此直是一律联,与"病"无关。

"第四,鹤膝:若五言诗第五字不得与十五字同声,言两头细,中间粗,似鹤膝也。"(所举两个四句诗,都是仄韵,今不论。)

"第五,大韵:五言诗若以'新'为韵,上九字更不得安'人''津''邻''身''陈'等字。"释云:"今就十字内论大韵,若前韵第十字是'枝'字,二十字中并不得用'鹂''羁''雌''池''知'等韵。除非叠韵、联绵字,此即不论。"

按五言律调,韵脚之外各字不得用与韵脚同韵之字。

"第六,小韵:除韵以外,而有迭相犯者,名为犯小韵。"释曰:"就前九字中论小韵,若第九字是'漪',则前第五字不得复用'望'字等音。""元氏曰:此病轻于大韵,近代咸不以为累文。""或云:凡小韵,居五字内急,九字内小缓。然此病非巨害,避为美。""刘氏曰:小韵,五字内、十字内与韵字相犯者是也。若故叠韵,如飘摇、窈窕、徘徊、周流等,不是病限。"

按"小缓,非巨害"已不算病,何必立为一条?

"第七，旁纽：五言诗有一句中有'月'字，更不得安'鱼''元''阮''愿'等字，此即双声，双声即犯旁纽。""元氏曰：旁纽者，一韵之内，有隔字双声也。""元兢曰：此病更轻于小韵，文人无以为意者。"

按此已与病无关了。

"第八，正纽，亦名小纽：从一字纽之得四声是正也。若从他字来会是旁也。又一法：凡入双声者，皆名正纽。""元兢曰：此病轻重，与旁纽相类，近代咸不以为累，但知之而已。"

按"知道了"而算一病，岂不可笑？又此下即接《文二十八种病》之第九至二十八病，不复论。

又《文镜秘府论》西字卷《文二十八种病序》说："颙、约以降，兢、融以往，声、谱之论郁起，病、犯之名争兴，家制格式，人谈疾累，徒竞文华，空事拘检。"这正是空海的自述。

六、四声说的兴起

"八病"都与"声""纽"有关，因此也要探讨一些四声的问题。"四声"（平上去入）兴起之前，只有"宫商角徵羽"代表乐律高低的五种调名。古代文章中常有拿"宫商"等词来形容文句高低声调的。到了南朝的文人发明"平上去入"四声，可能是感到音乐声调的高低并不能与语言声调相同，才在"宫商角徵羽"之外另创平上去入四声的。

"四声说"是谁发明的？南朝都把周颙列在沈约之前，《文镜秘府论》的《文二十八种病》章也说："颙、约以降"，而后世都把四声的发明权归到沈约的名下。这有几种可能：一因沈约寿长名高，二因沈约撰有《声韵谱》（又称《四声谱》），虽然其书已佚，但古代曾有流传。以此推测，"八病""四声"遂渐渐都归到沈约名下，也就无足为怪了。

至于南朝人何以创为"四声"，而非其他几声？陈寅恪先生撰《四声三问》，在第一问中说：

转读佛经之三声，实出于天竺围陀《声明论》之三声。……是否即与中国之平上去切合，今固难详知。然俱依声之高下分为三阶则相同无疑也。中国语之入声皆附有 k、p、t 等辅音之缀尾，可视为一特殊种类，……故中国文士依据及摹拟当时转读佛经之音，分别定为平上去三声，合入声计之通为四声。

功谨案：寅翁此说，固极明辨，但别有一例：元人周德清据其时散曲、剧曲所押之韵编为《中原音韵》，只有平上去三声，入声字则分别合入前三声，故有"北无入声"之谚。南朝转经之三声，固不可知，但类似中国之音为平上去，则已在寅翁之《三问》中。而《中原音韵》又只列平上去，今说从元曲即可知南朝转读佛经，似乎不可。

又歌唱词曲时须有乐谱；撰写诗文，只求顿挫流利。用字的平仄，只是为词句的抑扬，与歌唱词曲的乐调不同。今天是简谱、五线谱，早于简谱的是"工、尺、上、四、合"或"工、尺、上、四、合、六、五"，更繁的又加"一、凡"（昆曲中的南北曲以有无"一、凡"来区别）。昆曲《牡丹亭》："袅晴丝"是"上平平"，乐谱上每个字的右边都斜行写着一串工尺字，还有加着板眼符号处，听起唱出的声音几乎与"上平平"全不相同了。因为唱腔有延长处，其间又有装饰音，使得平仄甚至大不相同。皮黄戏如《空城计》诸葛亮唱"我本是"，是"上上上"（"是"字浊上声，今读成去声），听起唱来，抑扬高低，也与四声无关了。所以"宫商角徵羽"只是古代乐调高低抑扬的标号，大约宫商是扬调，角徵羽是抑调。《南齐书·陆厥传》载《沈约答陆厥书》节去后半，《南史》则有之："自古辞人岂不知宫羽之殊，商徵之别。""宫"与"羽"，"商"与"徵"对举，也可证明乐调中宫商为扬调，羽徵为抑调。

陈寅翁在《四声三问》篇末说："今更借喻同光旧说以为引申：所窃取只段（玉裁《六书音韵表》《古四声说》）、王（国维《观堂集林》、《五声说》（谓古有阴阳平上去五声））、即四声之说专主属文而已。"后学启功曰：《三问》篇末，大意结为：平上四声专主属文，而宫商五声专主谱乐，免于混淆，其说至辨。至于来自何方，存而不论，寅翁达识，只有服膺！

附录：汉语诗歌的构成及发展

这个问题包含的内容较多，谈起来，不是简短的篇章所能详尽。去年在校内作过一次普及性的"学术讲演"，经学友们从录音写成文字，又增加了一层的隔阂。承友人为刊物索稿，顺便即拿去发表了。拙稿不但内容不成熟，还加上许多词不达意处，是我非常抱歉的。现在重新把积年所学、所想、所讲过的一些拙见，从头写出，求教于敬爱的读者，希望惠予教正！

一、汉语、汉字与中华文化

中华民族是很长历史时间中陆续融合了许多兄弟民族而形成的伟大民族，他的文化是以中原华夏汉民族为中心，又随时融合着兄弟民族相适应的文化而成的中国文化。这个文化中，以汉语、汉文为中心，从地区论，不但仍有各个少数民族的语言文字，即使绝大部分使用汉文、汉语的地区，还有地方方音的差异。由于种种进步的条件，不但少数民族中也逐渐有人习用汉文、汉语，而各个方音、方言地区的人，也逐渐习用标准汉语（旧称"国语"，今称"普通话"）。这是中华民族广大地区的语音、语言融汇、团聚的可喜现象。

二、汉字与诗歌的声律

中华民族文化的最中心部分——汉语（包括语音）和汉文字，自殷商至今有过许多的变化，但其中一条是未变或曾变也不大的，就是：一个文字表示一个记录事物的"词"，只用一个音节。无论其中可有几个音素，当它代表一个词时，那些音素必是融合成为一个音节的。有人推测古代有复辅音（如古代"笔"称"不律"），或今日也有某些特殊的复合音的词（如"孔"称"窟窿"），但绝不是中古以后大部分汉语的普遍现象，这里不论。汉语既是一字即一音，一音即一词，这就使得汉语的语句和它所表达的思想，可以长短、伸缩、繁简、正反……自由变换。随时随处加入、撤出某个词，即使句义全变，句子仍然成立。这是字、词、句的句形、句义的灵活性，也是它的优越处。

不单这一项，还有每一个字（词）的发音都有几个声调，最普通的分成平、上、去、入四调（考古音的说古代只有三调，但今天无法直接确证），而各方音地区又有八声（调）、九声、十声等等的地方特殊声调。元代以来北方语音中入声已失（从曲词中所表现和当时当地的韵书记载，实际口语中可能隋唐时代北方人的入声已有变化）。

这在前边所谈字数伸缩影响句义的问题之外，但字有四声使得字（词）句灵活性之外又加入了音调高低的变化，由于一字（词）的声调变化，也表示了词义（以至词性）的变化。在艺术性的语言中（诗歌、词曲等），以及特定用途的语句中，增加了它们的美丽性。

总之，汉字的字（词）不但在数目增减上有活跃性，而且在音调上也具有抑扬的灵活性。二者相乘，使得普通的表意的汉语和美化的艺用的汉语，平添了若干倍的功能。诗歌词曲离不开声调高低，这是易见的，即日常口语中声调的抑扬，也表现谈话的情绪，又较韵书中四声的固定范围更为宽泛得多。

这好比玩具"七巧板"和"积木"，移动变化可成各种形象，又给它们涂上颜色，在儿童手中已是极其可爱的玩具了。谁知汉语的字（词）、句的表义作用之外，还有声调美化的功能。我们了解了汉语构成的各项零件的特殊功能之后，进而探讨汉语诗歌的特点，就不难迎刃而解了。

汉字是单音节而且有声调高矮的变化，这就影响汉语诗歌语法的构造。我常说汉语的诗歌像是七巧板，又如积木。把汉语的一个字一个字拼起来，就成了诗的句子。积木的背面是有颜色的，摆的时候照着颜色块的变化来。由单字拼合成诗句，它也有个"颜色"问题，就是声调的变化，汉语诗歌特别重视平仄、高矮，高矮相间，如同颜色的斑斓，这样拼成的诗句才好听，才优美。所以要谈汉语构成，先得说汉字，先得说汉字的声调。高高矮矮、抑抑扬扬的汉语诗歌是有音乐性的，诗句的音乐性正来自单字的音乐性。这是首先要明确与注意的。

注意到汉字有四声，大概是汉魏时期的事。《世说新语》里说王仲宣死了，为他送葬的人因为死者生前喜欢驴叫，于是大家就大声学驴叫。为什么要学驴叫？我发现，驴有四声。这驴叫有 ēng、ěng、èng，正好是平、上、去，它还有一种叫是"打响鼻"，就像是入声了。王仲宣活着的时候为什么爱听驴叫？大概就是那时候发现了字有四声，驴的叫声也像人说话的声调。后来我还听王力先生讲起陆志韦先生也有这样的说法。还有一个问题，就是入声字在北方话里消失。入声字都有一个尾音，如"国"，入声读 gok。有人说是后来把那个尾音丢了，所以北方没有入声字。其实不是。北方没有入声字，是读的时候把元音读长了，拉长了一读，就成了 gók 了。我认为这就是"入派三声"的原因。

汉字有声调，于是诗歌有平仄，不过就汉语诗歌的声律而言，单从字的调说还不行。五言诗有"仄仄平平仄"等平仄句式，七言诗有"平平仄仄平平仄"等句式，我们看五个字或七个字拼成的诗句，一句中多数的字，是两个平声字在一起、两个仄声字在一起，成为一个个的小音节。我在《诗文声律论稿》那一篇文章里，曾经说到过"平仄竿"的问题，平平仄仄平平仄仄交替进行反复无穷，犹如竹子的节，五言、七言的各种平仄基本句式，都是从这条长竿儿上任意截取出来的。那本小册子出版后，不少喜欢古体诗的朋友对我说，"平仄长竿"很说明问题，问我从哪里想出来的呢？是啊，以前我也在想这个问题，为什么汉语的诗句要"平平仄仄平"呢？我请教语言学家，请教心理学家，都没有明确答案。有一回我坐火车，那时还是蒸汽机车头，坐在那里反复听着

90

"突突""突突"的声音，一前一后，一轻一重。当时我有一位邻居乔东君先生，是位作曲家。我向他请教这个问题，他说，火车的响声，本无所谓轻重，也不是两两一组，一高一低，这些都是人的耳朵听出来的感觉，是人心理的印象。人的喘息不可能一高一低，而是两高两低才能缓得过气来。这一下子使我找到了平仄长竿的规律：汉字的音节在长竿中平平仄仄重叠，人才喘得过气来。讲这个故事说明什么呢？说明在口语中，一个字的词或句子并不多，两个字的词或句自古即是很多的，因为那样容易合乎某些生理规律。单双字词相间，形成汉语诗歌的格律，如果是多音节，恐怕就不会是这样了。

三、汉语诗歌的句式

汉语的诗歌里，句子的形式从一个单字到若干字的都有。一个字往往不成一句，但在一句诗开始的时候，常常有一个字，叫领字，词里头很多。比如柳永那首《雨霖铃》"对潇潇暮雨洒江天，一番洗新秋"，其中的"对"字，就是一个领字。两个字的诗句也不少，如《诗经》的《鱼丽》那一首，"鱼丽于罶，鲿鲨"，以后两个字的句子更多，词里的《如梦令》"如梦，如梦""知否，知否"皆是。三言诗句起源也很早，《诗经》"江有汜，不我以"就是，汉代的郊祀歌里也有一些。四字句的诗大家都很熟悉，《诗经》主要的句式就是四言。四言进至五言，就很有意思。四个字一句，形式上是方的，"关关雎鸠"，"关关""雎鸠"是两个字两个字的。一是内容表达上不太够，另外也显得不够灵活，有些板。加上一个字，一句中就有单字有双字，富于变化了。"好雨——知——时节，当春——乃——发生"，读来既流动又舒缓，活跃多了。五言诗也是在《诗经》里就有，但还没有全篇都是五言的作品，汉魏以后，就成了汉语诗歌的主要形式之一。就汉语诗歌的发展情况而言，一言、二言、三言及四言，都不是主流形式，六言也是如此。六言也早已有之，唐宋以来的诗人就作了不少六言诗，比如王安石的诗："柳叶鸣蜩绿暗，荷花落日红酣。三十六陂春水，白头相见江南。"但总的来说，六言占的比重还是很少。七言诗和五言一样，是主要形式。还有八言，对联八个字的不少，但作八言诗的就很少。为什么？实际上八言就是两个四言，还是四言诗，所以名副其实的八言诗不好作，也就很少。九言诗作的人也少，因为九言也容易成为四言加五言，费力不讨好。九言以上的诗反而多些。我也试着作九言以上的诗，有一首《赌赢歌》，编在我那本《絮语》里，有人对我说起它时，我说那不是诗，是"数来宝"。文人一般是不作这个的。

　　上面讲诗的语言是从少往多里讲，还有一种情况是汉语的诗句可以随便去掉字，往少里变。有一个笑话，杜牧诗"清明时节雨纷纷，路上行人欲断魂。借问酒家何处有，牧童遥指杏花村"，有人说每句的头两个字是废话，可删，于是就变成了"时节雨纷纷，行人欲断魂。酒家何处有，遥指杏花村"。有人又说还可以减掉前边的两个字，就成了"雨纷纷，欲断魂。何处有，杏花村"。有人还嫌多余，再删，最后就剩下"雨，魂。有，村"了。这虽是笑话，有些强词夺理，但也说明，汉语诗歌的句式可以拉长也可以缩短，长短自由。另外，我在《汉语现象论丛》中，曾举李商隐《锦瑟》为例，说明诗的语句中，修辞的意味要大于语法的意味。像杜牧的"清明时节雨纷纷"等四句，若不是从修辞的角度看，而是从语法角度去看，那也真像是"废话"了。可是诗歌正是由修辞来达到营造意境的效果。汉字的单字特征，实际正影响着汉语诗歌语句的长短自由。

四、对偶和用典

　　对偶也是汉语特有的修辞手法，汉语诗歌的一个重要特点就是对偶。什么是对偶呢？它的特点是上句几个字，下句还是几个字。20世纪初胡适等人写《文学改良刍议》，主张不用对偶、不用典。《文学改良刍议》代表了当时许多学者的意见，得到人们拥护。大家多作白话文，是大势所趋。可是古代文学里对偶和用典，却是普遍现象，不能不理它。而且至今作古体诗词的人还不少，今天的报纸杂志里，也常见古体诗词发表。研究一下对偶和用典还是有必要的。

　　对偶在汉语诗歌里出现，其实是很自然的。为什么形成对偶，我也总是在想。对偶现象，自然界都有。人和动物都有一个鼻子两只眼睛，脑袋旁边两只耳朵，躯干边上两条腿、两只手，禽类有两个翅膀，都是对偶。植物中，一根枝条上的叶子往往是两两相对，一片叶子的叶脉也是左边一个右边一个。可是这些都不能直接说明汉语里为何有对偶。外国人、外国的自然界，也到处都存在着对称，为什么外国的语言、诗歌里就没有这种对偶现象呢？我的想法，首先是汉字有这个便利。单音节而且字与字的空间整齐，它就可以追求对称的整齐效果。如果是拼音文字，多音节而且字母多少也不统一，就难说有这个条件了。其次，我们的口语里有时说一句不够，很自然地再加一句，为的是表达周到。如"你喝茶不喝？""这茶是凉是热？""你是喝红茶还是喝绿茶？"表示是多方面地想到了。还有是叮咛，说一句怕对方记不住。如说"明天有工夫就来，要是没空儿我们就改日子"。这类内容很自然就形成对偶。对偶原来也不是那么严格，后来到了文人做文章，就出现了很仔细的对偶。对偶在中国的诗歌、文章里早就出现了。《诗经》《周易》《老子》《论语》等典籍早就有。例如《老子》第一章："道可道，非常道；名可名，非常名。"《论语》："有朋自远方来，不亦乐乎？人不知而不愠，不亦君子乎？"等等都是。自有汉语文章，就有了对偶。究竟是汉语的什么特性决定了这情况的出现，虽然我上面也推测了一些，但还觉得不够透彻，值得进一步思考。

　　《红楼梦》里写黛玉教香菱作诗，说"实字对虚字，虚字对实字"，这是书印错了。应该是"实字对实字，虚字对虚字"。古代词的分类，只有虚、实两类，不像今天名词、动词、形容词、介词等分得那么细。我曾在《汉语现象论丛》中举过一个例子"秋千庭院人初下，春半园林酒正中"。"秋千"实际是个名词，就是秋千，一种体育和游戏的用具。这里用同音假借的办法和"春半"相对，是以实作虚。古代因词类只分虚、实，可以用这种灵活的手法。还有王维的诗句"山中一夜雨，树杪

93

百重泉"。"一夜"，宋代的本子作"一半"。我们觉得"一夜"很自然，"一半"就不那么自然，所以怀疑"一半"是版本错误，其实不见得。"一半"对"百重"都是数目，对得很巧，但不如"一夜"自然。到这时对偶就苛求得厉害了，也就开始妨碍内容的表达了。

古体格律诗一般八句，首尾两句可以对仗，也可以不对，中间四句必须是两两相对的偶句，这样的句法分布有人称之为"宫灯体"，也有人叫它"乌龟体"。过去有一种灯，上边一个提的绳，下边一个穗子，中间是四个柱，装上绢或玻璃，里面点上蜡烛就是灯。格律诗首尾两句不对偶，相当于上面的绳和下面的穗，中间两两相对的四句，就像四根柱。说它像乌龟，也是说它们形状上的相类。前面我曾说过口语中有对偶性的句子，进一步说，这种宫灯体的诗歌句法，在古代的骈文、散文中就大量地存在。例如《论语》里这样的句子："士不可以不弘毅，任重而道远，仁以为己任，不亦重乎? 死而后已，不亦远乎?"在这几个句子里，前面两句是单行句，后面的四个句子"仁以为己任，不亦重乎"一组，是对"任重"的具体解释，"死而后已，不亦远乎"一组是对"道远"的具体解释。这解释的两组，实际就是偶句的上句和下句的关系。进而刘禹锡的《陋室铭》中，一两个单句后面跟的偶句上下句常常不是一对，而是两对，就形成这样的形式：

山不、有仙｜　　　　｜——苔痕｜——谈笑｜
　　　　｜斯是、惟吾｜　　　　　　　｜
水不、有龙｜　　　　｜——草色｜——往来｜
　　｜——调素｜——无丝｜——南阳｜
——可以｜　　　｜　　　｜——孔子、何陋
　　｜——阅金｜——无案｜——西蜀｜

更明了地表示就是：

　　　　　｜——③｜——⑤｜
①——②｜　　　　　　　　｜——⑦——⑧
　　　　　｜——④｜——⑥｜

这也正好是格律诗的基本形式。由此看来，格律诗的宫灯体句法格式，也有它的根据，是从一般语言里凝练出来的，不是文人们任意编排出来的。

下面说用典。在《文学改良刍议》里，还提到要废除用典。典故多了或生僻了，不好懂，废除这样的用典，作文章、写诗绝对不用，这可以。不过有些用典，却不是这么简单。有的典是以往已成的故事，一件事情。再提到它时，它无形中就成了一个典。比如有人问我，今天你到哪儿去了？我说我到演播室。演播室是什么？是个名称，是演播的地方。这演播室谁也用不着解释离主楼多远，离宿舍多远，它在哪里，生活在师大校内的人，一说就明白，无形中就是一个典。这是广义的典故，实际上典故的情况非常复杂、多样。那么从前的人，很长的一件故事，是一个典故，从一个角度加以概括，就是一个词。这个词，就是一个信号。这个信号可以帮助作诗作文的人省略许多话，用少量的字一说，读者就知道了。所以文章、诗歌里边，常常用一些信号，增加表达的效率，就是用典的来历。特别是诗歌，它不像散文，篇章句子长短不受限制。它又要表达得丰富、完整，用典便是压缩语用词的必然结果，因为它能传达许多信息。宋朝人有一首诗："芳草西池路，柴荆三四家。偶然骑款段，随意入桃花。"这首诗不但用了典，还压缩了许多词。"西池"是指宋朝的金明池，它在汴京之西，所以简称西池。"款段"是指走得很慢的马，是用东汉马援的典。马援南征交趾立了功，有人毁谤他贪污，他说还不如从前做个老百姓，骑一匹走不动的马，随意到处游览。桃花即指桃花林，骑马的人怎能钻入桃花呢？它是压缩辞藻。有些诗歌经过传唱也成了典故、信号。如王维的《渭城曲》，因为里头有"西出阳关无故人"，"阳关"也就成了送别的信号。明代有一部戏叫《紫钗记》，其中有两折，一折叫《折柳》，一折叫《阳关》。"阳关"就用的送人西行走出边关的典故，"折柳"也是一个常见的送行的典故。这样一看两折戏的题目，就知道是要演送别故事了。

可见用典与诗歌语言的表达实在有很多的关系。并不是说我坚决保护用典，因为典故在诗文中却有它的某些作用。李商隐有一首诗《锦瑟》，里边的用典让文学改良的学者们深恶痛绝地反对，可这不一定要作者负责，而是要某些解释者负责的。对这首诗歌穿凿附会的解释多极了。几十年前我曾见一位教授写过一本书，长篇大论地说李商隐的诗纪念的都是他的恋爱故事。单"锦瑟"两个字，就写了很多。怎么解释的呢？说是有一位大官，他家一位丫环叫锦瑟，李商隐爱她。"锦瑟无端五十弦"，有人说这句不是说李商隐自己，因为他只活了四十九岁，这应该指那个丫环，她五十岁了。试问李商隐在四十九岁之前还与五十岁的女子相恋，这不是笑话吗？在拙作《古代诗歌、骈文的语法问题》（见《汉语现象论丛》）中，我曾说过，这首诗，实际只是自己说这半辈子有如一梦，有心，有泪，有热情而已，是诗人对自己生活经历的回顾。用庄子梦蝴蝶的典是说一生如梦，望帝杜鹃是表示自己的心，什么样的心呢？热切的心，犹如蓝田之玉，在太阳照耀下生烟。沧海明珠则表示泪。一生空怀热心，空流热泪，是早就想到了的。把那些典故说开了，就这么简单，可若没有了那些典故，也就没有这首诗了。可见典故具有装饰效果，也就是修辞作用，它们能把作者的内心很有效率地表现出来。所以说这首诗难懂不能单由作者负责，解释者先存了个爱情的主见，再去穿凿附会，解释得乱七八糟。这样的情形也不限于古诗的用典。比如《尚书·尧典》，一开始就写着"曰若稽古帝尧"，分明表示是口耳相传之说。可后代就有一些人，还要考证说后边的"曰若稽古帝舜"是假的。我这里不是替典故做广告，说典故废不得。我是说典故原来也有它的用处。

五、汉语诗歌的押韵

汉语诗歌构成还有一个问题是押韵、韵脚。韵脚本来是很自然的。《古弹歌》"断竹，续竹，飞土，逐肉"。"竹"和"肉"古代同韵。《诗经》"关关雎鸠，在河之洲。窈窕淑女，君子好逑"。"鸠""洲""逑"都是押韵。押韵，北方人叫合辙，还有所谓十三道辙，另外有几个儿化的小辙。我很怀疑这"辙"字就是"韵摄"的"摄"。韵摄就是把许多相近的韵合在一起，而北方的辙也是把一些韵合起来。诗歌有韵，为什么？有作用，听起来容易记，传播上有好处。更早的不知道，清朝的告示，都是带韵脚的，念起来合辙押韵，好记。最有意思的是幼儿园小朋友跳皮筋，边跳边唱："小皮球，香蕉梨，马兰开花二十一。"好记好听，老师叫他们跳皮筋就爱学爱跳。所以说押韵有一种作用，帮助记忆，帮助流传。《左传》上有两句话，"言之无文，行而不远"。这个"文"字，不是"文言文"的那个文，文在古代有如今天说花纹、图案的意思；说话句子的长短，声调的抑扬，都是"文"。说出来的话押韵，就好记，就流传得远，所以歌谣、告示都是用韵的。不过我所说的韵，不是古人编成韵书的那个韵。古代的韵书，陆法言的《切韵》，后来又有《唐韵》，宋代的《广韵》。《广韵》共 206 部，后来有《礼部韵略》是 107 部。到清代的《佩文诗韵》是 106 部。陆法言等八位学者合编的《切韵》，是因为南北各地的方音不统一，他们把它统一起来，成为统一的读书音。并不是要作诗文的人都按着《切韵》各部来押韵。

在拙作一本诗稿《启功韵语集》的序中提到：《切韵》序（载在《广韵》卷首）说："欲广文路，自可清浊相通；若赏知音，即须轻重有异。"怎么叫做"清浊"？按"东韵"中的"东"字是清音，"同"字是浊音。这两个字既同在一个韵部中，作诗文的人把这二字押在一首诗中，自然是天经地义，为什么说它们皆通呢？可见不是指一部中清浊声的字可以通押，而是指韵部的清浊可以通押的，即指甲韵部与乙韵部可以通押而已。这就是金代平水刘渊刻的《礼部韵略》、清代创立的《佩文诗韵》把许多古韵部合成一部的根据。

南宋杨万里、魏了翁都曾明白反对在平常吟咏中也一定押《礼部韵》。罗大经的《鹤林玉露》丙编卷六记载这两位诗人的意见。杨说："今之《礼部韵》是限制士子程文，不许出韵，因难以见其工耳。至于吟咏情性，当以《国风》《离骚》为法（《诗经》《楚辞》时还没有韵书），又奚《礼部韵》之拘哉！"魏亦云："除科举之外，闲赋之诗，不必一一以韵为较，况今所较者，特《礼部韵》耳。"我们看《杨诚斋诗集》中所押韵脚非常自由，可见他是说到做到了的！

我们今天行事，处处革新，唯有作诗，还拘古代的韵部，难道不怕杨魏诸贤所笑话吗？

六、汉语诗歌的发展

现在谈谈汉语诗歌的发展问题。从唐诗到宋词是发展，从宋词到元曲也是发展，可以说大鼓书、皮黄戏的唱词也是汉语诗歌的发展。其实，唐代的七言绝句是唱的。薛用弱的笔记小说《集异记》，记载着"旗亭画壁"的故事，说有歌女唱王之涣的"黄河远上白云间"。有人曾怀疑这诗不是王之涣作的，现在王之涣的墓志铭出土了，铭文上说王之涣的诗"皎兮极关山明月之思，萧兮得易水寒风之声，传之乐章，布在人口"。可证《集异记》所记不是没有根据的，也可见当时七言绝句是唱的。后来，有小令的词，到了元朝就有曲子，这曲子是一个牌子一个牌子的，也都是词的变相。然后一直到明、清的传奇，如《琵琶记》《牡丹亭》和《长生殿》等，都有成套的唱词。一直到民间的大鼓书、皮黄戏，乃至快板书、数来宝等等，都是有唱词的，就都可以看做是汉语诗歌的发展。汉语的诗歌在唐诗、宋词之后不是就都定死了，而是又发展了若干次。清朝中叶以后有一种子弟书，很有诗的趣味。子弟书的作者没有很深的文化素养，但很懂一点古典诗歌的特点。我曾写过一篇讲子弟书的文章，这东西现在没人唱了，但歌词还流传。汉语诗歌不是没变化，到现在还在变化。比如南方的评弹篇幅很长，一本一本的，都是南方的方言，唱时伴奏有弹弦子的，有弹琵琶的。这也都是汉语诗歌的发展。

谈诗的发展，一般人们注意内容的变化，意境的变化。我这里要谈的发展，却是诗歌构成要素，或说是形式的变化。看一看汉语诗歌在发展时，哪些要素是易变的，哪些要素是相对稳定的。上述诗歌的多次变化，有一点是不变的，那就是都有韵辙。不论是唐诗、宋词，还是大鼓书、皮簧戏，都合辙押韵。我在《诗文声律论稿》中，曾指出过这样的现象：不论是五言句还是七言句，在平仄的讲究上，都有着上宽下严的特征。在元曲、传奇戏的唱词里，也有同样的倾向。例如马致远《汉宫秋》，写汉元帝思念王昭君："不思量，除是铁心肠。铁心肠，也愁泪滴千行。美人图今夜挂昭阳，我那里供养，便是我高烧银烛照红妆。"前面是散句，最后却落在"高烧银烛照红妆"这样一个押韵的律句上。更典型的是关汉卿那首《南吕一枝花套·不伏老》："我却是蒸不烂煮不熟捶不扁炒不爆响当当一粒铜豌豆。"前面说了许多散句，最后落在"一粒铜豌豆"。第二句的结尾是"千层锦套头"，也是押韵讲平仄的句子。所以在子弟书里，一般以七言句为基干，但前面可以加上一些字，使得句式舒卷自如。当然这方法也不是从子弟书开始，元曲就用了。看来押韵和适当地讲究平仄，是汉语诗歌怎么变也不放过的要素。这一点，是我们作新诗似应注意的。现代新诗人，北方有位郭小川，南方有位戈壁舟。郭小川的新诗，没有忘掉押韵，戈壁舟的新诗，也注意到韵脚。再早，宗白华先生早年的《小诗》里，就是注意到韵脚的。当然，这里说的韵不是韵书里规定的韵。有韵的诗歌好记，易于流传。这是想发展新诗歌的作家很值得思考的一个问题。

这篇稿子是在北京师范大学向全校同学作的一次讲演，又被中文系在演播室专录了一次像，又经同学把录音写成文字，后来发表在《文学遗产》中，至现在已是第三次修改的了，必然仍有未妥之处，敬请尊敬的读者不吝教正！

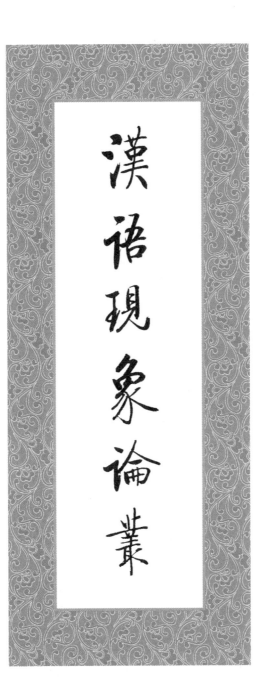

漢語現象論叢

前　　言

一、"葛郎玛"是否分析汉语语言规律唯一可用的法则

　　清末马建忠先生学会了拉丁语、英语等西方语言，想给汉语也找出一份完整的法则。怎么去探索？就借鉴了拉丁语、英语的法则来对应汉语。他著了一本《马氏文通》，总算创立了一个起点，开辟了一条门径。自此以后，不断有人作汉语语法的研究，对马氏之说，有补充、有修订、有另借其他英语的分析方法，如"图解"等。所用的名词术语，也不尽沿袭马氏所译的。但无论"以英鉴汉"，还是"以汉补英"，总都没离开《马氏文通》学说的主干轨道。曾见陈寅恪先生有一篇文章提出疑义，但也还没有正面提出分析汉语的办法。

　　"葛郎玛"是英语"语法"一词的音译，它本不是专指英语语法的，而是称一切语法的普通名词，也曾有人借来喻指其他事物的"法则"。我这里用它，却是作为专词。是个简称，或说代称。比说"《马氏文通》学说及其流派"或"借鉴英语语法研究汉语语法的学说及其流派"等等，较为简便。

　　近代"语系"学说认为汉语属于汉藏语系，英语属于印欧语系，二者语系不同，有人以此评论葛郎玛的起步点就有错误。这我不懂，但我觉得猴子、兔子、小白鼠等都可供人体病理研究的试验，"他山之石，可以攻玉"，在某些方法上，"借英鉴汉"，又有何不可！只是"借英鉴汉"与"以英套汉"应该有所不同。在用"套"法时，常见出现几种

情况：

1. 英语没有对偶、没有平仄、没有骈文、没有五、七言等诗句，当然也不会有这些汉语文体中语言构造的接近例子。于是许多葛郎玛书中，关于这些方面的东西，都没列为研究对象。马氏说："排偶声律说，等之自郐以下耳。"究竟是不值研究呢，还是因套不上而放弃呢？

2. 汉语句法构造比较特殊，常见句中"主、谓、宾"元素不全的现象，在填不满一条模子时，便以"省略"称之。猿有尾巴，人没尾巴，是进化原因呢，还是人类"省略"了尾巴呢？孔雀尾长，鹌鹑尾秃，恐怕也难以"省略"称之。可见省略太多，便微有遁词的嫌疑。

3. 英语词有词性，因性分类。但汉语的词，用法太活，性质太滑，以英词套汉词，每有顾此失彼的情况。……如此等等，不一而足。这绝非葛郎玛不好，而是套的方法可议。假如从汉语的现实出发，首先承认汉语自有规律，然后以英为鉴，鉴其某些适用于汉的精神、方法，乃至局部零件，岂不很好！小孩游戏，有套圈一项。如用小竹圈套小老鼠，自然没问题，如套大熊猫，就非换大圈不可了，何况汉语研究，又非套圈游戏可比呢！

二、没学过"葛郎玛"的人是怎么读懂文言文的

我从五六岁起读《论语》，稍后读《尔雅》，再后读《孟子》。先祖给我讲梁惠王这如何那如何，齐宣王说什么讲什么，听着大感兴趣。也渐渐明白古书上的句子，并非都像咒语一样的不能懂，常常加了一两个字或换了一两个字就跟我们现在的话差不多。没什么神秘！这一点幼年时的感觉，到今天还影响着我，觉得"今之汉语，犹古之汉语也"。

十几岁从吴县戴绥之先生（姜福）读书，先生说："你现在不能从头读经书了，但经书是根柢，至少是应该知道的常识，稍后再读，现在先读些古文。"于是教我找了一部木板刻本没圈点的《古文辞类纂》，先从柳文读起。怎样读？我满想先生一定会给我每句讲讲，谁知不然。先生在选出的篇题上点一个朱笔点，一次选几篇，说："你去用朱笔按句

加点"。一天留的"作业"即是十几页，甚至几十页。回忆第一次回家点读时，天啊！黑字一大片，从哪里下笔去点呢？没法子，只好硬着头皮去瞎点。凡有"之乎者也"的地方，大约是句尾，点着比较放心，其他对或错，只好置之度外。

次日上课，战战兢兢，呈上作业，心里想，老师如不斥责，也会哂笑。谁料先生毫无表情，只是逐句低声念去，念到点错的地方，用朱笔挑去我点的句点（当时只用一个点来断句），另点在正确的地方。这才开口解说：这句是什么意思，那个点为什么错。我才恍然大悟：凡点错处，都是不懂某个字、某个词，以至某个句式，特别是人名、地名、官名等等硬度很强的专名词。可以说，每天点的书，有许多句并无把握。谁知老师挑去的句点或更换句点的位置，每天总计并不太多，真出我意料之外。后来又走马观花般的点读《五经》，最难懂的是《尚书》。我心里想，反正我不需要吃骨粉，这块骨头啃不动，不啃罢了。最原谅《诗经》，它供歌唱，四字一句，缺头短尾，脱榫硬接，实出无奈。听皮黄戏词中的"抬头看见老爹尊""翻身上了马能行"等句，曾经失笑：爹当然尊，安能爹卑？马当然要能行的，不能行的，又安能骑？后来明白歌词受曲调的制约，出现削足适履、狗尾续貂的现象，可以原谅。那么我不懂《诗经》，也就不足为耻了。这一放松，以致至今还没懂得它们。《尚书》还见到曾运乾先生的串讲；《诗经》则讲语法的书中很少见有用来作分析举例或作句式"图解"的。那些位不分析或"图解"《诗经》句式的语法学者，不"强不知以为知"，我非常佩服！

戴先生最不喜《墨子》。我读了些种重要的子书，都是先生放手让我自己点读，不懂的问题才提出来问老师。只有《墨子》，却又给我选出应读的篇目，一看，是《备城门》那些篇。哎呀，这怎么点？这是先生对这部古书的表态，我瞎点，先生也没怎么看。至今也没见讲语法的学者用这些篇的句子为例。即俞曲园先生的《古书疑义举例》中，也没见涉及这些篇中的难点和问题。这里不是要向读者报告我读过什么书，只想说明有些古书如《尚书》等，暂时无法列入语法研究领域，至少是现在还无好办法去研究的。

当我读到《文选》时，新情况出现了。觉得它好像长江大河，读起来几乎畅行无阻。其中难处不在句式句法，而在典故。典故有注可查，句读首先容易。比起那些力求"单行（音杭）"文气的韩柳古文，要痛快多了。如今过了五十多年，才懂得骈体文为什么通行了近两千年，屡次被打，竟自未倒。直到"五四"，才算倒了，谁知"文化大革命"中，无论口中讲演，笔下批判，都要在开头说"东风万里，红旗飘扬"。啊，唐人律赋的破题，在这时又冒出尖来！更难责备唐宋那些作"单行化"古文的作品中也常出现推排不去的对称双句了。我们如果客观研究，这似是民族语言习惯形式中的一项特点，无所谓优劣。听说黑肤色的民族，以白为丑。他们的习惯，我们只能承认。骈句这个模子、这个范型，大约是从歌唱而来的，整齐的节拍，反复的咏叹，在时间和空间上，都易于行远。历史上历次的打倒，都只是"我不理它"而已，它的存在"依然如故"焉。我们做文章不用它的样式，毫无问题；如探讨汉语的种种特点，正视汉语的种种现象，就不能用"我不理它"的办法去对待了吧！

有人说："你好像是主张多读自然通，而不求分析语词的内在性质，更不想求语言的法则规律。"我回答是：一人有病就诊，医生试体温来判断是否发炎，摸脉搏来判断心脏跳动的快慢，照透视来看内脏有无病症。如果有，在哪里，然后才去动手术。谁也知道世上没有"治百病"的一个药方。任何医生，都要从"病象"入手。看不懂古文，是病象；从不懂到懂，是治疗过程；现在探索怎么懂得的，是总结治法、评选最有效的医方。证明治百病的单方无效，也由此得到根据。

三、我对汉语规律试行探讨的经过

我从二十一岁开始教中学语文，不能不充实些语法知识，就似懂非懂地自学起葛郎玛来。没学好，不会运用，自然是我的责任。但遇到有套不上、拆不开，或拆开"图解"，却恢复不了原句时，去请教语法家，也曾碰上有摇头皱眉的时候。另一方面也曾发现中国古代普通书面语中，也有些问题在葛郎玛书中找不出答案。经过打听，才知那些问题是不在研讨之列或不值得研讨的。我们知道，打扫房间，每个角落都已干干净净，抛出去的垃圾，堆在屋外，也不是妥善办法。何况所抛出的未必都是废物，怎么办？

后来我一直教书，所教的仍是语文方面的课程，有时教些美其名曰"古典文学作品选"的课，其性质和目的，仍是使学生了解这些作品内容，首先是扫开语言文字上的障碍。要使人明白，必先要自己明白。我的经验是，凡我向人说不明白处，一定是自己还未明白。这时古典文学中的语言问题，愈积愈多，葛郎玛书中愈找不出答案，而自己的大胆设想也愈多起来。由于自卑感和对"离经叛道"帽子的惧怕，只有藏在胸中，请教无门。

一次开会，住在一个饭店里，遇到航空学院的吴朔平教授，饭后由谈《红楼梦》，扯到葛郎玛中的问题。吴老是研究英语的专家，并创造了简易的学习英语方法。他拿出一小部分讲义，是像算术中脱括弧办法去分析句子。我幼年虽也学过些英语，正由于语法戒条太多，吓得我不敢开口，由发怵而致厌憎，终于成了英语的文盲。及至看了吴老的这部分讲义，虽不全懂，也像明白了许多，并想，如果幼年得着这样老师，作这样教法，我也不致沦为文盲啊！转念一想吴老对葛郎玛既能如此打破框子，我若把我的汉语问题向他请教，他或不致非笑我。及至摆出问题之后，他不但并没非笑，还提出很多佐证，说明我的想法有理。

我的勇气强了，信心足了，回家一气呵成地写了约一万字的稿子，题为《古代诗歌、骈文的语法问题》，随着就抛出去了。心里想，等着批吧！朋友问我："如有人批，你如何对待？"我引南宋滑稽戏演员所说的，对方有什么，我方有什么的故事为答。当一个演员问：对方有武器"敲棒"时如何？这个人答：我方有头骨上的"天灵盖"。朋友听了大笑。及至第二篇题为《有关文言文中的一些现象、困难和设想》，投出底稿以后，编辑先生拿来找我，说是商量几处问题。翻开一看，从头到尾，凡与葛郎玛不符合处，都被改得符合了。这比敲棒还厉害，简直是更换头骨，岂止天灵盖！经我表示"文责自负"后，才照未改本发表了。从这小事，也可看到葛郎玛之深入人心，沦肌浃髓的程度。再后又写了第三篇，题是《文言文中"句""词"的一些现象》，继续发表。自1980年发表第一篇以后，至今整整十年了，未见到发表出来的反响，这正好给我留出续想续写的机会。

由于思考语言的种种问题，真像浩劫中流行的一句话，"老鼠儿子打地洞"，愈挖愈深。我想汉语的词，至少是书面的词，常常是二字的。凡三字的词，都能切开成为一二或二一，甚至是一一一的。于是考虑到词的切分是输入电脑的先决条件。又想汉语每句的主干，文言句比白话句装饰性的附加物较少，如果从文言句中理出若干型作为主干，然后把其他有关的装饰词或派生的短语附着上去，似乎可以得出一个大意，是否可作电脑传译的初步基础。

我从小时就没有算学细胞，科学头脑，现在在这本杂乱的论文集中的第三篇末竟自妄谈起电脑翻译的问题，岂不十分不自量吗！但老鼠挖洞挖到这里，是个树根，是个石块，也都管不了了。

从翻译问题想到每个词的准确性，愈想愈觉得每个词都非常含糊，它们的音、义乃至写出的字形，都是十分勉强的。鸡、鸭、鹅、猫，都是模拟它们的叫声而命名的；桌、椅、柱、屋，都是从它们的功能而命名的。又如人为什么被叫做人，为什么用这个声音？天是指的上空里从哪层到哪层？诸如此类，都使我感觉到任何一个词都是以偏代全，极不固定，模拟或比拟也极不确切。再扩展到一件事物，内容都不是三言两语所能括尽。用一个符号或一种信号代表它，便成了广义的"用典"。如中国、北京、师大、启功等，都不过是一条目录而已。七十几年前有人提出废除用典，这里所说的典，当然指的是古典诗文中尤其骈体文中那些狭义的典故，其实"用典"二字已经即是一个典故了。什么叫典，怎么用法，它是怎么形成的，为什么有那么些人用它，而且经过那么些年代都有人去用它，甚至今天日常用语和普通文章中，也还未能彻底扫除。废了之后，遇到同样问题时，又怎样在不用典故的办法中取得同样的效果。至于广义的典，又是任何人、任何时、任何文章、任何语言中都无法避免的。我曾想，一个词，既是以偏赅全，似可称之为小比喻；一个事物的典，无论狭义或广义的，似可称之为大比喻。反正没有确切不移的、本身再现的、严丝合缝的、乙符号能够完全代替甲符号而成的完美的比喻。

因此推及翻译的困难。我多半生是讲古代诗文作品，这种讲，就是用今天我们的话去翻译古代人的话。最明显的就是我说的话要比古代人的原话多若干倍，有时还不见得说透原意，更无论古人的那种感情、那种意味。课堂上有富余的时间，可容我们用多量语言去翻译古代人的少量语言。而用书面语言去"今译"出来的古代文学作品，必然会打许多折扣，自然更是不言而喻的。其实这并不是古今的差别造成的距离，而是如前所说甲乙不能密合的问题。今有两人相聚，甲说一句话，令乙重述甲话的原意，不许用重复的词，而要不分歧、不遗漏，恐怕谁都知道是极不容易的。汉语对汉语尚且如此，汉语对外语，就更不必说了吧！所以翻译方面，无论古译今，乙译甲，恐怕都是说明理由易，传达情感难；重述故事梗概易，再现语言风采难。

我不懂语言学，尤其不懂比较语言学。由于作这些肤浅的探索，愈发感觉到比喻和用典的问题可能是汉语中伸缩变化的重要因素，也是使葛郎玛束手无策的一条条泥鳅。抓不着、攥不住、忽长忽短、忽粗忽细的一种怪物。可巧现在汉文还是有字形的，不是纯拼音的，这个泥鳅的形状，还可看到一少部分轮廓，或说帮助做一些形状的记忆，至少对同音而不同义的词显示一些差别。否则这个怪物凌空而起，更给捉摸它的人增添无穷的麻烦。写出一篇《比喻与用典》，只是为说明这两者在汉语研究中的重要性，也不知是否能起一些提醒注意的作用。

四、"散体"文外的各种文学体裁中，特别是律诗、骈文的句调究竟有多少，其旋律能否探出

汉语古典式的诗文，特别是律调的诗，其格律从来是被读者承认，又被作者服从使用的。虽曾有人提出反对过，但至今仍然不断地有人沿用。那么它吸引人的力量究竟何在？这问题比较复杂，姑且慢谈，至少它们的句调旋律是应可以理出的。我曾试从句式、篇式作过解剖和归纳，发现了四言、五言、六言、七言这些基本句式的律调与非律调的区别所在，样式若干。同时证明了这种律调是通用于骈文、词、曲的。写了一本《诗文声律论稿》，曾分章陆续发表于香港《大公报》，又合印成小册子，后来北京中华书局影印手稿本。现在也收在这里，作为汉语之中文学语言现象研究的一部分，向方家请教。

"五四"时，有人翻译西洋诗，并进一步借鉴西洋诗来做"白话诗"，称为"新诗"。其特点是句子长短不拘，句数多少不拘，句尾不用韵。偶有近似有韵的，但属极少数。这类作品中，颇有被推为名篇的，但总没听到有人朗朗上口地背诵出某些句。回忆那些位创始的先河大师，都是深通外语的，大约他们借鉴时，笔下虽是用汉字来写，而脑中似是用外语习惯构思的。这可能是不懂外语的读者不全能会心欣赏的缘故吧！近年有些位新诗作家，吸收民间曲词的部分营养，又成了新的一派。曾听到有的读者说他们的作品顾到了民族形式。我捧来细读，感觉在形式上突出的地方，是较有节拍、较有辙调。因而想到这类节拍、辙调的作用，在汉语中有多么大，这种汉语中的"血小板"，凝聚力又有多么强！我幼年也常听鼓书曲艺，甚至也会模仿着唱几句。后来从文学角度看，那些浩瀚的作品，实是一支庞大的队伍，它们蕴蓄着极大的潜力，发扬起来，并不减于元明戏曲，因此也曾对"子弟书"作过初步探讨。

提到"凝聚力"，它在汉语中颇为顽强，不仅表现在节拍、辙调等方面，其他体裁中，也有许多模子或范型。例如"八股文"，内容上虽

已臭不可闻，但它的形式上和手法上，又具有陷阱式的模槽，许多创作走着走着就不知不觉地堕入槽中，因而出现"这八股""那八股"的批评和讽刺。但值得反省的是怎么就会形成这类槽子，而在八股之前、之外还有什么样的槽子。律诗八句为什么那么摆，对联这种某些文体中的细胞，又为什么许多世纪以来一直挂在人们的门口。这些都是值得我们想一想的。

五、小　结

我由于教语文，发生许多疑问，也发现许多值得思考的问题，也曾设想过一些探索规律的办法。写出过一些篇章，却又没有得到读者很具体的指教。香港出版界的好友陈万雄先生提议，把一些这方面的论文，聚拢起来，出一本小册。我想这也是再一次向读者请教的机会，因此也就在惭愧的心情中把稿子投出。由于各篇不是一时所作，论点、例证，都不免有所重复，因属集录，也就不再整齐划一了。

这些稿子，不配说什么论文，而只是一堆的问题。这些问题又多是从汉语已呈现出来的种种现象着眼的。所以给这小册命一个总题，叫它《汉语现象论丛》。自知很不成熟，留待接受指教再改，排印仍是求教之稿。有朋友看到题目说："你也懂得现象学呀！"我赶紧对曰："卑之无甚高论！"确切些说，应该叫做"汉语皮相论"吧！

一九八九年十月十三日

此册拙稿，乃蒙香港商务印书馆陈万雄先生倡议辑成，并蒙为之出版。以南北远隔，内地流行未广。北京中华书局诸挚友议为重印，并增新稿一篇，由陈抗先生负责勘订，发现原稿诸疏漏、舛误之处，一一详为订正。谨志于此，以申敬佩、感荷之忱，并铭中华书局诸挚友热情重版之高谊！

一九九六年七月二十四日

古代诗歌、骈文的语法问题

一、汉语"语法"是什么

我从幼小时就说汉语，但不懂什么叫"语法"。偶然说了一两句不合习惯、不合标准的话，大人一笑，加以改正，大人也知道是由什么样的准确句子误成的。当然这还有语言环境的辅助，但可见那一两句不合习惯的话，大人是听懂了的，是知道小孩要表达什么思想的。

上了小学，学些英语，才知道什么名词、动词、主语、宾语等等。上了中学，英语语法学得深了，愈不敢开口说英语了，因为知道哪些是错的，是不应该那么说的，于是索性不开口了，英语一课也就从此不及格以至完全不会了。

后来教中学，不能不补些汉语"语法"课，"临阵磨枪，不快也光"，才知道汉语的一套"语法"原来就是英语那一套"葛郎玛"，我还是记不住。又看到许多冰裂纹、梅花枝似的图解句式，满以为这可以简便地解释每句中各词的关系了，谁知道我如不看单写的一行原句，只看梅花枝七杈八杈上的词，我还恢复不成原句。

我教过二十多年的语文和习作，深深体会到学生如果按口语直接写出的文章，水平高低姑且不谈，至少不太发生令人看不懂的句子，凡是我看着别扭的句子，反倒是那些有意模拟什么作品，或是按着什么修辞标准去做而没有做好的。怎么没做好？绝大多数是由于只知其当然而不知其所以然。在这种情况下，我拿出"语法"上的名词、动词、主语、宾语等等说法来一解释，他也明白了，我也提高了，于是我相信"语法"是确有用处的。

但这种分析、纠正，在日常写语体散文，也就是一般报纸上的文体，或学生作文本上的文章中，用起来都很灵。即使出现一些类似直译英语而未经润色的句子，也不太要紧，不过像我在小学时听中国牧师学着外国人说汉语的腔调作祈祷一样，初听有些汗毛发竖，久之也就习惯了。

再后教起古代文章和诗词作品，问题就来了。句式真是五花八门，没有主语的，没有谓语的，没有宾语的，可谓触目惊心。我回忆小时学英语语法有一条：一个句子如在主语、谓语、宾语三项中缺少任何一项时，这就不算一个完成的句子。我国古代作者怎么作了这么多未完成的句子呢？真不减于小孩唱的一首儿歌：

> 两只老虎，两只老虎。跑得快，跑得快。一只没有尾巴，一只没有脑袋。真奇怪，真奇怪。

我努力翻检一些有关讲古代汉语语法修辞的书，得知没有的部分叫做"省略"，但使我困惑不解的是为什么那么多省略之后的那些老虎，还那么欢蹦乱跳地活着？又凡一些关于古代汉语语法的理论中，所举例句，多是以散文为主的。偶然有一些诗句的例子，也只是为了说明那一个特定的句式，为散文句法作比较和旁证而已。我还没有看到过对诗歌和骈体文语法修辞的探讨，只看到过骈体文头上一大堆帽子，什么形式主义的，为封建统治阶级服务的，不科学的，甚至更简便地说是反动的。奇怪的是，既然那么不合理，而竟然在两千多年来，有人写得出，也有人看得懂，起过不少表达思想的交际工具作用。这是为什么？尤其是那些缺头短尾巴的诗句、骈文句，不但它们的头尾可有可无，手脚有时也可左右互换，为什么？有无它们自己的法则？无论诗歌、骈文，甚至一些散文中都有对偶句。在日常生活中，无论门前、柱上、室内都贴挂对联。这种对偶的句子是哪里来的？诗歌、骈文中都存在声调问题，这些声调的基本因素是抑扬，也就是平仄。它们颠来倒去，形成一种旋律。它是怎么来的？有没有生活上的基础？还是只由一些文人编造出来的？诗歌、骈文中习惯用一些典故，是因为文人记得的典故太多了，非吐出一些不可呢？还是这些文学形式中有用它们的必要呢？如此等等，都有重新探索一番的必要。

以上第一章是要说明汉语尤其古代汉语有它的特定规律。

二、汉语中的一些现象和特点

A. 古代汉语和现代汉语的共通点

现代汉语和古代汉语有许多不同处，这是人所共见的，但它们之间是具有继承和发展关系的。现代汉语中除了夹杂了翻译式语句外，那些地道的本土式的句子，有许许多多与古代汉语相同或者相通的特点。

1. 语词上许多古今的差别实际上差别不大：例如一有"之乎者也"，即表示它是古代汉语，或叫做"文言"；一有"呀吗呢的"，无疑即属现代汉语，或叫做"白话"。其实"也"即是"呀"；"乎"即是"嘛"；"者"和"之"是"底"和"的"。声音变了，符号随着也变了，仍然还是那个词。

2. 从现代汉语的一些现象上，可以印证古代汉语的一些现象：例如"上下句"。问答当然是上下句，而一个人说话，像教课、讲演，也时常听得出有上下句。例如作讲演，开始说：

> 今天我来谈一个问题，就是汉语语法方面的事。汉语语法的范围太广了，从何说起呢？我要说的，只是古代汉语中的一部分语法问题。

这几句话，写在纸上，看不出有什么抑扬上下来，但在口头说出时，必然具有抑扬，也当然具有顿挫。即在前举一段中，凡画句号的那一句即是下句，它们上边那一句或两句即是上句。再看这一段中，有两处末尾有"问题"二字，但说起来时，那两个"题"字肯定不是同样高低，至少有一强些、一弱些。

3. 汉语有声调：这也是人所共晓的。最粗浅地说，有高低，也就是有自然的平仄（不是指韵书中定为平声或仄声的字）。往细里分，也可有半高不低的种种声调。从专门名称上谈，最少有平仄二调，多了可以分四声、五声，甚至八声、九声，我们且不管它。只说这种高低，在现代汉语中，无论哪里的方音，也是起码存在的。说起话来，无论操哪种方言的人，也没有平仄到底每字全是同一调类的。

最奇怪的是现在的汉语拼音符号，它主要是用来注音的，应该有调号，这是有明文规定的。但现在各地铺面的匾额上，包装纸的图案上，都一律去掉调号，念起来颇像外国人学说中国话，一律是阴平调子。这是不符合我们现代汉语语音实际的。

4. 语音抑扬与问答有关：问答语，实际也是上下句。北京俗谚有"高问低答、低问高答"的说法，如二人相遇，甲问乙，乙答：

"您上哪儿？"

"我到学校。"

"哪儿"是所问的题目，并且意在要得到答案，这里一定是扬调的。"学校"是答案，是肯定的，所以一定是抑调。又如，甲见乙读书，表扬他，乙作回答：

"你真用功！"

"哪里？明天要考啊！"

上句是肯定句，用抑调；下句是否定对方的夸奖，而提出自己的原因，用扬调。

5. 词的用字可以伸缩加减：重字叠词可以加强语气，这已不待言。减字加重语气，也常有的。如否定对方一个论点，应该说"不能""不是""不然"……时，急切中只说一个字"不"，先顶住对方，然后再加申述理由。这些都是与环境语气有关的。如：

"你做完功课了吗?"

"没!"

小孩这样回答,大人听着觉得幼稚可爱,但老人见面说:

"你的喘好些吗?"

"没!"

这准是喘得说不全这句话了。

再如"东单牌楼""西单牌楼""东四牌楼""西四牌楼",都是以实有牌楼而得名。在牌楼没拆卸时,称"东单、西单、东四、西四",是简称,为省事。现在,更成了正式的名称。牌楼实物既没有了,那牌楼两个字在这一词中也更没有存在的必要了。

此外还有只为取齐、装饰而或增或减的,如:猪、冰、炭、报,说成是"肉猪""凉冰""木炭""报纸"。安有猪而无肉,冰而不凉,炭非木所烧,报非纸所印者乎?无非是加一个衬字罢了。

6. 口语中有对句:这特别在反复说明某个问题时,只说一面还怕不够,必要再说另一面,才能满足。或者索性一连串说它几方面,来充分证明这个论点的重要。这在我辈教书匠上课时,怕学生听不明白;讲演时,怕自己的话不太动人;甚至一时忘了下边进一步该说什么,或上句说得不太满意时,再补充一句。这样,和上句似重复非重复的话,即成了口语中的对句。

口语中对句字数不一定相当。例如:

明天如果是晴天,咱们上北海去划船;

明天如果下雨,那就不出门了。

这是对句,却不整齐,但具有整齐的条件。假如改为:

明天如是晴天,咱们北海划船;

明天如果下雨,那就不出门了。

便是字数相当的两句。

7. 口语中局部词汇颠倒而大意不变的，也偶然出现。例如：

你看不看报？

你看报不看？

这两句在表达意思上，并无两样，但仔细推敲它们的侧重点还是有所不同的。前句侧重在看，后句侧重在报。其他二字为词的，有的能倒，如"如何""何如"等，有的不能倒，就不待举例了。至于诗句和骈文句中，由于字数、声调以至为了增强某种效果而有所夸张时，特用倒词，如"明月""月明"（明的月、月的光）硬当同义词去调换使用，又如"心折骨惊"，则是专为夸张动人，不能看做常例了。

从以上所列现代汉语的各种现象看，不难理解古典诗歌、骈文的句式构造，联式排列，音调抑扬，词汇伸缩颠倒，句法繁简长短，主、动、宾语的具备或省略等等，都不太难摸着一些来龙去脉。

大致说来，诗歌、骈文的语言形式比口语程式化一些，但制做时，容得多加考虑修辞，细致安排章法……成了几种美术的文学形式。

相沿久了，发生流弊：

a. 程式死板了。

b. 修辞的幅度太大，淹没了语义的表达，使人不易懂。但这是作者们的责任，不是文体的问题。我现在所要探讨的是这些古典文学语言形式构成的来源，不是评价它们的优劣。

古典文学语言，是从口语中提炼加工并且合乎自然节拍的。诗句是五言、七言居多，骈文是四言、六言居多。这些节拍形式是有民族习惯的。它们的应用场合，也各有其条件。例如四字句：正大光明、清清楚楚、淋漓尽致、想方设法……在口语里也常常夹用。姑不论是口语引了它们，还是它们来自口语（我认为是它们先来自口语，后又被口语转用），总都有它特定的表达效果。但它毕竟不是一般口语，如果有人口里总说四字句，人们一定笑他"转文""酸气"，或说他"喷匾"（喷出一个个的匾额）。在唱歌时，很自然唱出五言、七言句子，或夹杂一些其他字数的句子。又如汉乐府："燕，燕，尾涎涎（音殿），张公子，时相见。"这样句式，岂不正是体操步伐"一、一、一二一"吗！

以上是为说明古代书面汉语中的某些现象，和现代口头所说的语言有密切关系，并不是古代某些人凭空造出的。

B. 汉语的词的一些特点

古代汉语中既有第一章中所说的那么多的奇怪现象，想要探讨它的原因，应该从何入手？这比如作病理解剖诊断，不妨从器官到细胞，看看它们的构造和功能的种种特点。

1. 一字一音：一个字有几个"音素"，但读成的效果，终归是一字一音。事物常有例外，但例外总是少数。汉字字音有一字二音的，如山西方言有时说"钩"为"格留"，"摆"为"伯赖"，"拐"为"格外"，"孔"为"窟窿"，"宽"为"库连"（张颔先生所谈）。也有二字一音的，如古代词汇中"者焉"或"之焉"为"旃"，"者乎"或"之乎"为"诸"等等。

2. 一个词只用一字或两字：汉语的词，除了外来的，也即是由于翻译而来的词汇外，没有两个字以上的。只有"摄提格""大荒落"诸词，不知是什么意义，也不知是哪里来的，应该是分不开的三字词。但"摄提格"可以称"摄提"（见《离骚》），"大荒落"之外还有"大渊献"，可见"格"字之上，"大"字之下，是都有缝子的。又如"斗谷于菟"是人的姓名。除去斗姓，名字似不可分。但"谷"是"乳"，"于菟"是"虎"，仍是一字词和二字词的相加。

3. 一词多义，多词同义，同词反义：前两项是所谓多义词和同义词，后一项即是训诂学上所谓反训。

4. 词义的丰富、变化，常凭增、减、复合："花"中属于好品种、好颜色的，叫做"好花"。"人"中具有坏行为、坏品质的，叫做"坏人"。古代本来正月叫做"陬"，二月叫做"如"，……后来把"月"作为基础，每个"月"上加个"一""二"就行了。

5. 虚字无定性、无确解、无专一用途：古代所谓虚字，包括今天所谓动词、形容词、副词、介词、叹词等。在古代诗文中，虚字都没有固定属性。例如"饮""食"，可用作动词，也可用作名词。"大"可用作形容词，也可用作动词，也可用作名词。随着语义的不同，这个字的词性也就变更。变为何用的即成为何词。虚字的用途，又时常相反相成。例如"而"字可用在语义衔接处、可用在转折处，也可用在语义相反处。所以不易强分成今天所谓的词性或词类。《马氏文通》所提的虚字实字与此不同。

6. 虚字有表意、表态之分：所谓意，是指发言人的意图，也就是虚字在语句中所起的表达意图的作用。表态是指表达发言人所要表示的态度，或事物在语句中所具有的状态。有些只起辅助作用的语词，事实上也不外衬托要表的意和态。

7. 词是一种多面功能的零件。譬如一个螺丝钉，可以左右旋转，也可以钻进、退出，更可用锤钳直接钉入或拔掉。例如"衣"和"食"，作为名词，是衣服、食物；作为动词则是穿衣的"穿"、吃饭的"吃"。所以可以说"解衣衣我，推食食我"。如果说"衣我食我"，即是"给我衣穿，给我饭吃"。那么这句中的"衣""食"二字即同时各具有动、名两种性质。

以上是要说明汉语中词所具有的种种特点。

C. 汉语语句构造的一些特点

1. 以偏代全，以少代多：现代汉语中字数较多的句子，在古代汉语中，字数可以很少。现象普遍，不待详举。

2. 环境中衬出主宾，或上下挤出谓语：古汉语句中主、宾的作用不一定由一个词来负担，有许多在环境中衬托出来的。篇题、主题、主语，是三种东西，但在诗歌、骈文中，它们常常互相借用，密不可分。有时一段的主题即是这段中各句的主语，甚至一篇的题目即是全篇各句的主语。例如《文赋》全篇都讲的是文章问题。"伫中区以玄览，怡情志于典坟"一段的各句的主语是作者自己，也就是"我"字。以下提出"斯文"之后，主语又全是"文"字。又如《陋室铭》：

山不在高，有仙则名。水不在深，有龙则灵。斯是陋室，惟吾德馨。苔痕上阶绿，草色入帘青。谈笑有鸿儒，往来无白丁。可以调素琴，阅金经。无丝竹之乱耳，无案牍之劳形。南阳诸葛庐，西蜀子云亭。孔子云：何陋之有。

这全篇的主题是"室"，多数句子的主语也是"室"。那些句的"句式"，又多是缺头短尾的老虎。如果按照"葛郎玛"的条例，必须句中意义完全完成，主宾完全齐备之后才算一句的话，这篇中后半五十余字只能算作一句了。

3. 少有真正的倒装句。凡是正倒俱可讲通的句子，多半由于侧重点不同所致。提到前头的必是要说的突出点。例如：

"导之以政，齐之以刑"，可以换为

"以政导之，以刑齐之"，也可换为

"政以导之，刑以齐之"。

第一式是重在"导"和"齐"；第二式重在"以"，以什么？以"政""刑"；第三式重在"政"和"刑"，这二者可来"导""齐"人民。又如"不远千里而来"和"不以千里为远而来"，毕竟不同，此句式很像：

"不卑小官"（不卑视小官）

"不恤人言"（不顾虑人言）

"不远千里"即是"不当它远""不怕远地"走了千里而来。还有"何陋之有"，句式中的"有"，很像"则有司存"的"存"，"于从政乎何有"的"有"，就是"什么陋处在那里呢？"这句式后世少用是事实，说它必定是倒的则未必然。

最先借鉴"葛郎玛"的《马氏文通》，应该承认汉语有倒装吧，但他说：

夫华文之点画结构，视西学之切音虽难，而华文之字法句法，视西文之部分类别，可以先后倒置以达其意度波澜者则易。

却分明说汉语既不需按部按类去分词性、词类，也没有"先后倒置"的语序问题。可是他自己大半部书中，却是详分词类，也在无意中露出矛盾。

4. 句型和句中字数可以伸缩自如，上下句可以因此而比齐：这些现象也极普遍，无需详举。

5. 句型以简短为主，极少套着的短语（"克涝斯"）：无论诗歌、骈文，句型都以简短为主。诗歌的句型有一、二、三、四、五、六、七言句（八、九言以上的长句都是复合而成的）。骈文则以四、六言句为基本句型（句中衬字不计），偶有长句，毕竟不多。如现代汉语中可以有由翻译外国语句而来的句型，如：

> 我正在那张上边堆满书籍笔砚下边放着破烂箱子三条腿整齐一条腿残缺用碎砖支着桌面倾斜成三十度的旧书案上写字。

这种句式在古代汉语中是绝不可能出现的。有些句子貌似长句，却并非真实的长句，如《文赋》："沉辞怫悦（，）若游鱼衔钩（，）而出重渊之深；浮藻联翩（，）若翰鸟缨缴（，）而坠层云之峻。"可以各作一句读，而实际仍是每三小句合成一大句的。

6. 语气和语意问题：古代汉语的句读，大致只有两类，一是语句的间歇处，二是语气或语意停止处。从前的"点句"符号也只有两种，一是扁点，二是圆圈。扁点的用途有两项，一是点在行的右边，二是挤在行中两字之间。挤在行中某两字之间，是为分开两个词，如人名、地名等。点在行右的扁点是表示语气的稍顿、略歇。圈在行右的圆圈是表示语气和语意的停止。这都并非表示主、谓、宾的完备与否。又如新式标点的体例中，"而"字之上是不能加逗号的。如"人不知而不愠不亦君子乎"这十一个字，从前的读法是"知"处一扁点，"愠"处一扁点，"乎"处一圆圈。在用新式标点时，则只"愠"下一逗号，"乎"下一句号。但陶渊明诗"结庐在人境，而无车马喧"，"而"字在下句句首，如果凡"而"字之上必定不断，五言古诗中就居然有十字句了。

7. 诗歌、骈文句子排列组合的基本规律：

最常见的形式是"……单行句｜——偶句上句｜——单行句……"。
｜——偶句下句｜

从前边的《陋室铭》来看（每句以首两字为代表）：

山不、有仙
　　　　——斯是、惟吾｜——苔痕——谈笑
水不、有龙　　　　　　　｜——草色——往来

　　——可以｜——调素——无丝——南阳
　　　　　　｜——阅金——无案——西蜀——孔子、何陋

不但在骈文中是这样，在散文中也有其例，如《论语》：

　　　　　　　　任重｜——仁以为己任，不亦重乎；
士不可以不弘毅，
　　　　　　　　而道远。｜——死而后已，不亦远乎。

至于五七言律诗的基本形式如下：

①——②｜③——⑤｜——⑦——⑧
　　　　｜④——⑥

这也正是上边那种排列的定型化。不但这些，明清的"八股文"为什么那么排列，从这里也可以得出解答。

附带谈谈典故：

把某件已过的事物，压缩来讲，表示某种观念，叫作用典。典故的作用，不仅只代表了某种观念，还是文学语言中丰富多彩的装饰品。不但是古代汉语文章中极常见的手法，即在今天的谈话时也存在不少典故。如比喻恶势力、伪善伎俩等，都常说"白骨精"。战胜恶势力识破伪善伎俩，可以说"打白骨精"。连续战胜可以说"三打白骨精"。孙悟空和白骨精斗争的复杂过程，无论我们意在着重比喻哪一个环节，都可用这个典故。它同时具有强大拉力，在句子中还起着句型长短伸缩的调节作用。如果说词汇可比螺丝钉，典故便是集成电路。

以上所谈的，都是为说明古代汉语中词、句的种种现象，是为探讨诗歌、骈文的语言法则所以形成的因素和具有的条件。至于那些"词""句"本身的全面法则，不是本文所能全面探讨说明的，这里不作详论。

由于古汉语的词、句方面具有以上各项特点，所以形成三言以至九言的诗和以四言六言为基调的骈文。

又由于古汉语具有那些特点，所以出现那些缺头短尾而跑得很快的老虎。这不但在古汉语中出现，即在中国民族艺术其他品种中，也常有这类情况：例如中国古典绘画中常有画着一个茶壶和一个茶杯，画面上题写"陆羽高风"。如果画一个酒壶，一个酒杯，便可题"陶潜逸兴"。没有人，很像句中省略主语；没画茶或酒流入杯中的过程，很像句中省略谓语；杯中不画各色的茶和酒，很像句中省略了宾语；壶口并不一定必向着杯，甚至壶柄向着杯也不要紧，很像句中词汇偶然颠倒或成语先后调换。至于陆羽饮茶，陶潜饮酒，正是两个典故。

以上是要说明汉语中所具有的种种特点。

三、诗句、骈文句中的修辞问题

A. 增、减

无论诗句或骈文句，都不仅只要能表达思想就完了，同时需要具有美的条件，因此它们的语法和修辞的关系是密不可分的。修辞的方法至少有两个：一是字面的装饰，二是声调的谐和。这里先说字面的装饰。装饰的手法，主要是句中词汇的选择、增减、移动等问题。

现在举李商隐的《锦瑟》一首为例。这首诗的含意和背景，历代有过不少人曾加探讨，并不是我这里想谈的，这里只想谈它的修辞、造句方面的问题：

"锦瑟无端五十弦，一弦一柱思华年。"

这两句的主要内容是"五十年"。先不直接说五十年，而从五十弦说起。瑟有五十弦，也就有五十根柱。看到每一弦一柱，就联想到逝去每一岁的年华。简单来说，两句就是回忆五十年，也等于说回忆前半生。有人提出，李商隐并没有活满了五十岁，这固然。但一般人常说"人生百年"，事实上活到百岁的人又有多少呢！何况瑟是二十五弦，五十弦的瑟只是传说中有的，李商隐也没见过，更没弹过，又岂能因此便说这首诗不是李商隐作的呢！

"庄生晓梦迷蝴蝶，"

这句的中心是"梦"。什么梦？晓梦。谁的晓梦？庄周的晓梦。梦见什么？梦见化为蝴蝶。真的吗？不是，是迷离的。

"望帝春心托杜鹃。"

这句的中心是"心"。什么心？是春心，并不是灰冷的心。谁的春心？望帝的春心。望帝化为杜鹃，啼血而死，那么作者的这颗心即是啼血的心。望帝原非真变成了鸟，但他的心寄托在杜鹃身上，杜鹃啼血，即是望帝啼血，作者自比望帝，也就是作者啼血。

"沧海月明珠有泪，"

这句的中心是"泪"。不只人有泪，珠都会有泪。什么时候看见珠有泪？在沧海之中、月明之际。那么这滴滴的泪水，不但晶莹、洁白，而且是海、月共鉴的。

"蓝田日暖玉生烟。"

这句的中心是"暖"。也就是现在我们所说热情之"热"。暖到什么程度？到了冒烟的程度。什么玉？蓝田所产的、最白最美的、最著名的蓝田玉。玉石竟自能够燃烧生烟，热情的高度，不问可知。

"此情可待成追忆，只是当时已惘然。"

这两句是说不待回忆，当时即已预感到要是一场悲剧了。如果剥去所有的装饰，便只剩了"半辈子，梦，心，泪，热，早已知道"，哪里还成诗呢？

这是一种增字的例。再看一个减字的例。杜牧诗：

> 清明时节雨纷纷，路上行人欲断魂。
>
> 借问酒家何处有，牧童遥指杏花村。

有一个流传的笑话说，雨纷纷何时俱有，不一定必须清明时节。行人当然都在路上。"酒家何处有"五个字即是所问的话，何必加上"借问"一词。指路的人并不限于牧童，谁都可以指示酒家所在。于是把每句各删二字，成为：

> 时节雨纷纷，（一作"清明时节雨"）
>
> 行人欲断魂。（一作"纷纷路上人"）
>
> 酒家何处有？
>
> 遥指杏花村。

还有人认为太繁，仍应再删。于是又各去两字，成了：

> 雨纷纷，（一作"时节雨"）
>
> 欲断魂。
>
> 何处有，（一作"酒家处"）
>
> 杏花村。

这样删改虽带些故意取笑，但删了这么多，它们仍然像五言、三言的诗句。

B. 颠倒

诗文句中词汇有时颠倒调换着用，虽也常见，但总是有条件的，不能任意颠倒调换。以王维诗中一句为例：

> 长河落日圆。

这五个字可以变成若干句式：

> 河长日落圆
>
> 圆日落长河

长河圆日落

以上三式，虽有艺术性高低之分，但语义上并无差别，句法上也无不通之处。

长日落圆河

河圆日落长

河日落长圆

河日长圆落

圆河长日落

河长日圆落

这几式就不能算通顺了。但假如给它们各配上一个上句，仍可"起死回生"。从前有人作了一句"柳絮飞来片片红"句，成了笑柄，另一人给它配了一个上句"夕阳返照桃花坞"，于是下句也成了好句。现在试援此例，各配一个上句看看：

巨潭悬古瀑，

长日落圆河。

"长日"可作"整天""镇日"解，"古"是"由来已久"，"潭"是圆的水，"瀑"是落的水。

瓮牖窥斜照，

河圆日落长。

从瓮牖中看河是圆的。斜照，是长的落日。

瀑边观夕照，

河日落长圆。

夕照瀑边观，

河日长圆落。

河与日俱落，一长一圆。

> 潭瀑不曾枯，
>
> 圆河长日落。

不枯的潭水中出的瀑布，是永远向下落的。

> 西无远山遮，
>
> 河长日圆落。

如有山遮，则易见衔山的半日。

这些变了的句式，虽然语意变得有相同的，有不同的，甚至有一些不免"强词夺理"的，但从诗句的特有句法上讲，却非完全不许可的。而且古代诗句中，也确实存在不少的这类句法先例。还有一式可变，即：

> 河圆落长日

太拙劣，无法替它圆谎了。一句五言诗竟能变成十种句式，其中仅仅有一句绝对不通，能不使人惊异吗？

因此杜甫那两个有名的奇怪的诗句，也就容易明白：

> 红豆啄余鹦鹉粒，（"红豆"或作"红稻""香稻"）
>
> 碧梧栖老凤凰枝。

它的语义是：

> （那里有）鹦鹉啄余（的）红豆粒，
>
> （和）凤凰栖老（的）碧梧枝。

但作者在这首诗里主要是写那个地方风景之美，而不是要夸耀珍禽。红豆、碧梧是那个风景区中名贵物产，作者有意地把它们突出，所以放在首位。也就等于是说：

> 红豆（是）喂够了鹦鹉的粒，
>
> 碧梧（是）爬够了凤凰的枝。

如果改为：

鹦鹉啄余红豆粒，

凤凰栖老碧梧枝。

句法并无不可，只是侧重写珍禽的动作，稍与作者原来意图不同罢了。又如改为：

红豆鹦鹉啄余粒，

碧梧凤凰栖老枝。

除声律不调、艺术性差之外，不但内容未变，即在句法上也不算有何谬误。这还可与前边读过的"导之以政"和"以政导之"的例子参看。

在骈文中也有其例，如：

谢朝华于已披，

启夕秀于未振。（《文赋》）

即是说做文章要谢绝已开过的早花，启发尚未开的晚花。这里的主语即是篇题的"文"。

朝华谢于已披，

夕秀启于未振。

这里虽然"华""秀"成了主语，但它们所比拟或代表的，仍然是"文"。语意虽有不同，句法却仍然无误。

从以上 A、B 两项所论来看，有些诗歌、骈文的句、段、篇中的修辞作用占绝大的比重，甚至可以说这些部分的修辞即是他们的语法。

可见汉语中并非绝无可以倒装的部分，只是倒装之后，语义或语意的侧重点就不同了。非汉语一句中的元素排列，如按汉语去讲，便要大为调整。如非汉语一句中的词是"乙丙戊丁甲"，翻成汉语，需要变成"甲乙丙丁戊"的顺序，像这样的倒装，在汉语本身上，无论古今、地区有何差异，也是并不存在的。

以上第三章是要说明汉语尤其是古代汉语中修辞和语法的密切不可分开的关系。

四、声调、声律是哪里来的

字、词的声调，是口音中的自然抑扬。同一个字，在这句里用抑调，在那句里就可能用扬调。自从古代编韵书的人，把某个字定为某声，无论在何种语气中，都要按照所定的某声来读。但有一定程度的窒碍，于是有一字两收、三收的，也有一字有几个"又音"的。这就是此字可以读成此声，也可以读成彼声。这是因为口语中确实存在明显的分歧，才采取"网开一面"的通融办法。编《切韵》的人说：

> 吴楚则时伤轻浅，燕赵则多涉重浊，秦陇则去声为入，梁益则平声似去。

于是他们便加以划一："因论南北是非，古今通塞，……我辈数人，定则定矣。"事实上"定"不妨读为"钉"，即等于把车马炮钉在棋盘上，不许移动。而实际上某字某词在运用时，自然声调是活的，是随着条件而有轻重抑扬的。

编韵书的人也未尝没有多方面的功绩，其功绩之一即是把各地方不统一的读音用韵书的办法统一起来，使方音不同面对讲话不通的人，可以按规范的音来说、来读，收到听懂的效果。可惜编者没有详细记录下当时吴楚、燕赵、秦陇、梁益和他们所"定"标准的异同，当时各地作者用他们方音写的作品，需按他们的方音来读才合律的，就不易懂了。因此，许多古代作品中某些句律的判断是非常困难的。现在即按"定"了的标准来分析古代文学作品的声调旋律。

古典诗文中那些声调的旋律，或称"格律"是哪里来的？我认为，也有生活中的基础，而不是某些文人、作家凭空制造出来的。

我们看《诗经》，虽声韵有古今之变，但《国风》部分的句调，今日读来仍较顺口。《大雅》《颂》中就有些聱牙的甚至找不准韵脚的句子了。

再看汉魏以下的乐府民歌，有许多成段的律句，例如《西洲曲》：

忆梅下西洲，

折梅寄江北。

单衫杏子红，（律句）

双鬓鸦雏色。（律句）

西洲在何处，

两桨桥头渡。（律句）

日暮伯劳飞，（律句）

风吹乌桕树。（律句）

树下即门前，（律句）

门中露翠钿。（律句）

开门郎不至，（律句）

出门采红莲。

采莲南塘秋，

莲花过人头。

低头弄莲子，

莲子清如水。（律句）

置莲怀袖中，

莲心彻底红。（律句）

忆郎郎不至，（律句）

仰首望飞鸿。（律句）

鸿飞满西洲，

望郎上青楼。

楼高望不见，（望从平读，律句）

尽日栏干头。

栏干十二曲，

垂手明如玉。（律句）

卷帘天自高，

海水摇空绿。（律句）

> 海水梦悠悠，（律句）
>
> 君愁我亦愁。（律句）
>
> 南风知我意，（律句）
>
> 吹梦到西洲。（律句）

以上有些非律句也是唐宋诗中习见的拗句。

又如《木兰诗》中的名句：

> 万里赴戎机，
>
> 关山度若飞。
>
> 朔气传金柝，
>
> 寒光照铁衣。
>
> 将军百战死，
>
> 壮士十年归。（这六句全是律句）

"清商曲"是"巷陌歌谣"，也就是民歌。歌唱的方法是徒歌，也就是不用什么音乐伴奏的。所谓"执节者歌"，有人解释为由执持节旄的人来唱。试问巷陌歌谣，不过是牧歌渔唱之类，哪里去找节旄？不难理解，"节"是伴奏的简单工具，也就是打拍的节板。清代唱莲花落和今天数快板的有两种伴奏工具，声音轻而碎的一串小竹片叫做"节子"，两块大竹板叫做"板"，用节或板打出节奏，来辅助歌唱的效果。手拿这类节板来唱，应该即是所谓"执节者歌"。

徒歌既没有管弦伴奏，那么在句调中就必须求其本身和谐，才能使听者悦耳。这大概就是古代徒歌读着格外顺口的原因。

这种民间徒歌的歌手探索出来的旋律，被文人借鉴吸取，就是六朝诗中那些律调诗句和不完整的律调诗篇的来源。这类声调抑扬的旋律，被移用到骈体文中，就是六朝赋中那些声调和谐的小赋，以及唐人的律赋。

南朝钟嵘在他所著的《诗品·序》中，标举了"置酒高堂上"和"明月照高楼"两个名句，说是"为韵之首"，即是说"最好的韵调"。

他同时却又说"至平上去入，则余病未能；蜂腰鹤膝，间里已具"。我们知道，头、尾、腰、膝不生病，是构成律句、律联的基本法则，也可以说是律诗的起点。钟嵘轻视这种法则，却又推重合乎这种法则的律调句子。为什么？可以理解，懂得律调好听，钟嵘不能例外，但这种提法来自民间，他就看不起了。其实他推为"为韵之首"的两个名句，正是暗合了民间总结、创造出来的律调，甚至就是那两句的作者有意识地吸取民间律调的。因未自加说明，钟嵘便加推重。如果作者当时自注他们某句是借鉴于间里歌谣，恐怕钟嵘就不加标举了。

以上第四章是要说明声调、声律是汉语尤其是古代汉语中自然具有和形成的。

五、小 结

从以上一番探讨之后，得到几点启发：

1. 翻译过来的语法名词和分析方法，对于研究古代汉语，包括古代诗歌、骈文的语言规律，是有一定帮助的，但作为手段则有余，作为规格则不足。

2. 古代文学作品，今天看来是特殊现象的东西，也有它们在生活口语中的来源和基础。

3. 研究古代汉语，尤其是诗歌、骈文的语言规律，需从两个方面注意：一是形象性，也可说形象思维的；二是逻辑性，也可说逻辑思维的。在古代的诗歌、骈文的语言特点中，形象性更重于逻辑性。如果仅仅从逻辑的一个角度来看，必然不够，而且会遇到许多扞格难通的地方。

4. 在古代汉语中尤其是诗歌、骈文中，修辞与语法往往是不可分的。修辞的作用有时比语法的作用更大，甚至在某些句、段、篇中的语法即只是修辞。所以拙作本篇标题只称语法，因为它同时也包括了修辞。

这篇是我对古代诗歌、骈文语言法则的初步探索，只是提纲性的一些看法，每一个论点都还有进一步探索和阐发的余地。这篇的目的，只是想提出有关这一方面问题的一些线索。是否有这一条线索？是否可以沿着它来探索？此外是否还有其他的解释和解决的办法？以至拙文中各方面的错误，都希望得到指正！

原载 1980 年《北京师范大学学报》第一期

有关文言文中的一些现象、困难和设想

首先作个解题，"文言文"是二十世纪前半期对古代的汉语的称谓。那时初行"白话文"，翻回来，称它的对立面为"文言文"。

近三十多年来，惯用"古代""现代"来分汉语的历史阶段，于是有"古代汉语""现代汉语"之称，当然明白多了。但我这里还沿用"文言文"这一旧称又是为什么呢？

因为"古代汉语"的范畴比较易划，而"现代汉语"则不然，它里边搀入了许多欧化的习惯。吸收外来的词汇以至语法，丰富自己表达的能力是无可否定的。而且即在古代的汉语中，也不知吸收过多少外来的东西，但古代吸收的，肯定没有现代那么多、那么快。况且消化的时间已经很长，凡不适当的，也已随时淘汰了，与今天新吸收的情况不同。

本稿是从古代的汉语中一些现象谈起，再和后代的汉语相比较，来看它们基本相沿发展的线索，那自然要先除开新引进的外来部分。因此，暂用"文言""白话"这种旧称，以示它的界限。

一、探讨的动机

我从二十一岁起作初中一年级的"国文"教员，虽然现在教的是大学的功课，但工作的内容基本没变。回忆起来，这五十年工作的绝大部分，都是把文言变成白话。当直接变不完全或不能恰当透彻时，从旁加上说明，不外乎口头的讲解、翻译和笔下的注释。

这类工作中屡次遇到的困难，不外两项：一是名物和特殊的语汇，这比较好办，可以查书或向别人请教。二是语言的转译或解释，这不难在解释它们的用法，说明它们的性质，而难在使听者直觉地懂得。

关于用法、性质，可以用现在的"葛郎玛"的术语来说，什么词性，什么结构，怎样的逻辑。但一堆"葛郎玛"的名词、术语，仍然无法使听者立刻懂得这句古话在现在是怎么说。一个小孩问我什么是苹果，我说了什么纲、什么目、什么科，里边有植物纤维、糖分、水分、维生素C……孩子的眼睛睁得更大了，疑惑更深了。结果我只好说："就是一种圆的甜水果。"他咽了一口唾沫，笑了。

当然植物学家、营养学研究者、乃至医生，都要详细分析苹果更多方面的组成部分。但在顷刻之间，用语言传达一种立时能够使人了然的信号，却非易事。即从苹果一类的研究讲，作分析工作，自然愈细愈好。但各类品种的苹果，相互之间，以至每个苹果之中有哪些是最基本的共性和要素，研究者应该能脱口而出。例如说"苹果的好处是味甜、爽口、有营养价值"，第一步解释就够了。"营养元素是维生素C"，这便是深一步解释。若说"吃两个就能解渴"，已觉多余。若说"吃十个也能当一顿饭"，就接近废话了。我在讲解、注释工作中，所常考虑的，便是如何由繁到简、由深到浅的问题。

文言转译中，又有三个方面的问题：一是对一个词的理解，它的含义，它的用意趋向，以至它的情态是怎样的。如果谈它和今天的语言有何关系，是怎样变来的，那就更费力了。二是一个句的组成。什么"主、谓、宾、补、定""偏、全、正、倒、省"……这种种名称，我个人觉得并不是急需知道的；急需的却是这个万花筒共有几块镜片，多少颜色碎纸碴，怎么拆开，又怎么装上的。或者说，中国文言文里，一个句子内部的条件和外形的状态，与"葛郎玛"有什么异同。三是句与句之间都有怎样的关系，好比一个家族，至多包括哪些人，一个家庭，至少包括哪些人。这也就是说，什么是句，什么是段。

我从遇到困难、疑问，而想找些办法去解决"葛郎玛"所套不进、套不全、套着不舒服的文言文词句，也可说想了多年了。"思而不学则殆"，还是把我见到的现象摆出，把我初步的感觉说出，来向高明的学者请教，大概是较妥的学习方法吧！

我曾把这方面所想的问题写出过一部分，题为《古代诗歌、骈文的语法问题》。现在这篇稿子实是前篇的继续发挥。前篇已说的，当然不再重复。

二、字、词的界限

我曾遇到过一种关于"字"和"词"的争论，一种意见是：一个字的叫做"字"，两个字以上的叫做"词"。另一种意见是：从一个字起，至几个字，都可以叫做词。我的理解，从文言文讲，一个字的也是词。古代一个字的名称，从人名、地名、物名，以至称谓、语气词等，不可数计。即现代汉语中，也并非没有一个字的词。举几个简单例子来谈，如"笔"这一词，古今一致。但古代的笔，都是毛笔，后来有了钢笔、铅笔、圆珠笔等，新笔加上了许多头衔，原始的笔，只得再加上"毛"字，以别于它的"晚生后辈"，叫做"毛笔"。还有什么"煤斤""纸张"等，都是加上凑字，变单字的词为双字的词。

"父"是古语，从音变而形变。有了轻唇音以后，用轻唇音读这个字，归入"文言"，再添上一个亲字，说成"父亲"；沿袭重唇音的这个字，归入口语，改写成"爸"（由此又可发现：重唇音的爸，今天反倒属于"现代"范围；轻唇音的父，今天反倒属于"古代"范围。所以我用"文言""白话"来举称、命题，更觉明确），还重叠一字，说成"爸爸"，这都是单字词发展成为双字词的。但现在的小孩或少女，常用亲昵娇惯的口气称父亲，只说"爸"，又由双字词，变了单字词。

我们今天只知古今音的变化，古有什么音，今无什么音，有一事似乎少见有人注意，即从"古人音缓，不烦改读"谈起。例如笔，古名"不律"；又我幼时在河北易县乡间听人称铜币为"铜子儿"，三个音节。现在已不用铜币，但"瓜子儿"的"儿"字，已融入"子"字，成了儿化的"瓜子"了。如果从这个线头牵起，往上探求，今天由单字向多字的发展，与古代书面语自不同趋，但它的音节数量未必不是暗合古代口语的规律。

因此我还想"切音"的运用，不管始于谁，我总觉得这未必出于什么圣哲的发明，大约只是有人把耳中听到的"缓音"，如实加以记录而成的。即如有人拿着一支笔，口称它为"不律"，另一人即写一个"笔"字，注上"不律切"，不就完了吗？如果这条线索可牵，则"词"应一字二字以至多字，就不成什么问题了吧。

三、虚字和实字

在"葛郎玛"中，有许多词格、词类的名称，引进后，又给它们"华化"了许多。但从文言文中观察，词格、词类的变化虽多，尽管常有类随格转，格随位变的现象，而从前人的办法，却可说是以简驭繁的。他们把字（即指今之所谓词），划分为两大类："虚字"和"实字"。现在把前人所谓的虚字、实字按"葛郎玛"来折合，实字即包括今之所谓名词；虚字即包括今之所谓动、状、附、介、叹等类。这两类又不都是定而不可移的，它们之间，有时虚字实用，实字虚用。代、附在文言文，实是虚字一类，尤其灵活，都不能用绳子把它们捆起来、固定住。

其实，凡百事物的名称，都是假设的、硬派的，或说借用的。设想初民的语言，大概有些像哑人做手势的方法。我曾见哑人摸摸嘴巴，表示有胡子的，即指男人；摸摸耳珠，表示戴耳环的，即指妇女，大致多像这种办法。在逻辑上虽不周延，但彼此心照，便成了他们的语言、信号。又如小孩最初只会发出"巴"和"吗"的声音，由大人分配，"巴"音归男性家长，"吗"音归女性家长。这个道理，不但称谓词、语气词是如此，乃至许多名词的产生也不过如此：鸭、鹅的名称是人模拟它们的叫声；桌、椅是由于卓立、倚靠的卓、倚二声和它们的作用而被命名。由此可知，词的成立，既出人为，那么它们的运用，自然更随人所便了。

所以从前人把字（即词）分成虚实两类，在汉语中它们的功能已经足够使用了。

用文言文写的诗文中有"对偶"，是历史的事实，无论后人对它们有多么大的反对意见，但它们的存在，却几乎从有汉字文献起就曾出现。实对实，虚对虚，虽是对偶的最基本条件，但在运用的历史过程中，也出现过各种离奇的例外：有时词的表面相对，而二者的含义却毫不相干；或者声音和谐，两词相称相对，而内容含义，却又对又不对。作者一本正经，并不是在作文字游戏。例如元人诗句：

> 秋千庭院人初下，春半园林酒正中。（宋元诗）

"秋千"是游戏或体育的用具名，"春半"是说春天的一半，即指仲春季节。"秋千"也写作"鞦韆"，而作者偏钻了不同写法的空子，选用"秋千"，以对"春半"。"下""中"，原来都是状词，这里都当动词用。"人初下"，是人刚从秋千上下来；"酒正中"，是酒恰恰喝到醉的程度。这四处用词，都应属非正规的，有人称之为"无情对"，但从来没人说它不通，反而欣赏它是"巧对"。

又如唐人文："兰亭已矣，梓泽丘墟。"（王勃《滕王阁序》）"已矣"全是虚字，"丘墟"全是实字，怎么算是相对的呢？清代学者曾解释这二词都是双声叠韵，是以双声叠韵相对的，当然不错。但试想梓泽原不是什么天然的荒丘地带，而是古代的名园胜境。今言"丘墟"，是说它的荒废情景，那么"已矣"是"完了"，"丘墟"是"荒废"，不过还是实字作虚与纯虚相对的手法而已。里边再掺杂进双声叠韵的因素，就更使人眼花缭乱了。

文言词类，可以说万变不离其宗，终归虚实两种而已。

又虚实的互相转化，都从它们所要表现的作用而定，也能从它们所处的位置上看出，下边还将详说。

有一个字，从很古很古就发生了虚实的误会。误会的根源，在于想使客观的虚字为主观意图服务，便使一个以虚作实的字讲成纯虚字，而且这样讲了若干年：

> 兄弟阋于墙，外御其务，每有良朋，烝也无戎。丧乱既平，既安且宁，虽有兄弟，不如友生。（《诗经·小雅·鹿鸣》）

"御"同"禦"字，有抵挡、对抗、劫夺等义，也就具有了强暴、敌人等义，这里分明是以虚当实，劝告人家兄弟不要闹矛盾，兄弟如在墙内打架，外边的强暴敌人即将聚拢来了。自从《国语·周语》把"务"改成"侮"，"御侮"一词比较习见，读者更从良好的愿望出发，说兄弟虽在家打架，但还能共抗外侮，由劝告变成了说明。当然说教的人可以随便去说，但探讨语言的实际精神，就迁就不了说教的意图了。有人反问，禦字如以虚当实，全段又怎样讲？我认为这是诗人感叹兄弟不和的诗。大意是说，兄弟内哄，强敌聚来，朋友虽多（"烝"是"众"），但临时没有武器（戎）。幸而强暴退了，兄弟还是不如朋友合得来。当然这里会有一家人御侮的过程，但那是"书中暗表"的，而不是这句原词所说的。实际"其务""其侮"的关系不大，只要弄清了御字是以虚作实的问题，全段的大意岂不也就顺理成章了吗？

四、词与词的关系

词与词之间的关系，在"葛郎玛"中，动词有及物、不及物之分，副词只形容动词、状词及另外的副词，但不能形容名词、代词。还有词位不同，词义以至语义也因之变化的。例如英语"我是……"是正说，"是我……"即是问话的开始。而在文言文中，则并不然。那么它们的关系又是怎样呢？

一次开会休息时，和友人刘宗汉先生谈起句中词与词的关系问题，他说："总是上管下。"这轻松的一句话，使我觉得顿时开窍。复会后，台上讲的什么，我已听而不闻。低头默出几首唐诗，几句古文，逐字看它们的关系，果然没有一处是下管上的。当然这里所谓的"管"，不只是管辖、限制，也包括贯注、影响、作用等意思和性质。例如：

朝辞白帝彩云间，（早晨辞别，辞别的是白帝城，这城是在一个彩云的环境里的，）

千里江陵一日还。（远在千里之外的江陵，只用一日便回到了。）

两岸猿声啼不住，（两岸有猿声，而且叫个不停，）

轻舟已过万重山。（轻便的小船已经过了万层山岭了。）

顺着看，词词启下，下边的承着上边的。如倒着读，则词词相背，意思全变。什么叫启下？就是说：轻的是舟，舟是过了，过的是万层的山。全篇各句，都如此类推。什么叫相背？如说："万重山已过轻舟"，则是山忽移动，已超过了那个轻舟，与全篇就不合了。所谓承上，是说：山是万重的，这万重山是被走过的，走的是舟，舟是轻的。

　　不但词与词之间是这样，句与句之间也是这样。民间歌词常有一种"顶针续麻"，又称"顶针体"，即上句句尾与下句句首重复。文人创作如"长庆体"和后世的吴伟业的歌行中，也多用此法。其实这不过是把句间关系的紧要处加以表面化而已。试看杜诗：

　　　　好雨知时节，当春乃发生。

　　　　随风潜入夜，润物细无声。

　　　　野径云俱黑，江船火独明。

　　　　晓看红湿处，花重锦官城。

"当春"紧承"时节"，"花重"是因雨而"湿"。中间平列四句，是四个雨中景象，总起是紧承"发生"而来的。虽不是顶针形式，但从这里却可以明白顶针的原因。

　　再举文章的例子来看：

　　　　……国子先生晨入太学，

　　　　招诸生，立馆下。

　　　　诲之曰：业精于勤，荒于嬉；行成于思，毁于随。

　　　　方今圣贤相逢，治具毕张；拔去凶邪，登崇畯良。占小善者率以录，名一艺者无不庸。爬罗剔抉，刮垢磨光。盖有幸而获选，孰云多而不扬。

　　　　诸生，业患不能精，无患有司之不明；行患不能成，无患有司之不公。……（韩愈《进学解》）

随手引一段文言文，这首句，国子们的先生，这先生在早晨进入，进入的是太学。词词上管下（以下不再加解释），每句中各词上管下的关系都很明显。诗句还有受平仄韵律影响的关系，如果出现倒装的词句，应该不算奇怪，但还非常之少，文章更是以"文从字顺"为主，上管下多，下管上的极少，主要都是"因"在前，"果"在后，也就不待详说了。

从上边情况看来，词与词之间，可以颠倒变化，很少有什么词必须在什么位置，什么词只起什么作用的限制。只是词位变了，它的意和义便随着变化，这都是事实（我在前篇曾举"长河落日圆"一句诗，拆开文字，颠倒互换，也都成句。那只说明字可换，但掉换之后，语义全变，可以参看）。有趣而集中、显明的是回文诗：

春晚落花馀碧草，夜凉低月半梧桐。

人随雁远边城暮，两映疏帘绣阁空。（苏轼诗）

字字倒过来是：141

空阁绣帘疏映两，暮城边远雁随人。

桐梧半月低凉夜，草碧馀花落晚春。

当然有些词汇，未免略觉勉强，如"桐梧"二字就不习见，但平等的双词全体，例如"日月"习见，"月日"不习见，但在回文体裁的前提下，也被许可了。诗、词、骈文，还有平仄声律原因，偶然出现，也被许可。

句中各词，当然开端是起点，是重要的。但整句趋势，是贯注而下的。它的归结收束处，可比作一个长筒的底，常常在最下。即借前边的回文诗为例来讲，"桐空"韵的一首，首句归结到碧草，次句收束在梧桐，三句倾注在暮，四句凝聚在空。"春晚"点明时间，是全首的起点，"绣阁空"是全首的归宿。前三句都是为"绣阁空"铺下道路，衬托气氛。所以不但词词之间，贯注结尾，即以章法言，也是这种趋势。

这种情况，不但诗文如此，即如干巴巴的纯说理论、死记概念的训

汉语现象论丛

诂书，其语句形式，也有这种特点。如《尔雅·释诂》：

> 初、哉、首、基、肇、祖、元、胎、俶、落、权舆，始也。

这篇题是"释诂"，已说明全篇的出发点是为解释"诂"的，其余可以类推。又如同书《释训》：

> 明明、斤斤，察也。条条、秩秩，智也。

每句中都是问题罗列于上，归结作一个解释在下。当然如说"察者，明明、斤斤也。智者，条条、秩秩也。"虽然次序换了，仍是前是因，后是果。

这也说明了筒底在尾不在头的文言习惯。

五、顿挫和倒装问题

汉语的句中各词有时是一贯而下的，有时是一节节的。节与节之间有缝，缝中有时有连接的字，有时没有连接的字。例如：

> 有人问："你看见了钱没有？"
> 回答说："钱我没看见。"

这答话并不是"我没看见钱"的倒装句，而是"钱——我没看见"。因为问的主要是钱，答话首先复述问话中的主要点，无误了，才说明"没看见"的结果。"钱"和"我"中间有缝，不同于倒装。

例如俞樾先生《古书疑义举例》卷一所列的"倒句例"有：

> 其人能靖者欤有几？（《左传·僖公廿三年》）
> 亿丧贝。（《易·震·六二》）
> 盖殡也，问于郰曼父之母。（《礼记·檀弓》）

这三例是三种情况。第一句实是两句，"其人能靖者欤，有几？"误把中缝合起来了，理解为"其人能靖者有几欤"了。第二句等于今天的话说"成亿的赔钱"，即是"亿——丧贝"，不是"丧亿贝"的倒装。第三句是说孔子少年丧父，不知葬处。后从郰曼父之母得知是暂厝在五父之衢，才得父母合葬。原文是："……其慎也，盖殡也。问于郰曼父之母，然后得合葬于防。"这里"盖殡也"属上，"问于郰曼父之母"属下。一尾一头拼合算作倒句，似乎不妥。即以叙述先后次序来说，谁先谁后也都有其意义的。假定"盖殡也"应属下读，那正可看到举出证人才知所殡无误，表示证据有力。也就是侧重的、有力的部分放在后边。故老相传，清代有一武将，打了败仗，向皇帝奏明，写道："臣屡战屡败。"有人看了稿子，给他勾转二字，作"臣屡败屡战"，于是皇帝还嘉勉了他。因为"屡败"在后，便是只有败；"屡战"在后，便是还要再战。

可见词或句的先后，并非可以随随便便的。

也有把语词虚字讲得太死而生的误会。还引俞先生书中的例子：

谚所谓室於怒市於色者也。（《左传·昭公十九年》）

把"於"一定讲作"在"，这就成了倒句。把"於"字看得更空虚些，就不同了。"家里生气，街上变脸"，似乎也是常见的说法。又"启乃淫溢康乐，野於饮食"（《墨子·非乐上》），俞先生说："'野於饮食'，即下文所谓'渝食於野'也，与《左传》'室於怒市於色'句法正同。"这里有可讨论者三层：一是"野"字可否作虚字用，也就是是否可作"荒"字一类讲？二是是否指在野地里饮食，也就是"野间饮食"。当有"席不正不坐"那样严格礼貌要求的时代，野地里饮食当然不好，不能与今天旅行野餐相比，所以属于淫溢范围。三是它与"渝食於野"似不相同，"渝食"这个词本身已表明"食"是"渝"的了，在野在家，已都不该了。再说它与"室於怒"句相同，而"室於怒"既不够倒句，那么恰可说它们同属"顺句"。相同不错，但不是同为倒句，而是同为顺句。

由此我还想到，古语中的虚词，今天给它对上一个"今义"，例如"於"讲成"在"等，是不得已的。大家都知道，古代的"於"和"于"是有别的，"於"近"乌"，常是作发声用的，与"于"作"在"用的不同。渐后渐混，今天简化汉字索性废"於"用"于"了。"室於怒"的

"於"，又安知不是一个声词呢？友人见告：《战国策·韩策二》有"怒于室者色於市"一句，可见到了战国时，春秋时易被认为倒装的句子，已经不大行得通了。再如"之"，今日讲成"的"，其他用途，又各讲成一个今义。但"此之谓"的"之"，既不能讲作"的"，又不能讲作"这"。它究竟应怎讲，我觉似宜灵活去看，应容许古语词中有在今天对不上号的。即在今天各地的方言中，也各有许多虽本地人也讲不确切"词义"的字（词），何况古代！

当然不能说文言文绝对没有倒句（倒词成句），也不是没有倒叙（指句与句的先后次序），不过文言文是以顺说为主流罢了。至于诗歌、骈文中，因迁就平仄韵律和对偶，常有颠倒处，但俱有缝子可寻，而不是真倒。

所谓有倒句，特别常见的是那种短句。如：

1. 不我信（伸）兮。

2. 夫何远之有。

3. 何以文为。

4. 吾斯之未能信。

这些当然就可以说是倒装，但也有些问题。问题是如果正过来，语气就不那么有力。还有这里 2、4 两类中的"之"字，正过来也没处安放。

我觉得这些倒句有三个特点：一是都是些短句，很少见有长句中颠来倒去的；二是主要的虚字，也就是这句话中命意的集中点，都放在最下；三是有的细看来也算不了倒装。

从前边所举各短句中，可见是在急迫时要集中而有力地表达某种意见，才采取此式的。

例 1：主要虚字放在最下，就是要把这句中最重要的思想、意图，也就是最重要的虚字放在最突出、最重要的位置。如"不我信兮"，重在"信"，而不是重在"我"。

例 2：是重在"有"，放在最下，点明它根本没有。

例 3："何以文为"不等于"何以为文"，因为要说文的事已无可为，重在"为"，而非重在"文"。

例 4："斯、之"二字，似不能按今日白话所译作"这、的"讲，而实际"斯"等于说对于，"之"是指不可信的这件事，合起即是"对它"的意思，可讲成"我对它未能相信"，并不倒。因为重在"信"，所以放在最下。即以今天的话来说，"对这个我不能信"和"我不信这个"，大意虽同，而句尾侧重的仍然不同。

还有把重要的意思放在句尾，就起惊叹、感叹的作用，如今天北京的俗语有：

> （车坏了）还骑什么骑！
> （酒没了）还喝什么喝！

句尾重复那个虚字，不但加重了、突出了那个虚字的意义，还有把它兼作叹词的作用，其作用几与"哉""耶"相等。如嫌重复虚字比拟不恰，还有不重虚字的例，如"那事还怎么办？"就不同于"那还怎么办事？"又如古谚有：

> 貂不足，狗尾续。

重要在"续"字，说明以劣充优。到了归纳成为典故成语，便说：

> 狗尾续貂。

当然指的事情还没变，而语义却不清楚了。也可讲成在狗尾上续貂尾，岂不大错。

六、文言语词怎样解释才好

我不懂"训诂学"，但经常凭借着工具书来查文言文中许多语词的解释。看到前代人解释古代语词的办法有两类：一类是根据古代词典性质的书籍如《尔雅》《广雅》《释名》等书和古代经籍注疏中对某字某词的解释，作为今天的解释的依据。当然古代人理解古代语意的语义，必然比我们今天人的理解要接近得多。但他们的表达方法，却并不见得都比我们今天说得透彻。他们常用一个字去解释另一字。我们知道，凡有待解释的字，便不是"声入心通""不言而喻"的，用一个字去解释也不见得一定都能那么恰当、透彻。例如《尔雅·释诂》：

> 弘、廓、宏、溥、介、纯、夏、帆、庞、坟、嘏、丕、奕、洪、诞、戎、骏、假、京、硕、濯、讦、宇、穹、壬、路、淫、甫、景、废、壮、冢、简、箌、昄、旺、将、业、席，大也。

拆散到工具书里，便成了"弘，大也。""廓，大也。"究竟各自是怎样的大法？指的是长度、宽度、高度、强度、深度，还是指面积、体积、数量、重量，等等，都无法分辨。

还有许多联绵词，在古代的解释中确实有很省事的。如"某某，某貌"。"龙钟"，用在说到袖擦眼泪时，即注"袖湿貌"；用在说到竹枝摇动时，即注"竹垂貌"。如按此法推用开来，那"灯光亮"的"亮"字即可注"灯光貌"，难道诸葛亮的"亮"字也可注"诸葛貌"吗？

以上这一类的优点是有来历、有根据，可以减少杜撰之嫌。但所见到的古代解释，相互之间，并不都那么统一，也有互相矛盾的。清代语言学家王念孙先生、王引之先生父子已经作过许多有理、有力的裁判，可惜范围有所局限，安得字字词词而裁判之！

另一类是近代学者张相先生所著的《诗词曲语词汇释》一书。古代诗词曲中的语词，前人注释极少，无可作为依据和凭借。绝大部分是著者根据上下文的关系揣度、比较所得而作出的解释。其实王念孙先生父子也不是没用过这类方法，但究属古代范围，未见涉及较后的诗词曲。所以张相先生这书，可以说是语词解释方面的一本极重要的著作。

七、文言词汇的工具书有重新编写的需要

我在作教材的注释工作中，遇到任何一个字（词）须注时，即使自己懂得的，也要查查工具书上的解释，一方面避免差错，一方面要求注

146

得确切。字词典的体例是某一个字词，由于有几种用途，有几种含义，分条写出对它们的解释。在词书的术语中，叫做"义项"。例如"书"，可以写出九个义项：

1. 用笔写字，如"书写"；

2. 字体名，如"篆书""隶书"；

3. 写成、刻成、印成的卷册，如"一本书""一卷书"；

4. 通信往来的笺启，如"书信"；

5. 奏议的别称，如"上书"；

6. 宣传品，如"告同志书""说明书"；

7. 公文中某种文件，如"起诉书""白皮书""哀地美敦书"（"通牒"，音译加书字，数十年前曾用）；

8. 经书的通称、《尚书》的简称；

9. 姓氏。

写注释时，自然要把某字词和某条义项对准。如有义项邻近，容易发生混淆时，常常加上"这里指""这里说"等等，把它限定在固定的范围里。还有某一字词在这本教材中出现若干次，那便要在第一篇里注一次，第几篇、第几篇里又注几次。我不知道看的人是否厌烦，至少注的人已很头疼了。

于是我曾想：一本教材后边或前边只有一篇总注，也就是专对这本书的"小词典"。有人说附本册专用的"小词典"，何如教他们自备一本较大的词典，可查的比本册中的还多，岂不更好？但学生虽有词典，也还有不懂的词，原因往往是连起来不懂，或在许多义项中，不会选择，不会"对号入座"。

再看词典中各条义项，有时失于模糊，如引《释名》"书，庶也，纪庶物也"。今天来看，还是不知所云。至于前举的"书"字义项，又失于过细。

因此进而想到字词的义项，是否可以简化？即如"书"这九条义项具有共同的"根"，九条中除姓氏之外，初步可以归成两条：一是"用笔写"的行动；二是"写出来"的东西，至多再加一句声明："包括印刷出来的。"其实印刷也是书写的发展。如果为了说得清楚，不妨先举出概括过的义项，下边再举出各种细的义项为例证，岂不更明白。

以上举的"书"是由动到名的词，具有虚实双重性质。再举纯虚字，或说"语气词"来看。语气是极不具体的东西，大致有几种：一是用一种声音表达一种感觉和思想的反映，如"乌""唉""也""乎"等等。二是用一种声音表达某种思想或意图的，如"之""兹"表示这里，"若""彼"表示那里。这里、那里具有方向性，发这种声音时，可能助以指示或动作姿态，久了，只听这声音，即能知所指方向。三是用一种声音表示关系，如"相""于"等。

第一类：

乌（表否定）、俞（表许可）、唉（表叹息）、颐（表惊奇）、也（即"啊"、即"呀"，肯定时表示肯定，疑问时表示疑问）、乎（即"么"、"吗"，表纯疑问；亦表用疑问语气来肯定，如今日用的"嘛"）。

第二类：

1. 之（表指示方向，这、那、往、到）、至、到、抵、达（都是从某一方向，引申表示达到终点）；

2. 指、旨、诣（从行动的方向引申到意念的方向）；

3. 者、堵、遮、这（都是表示此一方的）；

4. 若、汝、尔、你、那、如、所（都是表示彼一方的）；

5. 夫、彼（指彼一方）；

6. 右、有（右手搂过来的东西）；

7. 是、时、斯、此、兹、思（并表示时间、地点）；

8. 今、及（指此方，表时间）；

9. 九、彀（即"够"）、究、竟（表量之极）。

第三类：

1. 于、与、如、若、相、厮、似（表相关、相互）；

2. 之、的（表所属）；

3. 而、以（表关系、停顿、转折）。

以上临时就我所知道的和想到的，粗举些例。它们多是以古声韵归类，也可以看出音变之后，字形也换用一个今音的字。如"之"，变用"的"；"至""到"本同音，今天则"至"为今音古语，"到"为古音今语；"堵""者""这"分成三种声音等，不及细注。

这里要附加说明几点："颐"即"伙颐"的"颐"，即"多啊""多哩"的"啊"或"哩"，今天写作"咿"了。只看"伙涉"，不说"伙颐涉"，也不说"颐涉"，即可了然。"乎"有肯定一面，如"荆轲虽游于酒人乎"的"乎"字非常别扭，其实即今所用的"嘛"字，是肯定语气的"吗"音。"乎"字古时也有写作"呼"的，"乌乎"写成"呜呼"自然习见了，但也有多了个"口"旁便被误释的，如《檀弓》记曾子临终时事说：

> 曾子寝疾，病。乐正子春坐于床下，曾元、曾参坐于足，童子隅坐而执烛。童子曰："华而睆，大夫之簧与！"子春曰："止！"曾子闻之，瞿然曰："呼？"曰："华而睆，大夫之簧与！"曾子曰："然，斯季孙之赐也，我未之能易也。元！起易簧！"……举扶而易之，反席未安而没。

郑玄在"呼"字下注云："呼，虚惫之声。"这种解释，可能由于两个因素：一是"呼"有口旁，二是病重时易发虚惫声音。但是如果仅仅是虚惫的声音，并没有听到童子的话，那又为什么有"瞿然"的反应呢？可见是曾子听到后而未听清时发出的疑问词，所以童子才重说了一遍。郑玄理解的是虚惫声，而童子听到的则是疑问词，这属义项归类问题。可见经传古注的解释，似乎也不都是合情合理的。"所"字，工具书以为有"若"字、"许"字的意思，也就是有"若"字、"许"字的用法。其实概括为白话即"那"字。"所有"即"那里有"；"子所"即"你那里"；"所谓某某"即"那个叫做某某的"。研究所、医务所等的"所"，都是指地方、处所。"如"即是"那"，很有趣，古代赌誓常说"有如曒日"，"如"字假定止作"似"讲，发的誓言就太奇怪了，万一他真做了坏事，结果却像太阳，岂不太便宜了吗？实际是"有那太阳（作证、为鉴）"，鉴证二字已在不言而喻中。近代还有人发誓时说"当着太阳"，表示不亏心。"所不与舅氏同心者，有如白水"即"哪个不和舅舅同心的，（没有好下场，）有那白水（为证）"。古代不吉利的话常不直说，甚至省略，彼此都能心照，这事不待详述。"时"，古与"是"通用，如"时雍""时晦""时贼"等的"时"字，并不当时间讲。而真正的时间，却甚难用言词表达。"日"，象形，一个圆饼子，一天的时间说一日，是不得已的办法，人见到太阳的过程，就算表示了这段时间，但阴天算不算？日出到日入，中原地区以十二小时计，那么夜里算不算？可见表形的"日"合逻辑，表时的"日"就不尽合逻辑，是大概一指。时间即表示存在，也就表示"这个"了，所以"时贼"就是"这个贼"。"九"是数之极，也就是"够""究"，"竟"是完成、结果。凡是"到头"的意思都可用这个声音，所以"竟"是"究竟"，也是"边境"。至于"而"的作用，非常微妙，它可以粘连，又可以分离。可表开始，又可表终结。昔日有考生作文，用错了"而"字，考官批示："当而而不而，不当而而而。而今而后，已而已而。"这十个而字，竟有四种用法。1、3、4、6是指考卷上用错的"而"字，其余都是批卷人用的。2、5是转折，7、8两字等于"从今以后"的"从""以"，9、10两字是"完了"的"了"字。其复杂有如此者。

义项罗列，不说出含义的来源，有时会被人用错。号头没对准，解释便全错，甚至弄出笑话。从前科场考试，没有考生的相片，只好写明考生的"年貌"。有一个考官，见到有没剃胡子的考生都不许入场。问其原因，考官说这些人"年貌不符"。考生说："分明写的是面白微须，怎么不符？"考官说："朱子说：'微，无也。'你有短须，当然不符。"考生反问："孔子微服而过宋，难道孔子是裸体过宋吗？"原来朱熹在《论语》"微管仲，吾其披发左衽矣"句下注："微，无也。"这种注法，失于太简单。这里的"无"并不错，只是一种假设的口气，是"若没有"的意思。"微服"的"微"又是一个意思，微字古音同秘密的"密"，孔子逃跑，变了服装，也就是密服而过宋。《史记》说侯嬴"微察公子",并非稍微地看一看,而是偷看、密看。那么"微"至少有三个义项:一是"微小";二是"若无""若非";三是"秘密"。考官死讲,考生故意歪讲,都是义项紊乱的结果。其实古经传注疏中,这类紊乱也并不少。例如《左传》"庄公寤生,惊姜氏"杜预注说:"寐寤而庄公已生,故惊而恶之。"孔颖达疏说:"谓武姜寐时生庄公,寤始觉其已生。"在睡梦中毫无痛苦地生的儿子,爱之不暇,何以"恶之"呢?清代学者解释"寤生"即是"逆生",所以"恶之",是合理的。杜预和孔颖达在这条注上,和那考官又相去几何呢?

附带谈一点联绵字的问题。联绵字以双声叠韵表示一个字说不全的东西。当然有的是古人音缓的反映,另外还有似乎出于无奈的。相沿既久,有许多联绵字,已经成了只会用而不知怎讲了。注释的人只好用"某某貌"来敷衍过去。如果仔细探索,它们之间有许多用声、用韵的字是有共同"意根"的。如前边举过的"龙钟":

龙钟、郎当、兰弹、锒铛(指锁链)、潦倒、了吊(即镣吊,一种锁具)、落拓、溜丢(《西游记》"破烂溜丢")、褴褛、邋遢、勒得(北方今音二字都作阴平,形容服装不利落)这些词同有一个"根",即不稳定、不利落的状态。用到什么事物即是什么貌。

从以上论点说来,我曾想,无论实字虚字,是否都可以把义项找出些"根"来,有了"根",就可以由繁入简了。

寻根之法,我想如果从字典、辞书包括《经传释词》《经籍纂诂》《辞通》《辞源》等书中,把常见常用的字词选出来,再把每个字词的"义项"用寻找公约数、公倍数的办法加以处理。先用一个"意"去"约"这个字词的全部"义项",可以穿得起的,便可以得出一个"义"。例如前边谈过的"书"字,九个义项,它们的"意根",也可以说"义源",都是从"写"来的。"约"完了,得出两个虽然同源,已不同流的义项:除作为姓氏的特项外,只剩"书写"和"写出的东西"而已。

语词、联绵词皆可如此。如能这样做到了,总比"单打一"的注释要简单得多。读者不但得知其当然,还能得知其所以然。

151

八、句与句之间的关系

我在长时间编写教材工作中，遇到过的困难很多，标点问题也是一个。现在通用新式标点，但在文言文上怎么去标点，诗和骈体文又怎么标点？诗有每句押韵的，最常见的是两句一韵。从内容看，也许几句才标一个句号，但诗的韵脚处，毕竟具有收束、顿挫的作用。如一律不管，顿、逗、句全不与节奏相应，也觉得说不过去。至于骈文，常常两句长联相对，每单联又是几个碎句拼成的。有时各碎句中也有含义完整的，但怎能在单联中间随处加以句号呢？又如果在两个单联末尾都加句号，又怎能表明他们的关系是互相呼应的呢？本来目的是研究标点办法，但从这里逐渐看到文言文随时随处都有上下呼应的关系，也可说因果关系。因此探索的对象便延伸到句与句的关系上来。先从词这样小单位说起，例如："子悦"，二字可以断开成为两截，"子"是因，"悦"是果。如只有一个"子"字，子在那干什么？如只有一"悦"字，是谁在那里悦？连起来是一件事。又如"王曰叟"。"王曰"是因；"叟"是王所曰的内容，是果。即"王曰"二字也能断开，"王"是因，"曰"是果。从这里探索明白，小至字词之间，中至句与句之间，大至几句的小段与另一小段之间，无不如此。这类可分开的单位，以下都称之为"截"。这类情况姑且称之为开合。

还有开合之间有时有个转折轴，三部分连起来，很像"三段论"的大前提、小前提、结论。这三截姑且称之为开承（或转）合，也即是头腰尾。为了写起方便，这里称它为上中下。也有可分四截的，那四截有时前两截一组为一开，后两截一组为一合。总看这四截，很有趣，常常第一截是"起"；第二截接住上句，或发挥，或补充，即具"承"的作用；第三截转下，或反问，或另提问题，即具"转"的作用；第四截收束，或作出答案，或给上边作出结论，即具"合"的作用。这种四截的，可称之为起承转合。

前边所说的"转折轴"或"中"的部分，有时是承接、引申；有时是反证、反问；有时是转而向下；有时同具承而转的作用。以下不妨多举些例子。《易经·文言》曰：

（起）
　（开1）元者，（合1）善之长也。
　（开2）亨者，（合2）嘉之会也。
　（开3）利者，（合3）义之和也。
　（开4）贞者，（合4）事之干也。

（承）
　（开1）君子体仁，（合1）足以长人。
　（开2）嘉会，（合2）足以合礼。
　（开3）利物，（合3）足以和义。
　（开4）贞固，（合4）足以干事。

（转）（开）君子行此四绝，

（合）（合）故曰元亨利贞。

按这段"文言曰"是编书人的交代。以下"事之干也"以上是起，"足以干事"以上是承，"君子行此"句是转，"故曰"句是合。

《尚书·尧典》例如：

（开1）曰若稽古帝尧，

（开2）曰放勋，

（合）钦明文思安安。

（开）允恭克让，（合1）光被四表，

　　　　　　　　　　（合2）格于上下。

（上1）克明俊德，（中1）以亲九族；

（上2）九族既睦，（中2）平章百姓；

（上3）百姓昭明，（中3）协和万邦；

（下）黎民于变时雍。

《左传》例如：

⋯⋯⋯⋯

（上）请京，（中）使居之，（下）谓之京城大叔。

（上）祭仲曰：（中）都城过百雉，（下）国之害也。

（开）先王之制：（合1）大都不过参国之一，

（合2）中　　五　之一，

（合3）小　　九　之一。

（上）今京不度，（中）非制也，（下）君将不堪。

（上）公曰：（中）姜氏欲之，（下）焉辟害？

（开）对曰：（合）姜氏何厌之有？

（上）不如早为之所，（中）无使滋蔓，（下）蔓难图也。

（开）蔓草犹不可除，（合）况君之宠弟乎？

（上）公曰：（中）多行不义必自毙，（下）子姑待之。

《论语》例如：

（开）子之所慎：（合1）齐、

（合2）战、

（合3）疾。

又如：

（上）子曰：

（中1）博学于文，

（中2）约之以礼，

（下）亦可以弗畔矣。

又如：

（上）子曰：（中1）学而时习之，（下1）不亦说乎？

（中2）有朋自远方来，（下2）不亦乐乎？

（中3）人不知而不愠，（下3）不亦君子乎？

又如：

（起）有子曰：（承）其为人也孝弟，（转）而好犯上者，（合）

鲜矣。

（上）不好犯上，（中）而好作乱者，（下）未之有也。

（起）君子务本，（承）本立而道生，（转）孝弟也者，（合）其为仁之本与？

按这节的论点，回环往复；句子的次序，起承转合，都最为明显。从"孝弟"说起，"孝弟"就不"犯上"，不"犯上"就不"作乱"。于是提出"本"来，"道"生于"本"，"本"是什么？归于"孝弟"。虽然如此绕弯，但句与句之间，上下开合，仍是有条不紊的。

又如：

（开）——┌（起）子禽问于子贡曰：（承）夫子至于是邦也，

　　　　　（转）必闻其政，

　　　　（合1）求之与？

　　　　└（合2）抑与之与？

（合）——┌（起）子贡曰：（承）夫子温良恭俭让以得之，（转）

　　　　└夫子之求之也，（合）其诸异乎人之求之与？

按有人在"让"字后一逗，那么"夫子温良"句是承的上，"以得"句是承的下，承句中实际又分成两层。"夫子之求"句是转，"其诸"句是合。又"子禽问"一组是一开，"子贡曰"一组是一合。

又如：

（起）——┌（上1）樊迟问仁，（下1）子曰爱人。

　　　　└（上2）问知，（下2）子曰知人。

（承）——┌（上）樊迟未达，（中）子曰：（下1）举直错诸枉，

　　　　└　　　　　　　　　　　　　（下2）能使枉者直。

（转）——┌（开）樊迟退见子夏曰：（合）乡也吾见于夫子而问知。

　　　　├（上）子曰：（中1）举直错诸枉，

　　　　└　　　（中2）能使枉者直。（下）何谓也。

（合）┌（开）子夏曰：（合）富哉言乎！
　　　├（起）舜有天下，（承）选于众，（转）举皋陶，
　　　│　　（合）不仁者远矣；
　　　├（起）汤有天下，（承）选于众，（转）举伊尹，
　　　└　　（合）不仁者远矣。

《孟子》例如：

（起）┌（起）孟子见梁惠王，
　　　├（承）王曰：叟，
　　　├（转）不远千里而来，
　　　└（合）亦将有以利吾国乎？

（承）┌（上）孟子对曰：（中）王亦曰仁义而已矣，（下）何必曰利！
　　　├（上1）王曰何以利吾国，
　　　├（上2）大夫曰何以利吾家，
　　　├（上3）士庶人曰何以利吾身，（中）上下交争利，
　　　└　　（下）而国危矣。

（转）┌（上1）万乘之国，（中1）弑其君者，（下1）必千乘之家；
　　　├（上2）千乘之国，（中2）弑其君者，（下2）必百乘之家；
　　　├（起1）万取千焉，
　　　├（起2）千取百焉，（承）不为不多矣。
　　　└（转）苟为后义而先利，（合）不夺不厌。

（合）┌（上1）未有仁而遗其亲者也，
　　　├（上2）未有义而后其君者也，
　　　└（中）王亦曰仁义而已矣，（下）何必曰利！

　　不但华人著述中的汉语如此，即梵文汉译的文章，也是如此。当然不是梵文如此，因为既经华人译为汉语，自然是按汉语规格说出的话。例如《心经》：

（起）观自在菩萨，（承）行深般若波罗蜜多时。

（转）照见五蕴皆空，（合）度一切苦厄。

（起）舍利子：（承1）色不异空，

（承2）空不异色，

（承3）色即是空，

（承4）空即是色。

（转）受想行识，（合）亦复如是。

（上）舍利子：（中）是诸法空相，（下1）不生不灭，

（下2）不垢不净，

（下3）不增不减。

（开）是故空中无色，（合）无受想行识。

（开）无眼界，（合）乃至无意识界。

（开）无无明，（合）亦无无明尽。

（开）乃至无老死，（合）亦无老死尽。

（上）无苦集灭道，（中）无智亦无得，（下）以无所得故。

需要说明一下的是"尽"字，这里是"无"的意思。如按普通顺序，应是"亦无无无明"，太啰嗦了，只好权宜用此办法，即是说：连"无无明"都没有了。又何尝不合汉语习惯呢？

再如"如是我闻"，是许多佛经的开头一句。大家习称是"我闻如是"的倒语，当然不排除它来自梵语顺序的因素，但何以便被汉译专家所采用？其实"如是我闻"中间有个缝子，即"如是—我闻"，也即是"如下是我闻的"。可见古代翻译大家是如何注意融梵为华，而不是强华就梵的。

有人见笑说："你真是一个冬烘，把一批陈腐旧套都拿出来了！什么虚实字，起承转合，难道还想恢复八股文吗？"回答是，各民族的语言结构，都有各自的规律，其规律并不是谁给硬定的，而是若干人、若干代相沿相袭而成的习惯。这种已成的习惯，只有惯不惯，没有该不该。有些石头的结构有定形，方的每块都方，砸碎到小粒，也还是方

的。即所说的八股文，也不是某一两个人独出心裁而成的，它成定型，而且被运用自如，在形式上它也具有适应相沿习惯的内在因素，或者说是相沿习惯的反映。

其实，前边所说的那种规律，并不只文言文如此，即白话文，以至搀杂着欧化方式的现代汉语，既出自中国人的口与手，也仍在那种规律笼罩之中。

随手举今天报上一段文章为例，这段新闻说：

（上）这次普查的百岁老人中，

（中1开）年龄最高的130岁，

（中1合）这位老人是新疆维族男社员库尔班西丁；

（中2开）另一位128岁的老人，

（中2合）是河北省涉县女社员赵富女。

（下）他们是我国在世的最长寿的人。

（《光明日报》1984年7月22日第2版新闻）

不管表明论点的述说次序牵连曲折到什么地步，也不管用的什么标点，顿号有多少，距离用句号处有多么远，只看有符号处，即证明说者（作者）有缓气处。既有缓气，即有停顿。尽管内容上贯串直下，但在形式上已有了上下句的痕迹。虽有千头万绪，究竟简可驭繁。叙述次序尽管采用外来方法，记录工具还是本地语言。框格的功罪，姑且不谈，框格的存在，却是事实。

还有人说："你所谈的'开合'以至'起承转合'，多是以文义来分的，不专是句型问题。"回答是，句型是随着文义走的，同是一项内容，情绪不同时，说话的语气、语调甚至句型也会有别，这是不待多说的。其实句型与句义是密切关连、互相作用的，型不整齐时，爬梳它的义，也可以寻出型的关系；义不清晰时，摆列它的型，也可以了解义的层次。

谈到这里，附带谈谈文言诗的问题。有人感觉诗的"语法"难于理解，我觉得了解了文言文的词与词、句与句的关系，文言诗也就容易明白了。如果说，"主、谓、宾"等齐备才可叫做一句，那么不用说文言诗大部分是"残品"，即文言文也都不够语言资格了。古代人曾有论诗的一个词，我觉得很生动，就是"兴象"。"兴"是指作者的"兴会""兴致"，包括作者的感情、思想。"象"是一切形象。如果句句求其逻辑的周延，那便是法律条文，而不是诗句了。例如：

> 松下问童子，
>
> 言师采药去。
>
> 只在此山中，
>
> 云深不知处。

如果都一一交代明白，主宾完整，就应该写成：

> 我在松下问童子，
>
> 他言其师采药去。
>
> 采药只在此山中，
>
> 因为云深不知处。

诗意未免减色了。

文言诗有平仄和对偶问题，也不难理解。对偶是平列几个从"零件"到短句的整齐化的结果；平仄是扬抑、高矮，也是汉语语音自然习惯的结果。古体诗的平仄灵活些，句型也灵活些。但不论灵活到什么程度，也比文章的灵活性少些。连文章的起承转合，都可以捉住，文言诗的语言法则，也就不难了解了吧！有人问，文言、白话中的各"截"关系，什么开合、上中下、起承转合等等，即使果然不误，那又有什么用处呢？回答是，一个民族的语言规律，凡能多摸到一条，即有一条的认识。这种规律是其内在的，而不是外加的或套上的。一句中各词的关系，所见到研究的很多；而各句之间，为什么那样排列，所见研究的还少。我这里不成熟的管见，如果能为专家们提供些点滴的研究线索，我的愿望就满足了。

还有标点的使用，这种各"截"关系弄清楚后，大概许多"葛郎玛"的标点办法，恐怕也有改革的余地。

我发现这种"截"的关系情况，是从探索诗文声律问题开始的，在拙著《诗文声律论稿》中已有涉及。从声调关系进一步设想探索到语义、文义的关系。

偶然见到影印张裕钊与吴汝纶论学手札，其中有一段说：

> 昔朱子谓韩退之用尽一生精力，全在声响上著功夫。匪独退之，自六经诸子、史汉以至唐宋诸大家，无不皆然。近唯我文正师深识此秘耳。

其实，语意（或语义）的开合与声调的抑扬，是有关联的。如果二者统一或相应，读起来必然有好效果。从朱熹到张裕钊只是没有往这方面去想罢了。

九、小　结

这篇稿并不是想在语言学、语法学上提出什么主张，只是把历年教学中遇到的困难摊开来供专家们作考虑的线索。摆出一些浅薄的设想，绝不敢"执途人而强同"。所以行文是从过程、现象到设想，本没想要拿出什么自以为"定论"的论点。因此未免失于冗赘，敬希读者"为我删之"（苏轼语）。

如果从这些设想加以归纳，所想不过四个方面：词类有虚实，都有"根"；虚词尽管很抽象，也总有意之所向的"意根"；句中上管下；句际有开合而已。句中也有它的结构规格，和句际的关系相类，限于篇幅，以后另篇求教。

由繁入简，自然予人便利。如果恰当，即是抓着了要害；如果简得不恰当，便成了"无乃太简"的"小子狂简"了（《论语》语）。

本稿中有关科举考试的一些故事，都出《制艺丛话》等书，只述大意，不及详引全文，附志于此。

原载 1985 年《北京师范大学学报》第二期

文言文中"句""词"的一些现象

一、引　言

我在历年教学工作中，所教的内容，都是汉语方面的古典文学作品。目的和方法，不过是想法使学生对作品有所了解。在了解的过程中，最大的障碍，是古代文词有与今天不同处。这在"五四"以前，大家习用，不成什么问题。到了后来，则要把它说出个道理，那些话为什么那样说，变成另一样为什么意思就不同了。有时费了许多唇舌，还是没说清楚。因此留心观察那些文言文中有哪些现象，又从那些现象中探索它们的共同常态（只说常态，不敢说规律）。有些窒碍处、困难点，虽不能立即解释或解决，至少是把它爬梳出来，以请专家们留意和解决。因此，在 1964 年着手写了《诗文声律论稿》，1980 年写了《古代诗歌、骈文的语法问题》札记一篇，1985 年又写了《有关文言文中的一些现象、困难和设想》第二篇札记。现在再侧重句和词方面做一些探讨，不过是前两篇的继续、补充和一些修订。可比作准备拆洗的一件毛线衣，找到一个露出的线头，还不知在专家手中，是否便可因此拆下全件衣服，或是只能拆开一段，或者这个线头之下便是结扣，我都无法断定。如果这个小线头下便是个死疙瘩，那就请快覆酱瓿！

二、对汉语观察的角度

语言是表达意识、交流思想的工具，先有眼前、心中的对象，然后或用声或用形把它们表达出来。用文字记录下所表达的思想，便是书面的语言。

但人喉咙发出的声音，与机器发出的声音不同，机器可以连续不断地发出同一音阶的声音，历若干时间而不断。人的喉咙发音长短、高低，则与人的呼吸有关。人不能不喘息，发声也就不能不间歇，语言也就不能不有所停顿。

当人出气不能连贯接续时，即使意思没有说完，也必须要有所停顿。留着后半意思，下一段另起再说。当然人与人说话，没有都是零零碎碎的"歇后语"的，谁都愿意把自己想表达的意思说全。但在气力不接时，必须留出"气口"（即是间歇，属于歌唱和吹奏乐器者的术语），即是小停顿和大停顿。

在"葛郎玛"的规定中，"句"的标准，是主语、谓语、宾语具备，意思完整时，才算一句，但在汉语中随处都会遇到缺头短尾巴"不合格"（也可讲成不合"葛郎玛"）的句子。若否定那算一句，它又分明独立存在在那里，叫不出它算个什么。若肯定那算一句，却又缺头短尾，甚至没有中段。例如：

> 结庐在人境，而无车马喧。（陶渊明）
>
> 天地玄黄，宇宙洪荒。（《千字文》）

都是没头没尾的"残品"，而自南朝至今，从小孩到老头，都一直地传诵它们，并未被当作竹头木屑抛进垃圾堆中而不流传。为什么？

大家都见到，"葛郎玛"的出发点，与生理学、病理学的研究近似，处处详细解剖、试验。一个词的作用、性质、分类都很细致；词与词的关系，词在句中的地位，分析也都很细。甚至稍有一点差别，即当作另一类问题去处理。可谓由里及表，或者可说是微观的。

若留心汉语的客观现象，不先忙着定出法则，观察的角度略与画素描、作雕塑相近。人体的外廓的比例，是首先映入眼睑的。如果再要往深处推求，至多了解"艺用解剖学"的原理，也就够了。可算由表及里，或者可说是宏观的。

生理学式的研究，历史已久，成效很大，早被语言学家所承认。现在补充试画一张素描，也许并不算画蛇添足吧？

所谓愈分愈细，常见有时把一个小虚词翻来覆去，可列出若干个说法。那些小虚词，在活的语言中，本来都异常的游离，用处上都不那么固定，解释上也无法找出准确对应的词汇。如果将来规范化彻底完成，或说书面语十分固定之后，把这类游离的小细胞划出区域，不许乱动，那时才容易分析；否则它们常常把人搞得眼花缭乱，如在水里抓泥鳅，稍松即跑了。

这种泥鳅愈滑，抓它的人愈想把它们固定起来。从前有一位老友曾讨论"则"字算文言还是算白话，语体文中应不应该用它。他还曾提出过"什么是我们的语言"这个问题。我所理解他的意思是要说"今天书面语应是什么样的标准"，还是想把泥鳅抓住的意图。我当时淘气地回答他说："你这句话即不是我们的语言，因为你怀疑我们所说的话不是我们的语言。但你说的，实际又即是我们的语言，因为咱们没经过翻译，彼此都懂，可见并不是别国的语言。"这位老友从一个小虚词到整个口里说的话，都发生怀疑，为什么？无非是想把从一词到整套的话，都给它固定住。怎样固定，固定成什么样子？无非是想使它们一一都符合"葛郎玛"而已。其实泥鳅也有它们的生活动态的规律，有待于客观地细心观察罢了。

有人说，汉语由于缺乏准确性和完整性，以致表达意思不够确切。所以和外国订条约，必须有第三种语言的参考证明，才不致将来因发生误解而扯皮。这事诚然是有的，但人们除了故意开玩笑或制谜语令人去猜之外，谁也不愿意常出误会。在说话时，都有力求明确的希望。而在特定的语言环境中，有前后语、上下文的制约，也并非处处都会发生误会的。

从前梁武帝正在和人下棋，同时又要见一个和尚。及至侍臣把和尚领到时，梁武帝正下一个棋子，口里说"杀却"。侍臣听了，就把和尚拉出去杀却。梁武帝发觉时，那和尚被杀完了。这个事件，可算语言不够周密所致，但当时未必没有其他因素。假如今日我们下象棋，一人拿起棋子向对方说"我吃你"，绝对不会有人听了这句话便拿起哨棒来打老虎。可见并不会因"我吃你"之后缺乏"车、马、炮"等字而发生误会。还有些非中国人说汉语缺乏逻辑性，在语言类别中，应属下等的。这也使我想起一事：

约四十余年前，有一位老友与人辩论汉语音缀（即音节，当时曾用这一词）问题。因为有些非中国人见动物所发声音多属单音缀（其实并不然），便从贬义出发，说汉语也是单音缀的。这位老友在一书中，费了大量笔墨去辩明汉语不是单音缀的。我读了不禁好笑，这位老友可谓辩所不必辩。即使汉语是单音缀的，与我们在生物界中属性品种毫无关系。可以绝对保证，我们不会因为有一字一音或一词一音处，便成了飞禽走兽。所以我们也完全可以放心，即使汉语有所谓缺乏逻辑性处，我们也不会被送进动物园陈列起来！

三、"句"的"节拍"

我们自己体察，在说话时，不一定必到意思完整时才作停顿，而是在气力不能继续下去处即作停顿。在习惯中，语言完整处的停顿固然叫做"句"，而气力不济处的停顿，也叫做"句"。有时后者被应用的次数，还远远多于前者。习惯有"上下句"之说，凡说到"上下句"，即意味着仅仅一个"上句"还不够，而须有"下句"接配才算完整。虽然如此，但绝不能因此便断定那个"上句"不算一"句"，或说不叫作一"句"。顾名思义，既叫"上句"，便是承认它是个"句"，只不过"上"而已矣。

五代时王定保在《唐摭言》卷六中记唐代牛僧孺一事，牛携所作文章谒韩愈、皇甫湜。

其首篇《说乐》，韩始见题而掩卷问之曰："且以拍板为什么？"僧孺曰："乐句。"二公大欣赏之。

按韩愈所说的拍板，当然不是仅指木片工具，而是兼指木片所具有的作用。而牛僧孺所答，则是侧重指其作用，也就是指拍打的节奏。音乐的节奏既可名为"乐句"，那么语言的停顿，又有何不可称为"语板"？

我们知道，音乐有板有眼。有板板连接的，有一板一眼的，有一板二眼的，有一板三眼的，都不出乎四拍。虽有的是五拍的，如昆曲常在第三拍处叠一拍，这与军乐鼓点相同，但那紧叠的两拍，实仅占四分之一，合其前后，仍是四节。

为什么四节为止？从生活实际说来，再多就接不上气力了。人的气力有限度，那所发出的声音也必与之相应。我们反观汉语的现象，一个停顿之前，即一句之中，在文字上即一逗之前，无论字数多少，总不能超出四拍。只能少，不能多。字数多的，在快慢速度上加以调剂，甚至切成几逗。这很容易试验，随便说话（即使是打架争吵），仔细去听，总有节奏。

节拍并不都与字数相应，现谈书面语言，姑先从字数看起。念着容易上口也容易记忆的歌诀之类，最少字的是三字句，如《三字经》。其次是四字句，不但"关关雎鸠""天地玄黄"通行不绝，试翻开现在所编的许多《成语词典》中的若干成语，无论今的古的，都以四字的为多。五言、七言更是诗句的常态。六言是两个三言或三个两言。八言常是两个四言。拍着板来念，快慢随人，但俱不会多到四拍以上。至于九言诗句，有二字七字的，或四字五字的，都是复合句，并非真九字句，而且读来麻烦，作者也少。不难理解，费气力的，行之必然不广。骈文以四言六言递相交替，又重叠又变化，念起顿挫流畅，所以曾流行千年。论其节拍，也没有超出四拍的句子。

至于没有固定字数的散语句子，在说话和诵念中，也有轻重疾徐。常见初识字的小孩或识字不多的成年人，拿着报纸，每字平均力量去念，听者常会发笑。因为他们失却了句中的板眼，更无论句间的抑扬了。所以散语的句子，包括文言的或口语的，无论多么长，都必有中间的顿挫。仔细观察，长句中超过四拍处，常被分开，成前后两段。

四、"句组"中的"节拍"

一项意思，一句说不全时，必用几句拼凑把它说全。这几句合成的单位，无以名之，姑称它为"句组"。这类"句组"中也有可比"板眼"的"分节"（或说"分截""分段"），而且也常不超出四"节"的。拙作前篇札记中曾谈到"开合""上中下""起承转合"各种现象，现在补充把它们比作板眼，也是没有超出四节的。例如：

> 君子务本，本立而道生，孝悌也者，其为仁之本欤？（《论语》）

这是明显的起承转合，也是明显的四节。还常见一组中有若干并排的句子，合起来，便不止四节。其实在说话时、念文章时，凡并排的词或句，都常常用同样的轻重快慢语调，表示它们是同等、同类，无所偏重的。这种部分，事实上是被当作一束鲜花。在礼节中，献花只是一项动作，并不把花束拆开，一枝枝地去献。不管多么长的会，开会奏乐是一项，若干人讲话都是并列的类别，然后再有结束的项目。不管讲话的人有多少，在这场会中，只被当作"讲话"一项。再看：

> 子曰：学而时习之，不亦说乎？
>
> 有朋自远方来，不亦乐乎？
>
> 人不知而不愠，不亦君子乎？（《论语》）

从"学而"起，是三个上句，三个下句。好比书架中有六本书，三本一类的同放在上格，另三本一类的同放在下格。我们既看到没有超出四节的，就可说书架只有四格，凡五本书在一组时，其中必有两本是应并排放在一格中的。大家习知唐代王维的"渭城朝雨"一首是入乐能唱的，白居易诗说："劝君且莫推辞醉，听唱阳关第四声。"什么是"第四声"，因为唱时把第三句重叠唱一回，即是"劝君更尽一杯酒"那句的第二遍唱。所唱的王维诗由四句变成了五句，但第三句的两次唱，实占书架中的一格。有趣的是这种四节变五节的增多部分，常在第三节处，与昆曲的板式相类。在说话、行文中似是五节的语组中，并排词句，类似有

"增板"的，也以第三节处为多（当然不全如此）。可能这也是人的生理自然现象吧？试看：

> 夫颛臾，昔者先王以为东蒙主，且在邦域之中矣，是社稷之臣也，何以伐为？（《论语》）

分明是五句一组，"且在"和"是社"两句，虽然字面不甚齐，但"在邦域之中"与"是社稷之臣"，仍是并排的对句，又同是"转"处，所以同在一格。

在口语或白话文中，许多词句，被拉长许多，很少同样长短的。并排的部分，多不明显。但要仔细观察，比量其中骨干部分，还常有并排的迹象。至少其中含义是并排的，而被有意破开，换了说法而已。

这里附带谈一下破开对偶的事。韩愈厌恶六朝骈俪的文风，所作力求散开，可对处故意不对。如他作《罗池庙碑》有"春与猿吟兮，秋鹤与飞"的一联。后人多把它写成"秋与鹤飞"，但唐代沈传师写的原碑上分明刻着"秋鹤与飞"。韩愈虽然采取强硬手段破了排句，但他们仍然没脱开起承转合的格子，唱不出真正五板的句子（见拙著《诗文声律论稿》）。

汉语中没见有一气不停的很长句子，较长的句子多是几个小句拼成的，已见上文。还有一种假象的长句，即许多短句衔接，"顶针续麻"，递相说明的。如专按语义内容去处理，便易纠缠难解。但无论外形多么长，内容多么连，它总有内外相应的顿挫。它有顿挫，我们就切开它。例如：

> 名不正则言不顺，
> 言不顺则事不成，
> 事不成则礼乐不兴，
> 礼乐不兴则刑罚不中，
> 刑罚不中则民无所措手足。（《礼记》）

这是一格中的五个并排句，并非长句。又如：

> 知止而后有定，
>
> 定而后能静，
>
> 静而后能安，
>
> 安而后能虑，
>
> 虑而后能得。（《礼记》）

也是如此。还有：

> 古之欲明明德于天下者，先治其国；
>
> 欲治其国者，先齐其家；
>
> 欲齐其家者，先修其身；
>
> 欲修其身者，先正其心；
>
> 欲正其心者，先诚其意；
>
> 欲诚其意者，先致其知；致知在格物。（《礼记》）

在四格的书架中，整整齐齐。《左传》宣十二年有一段"母句"套"子句"的情形：

> （甲）楚自克庸以来，
>
> （乙一）其君无日不讨国人而训之：
>
> （丙一）于民生之不易，
>
> （丙二）祸至之无日，
>
> （丙三）戒惧之不可以怠；
>
> （乙二）在军无日不讨军实而申儆之：
>
> （丙四）于胜之不可保，
>
> （丙五）纣之百克而卒无后；
>
> （乙三）训之以：
>
> （丙六）若敖蚡冒筚路蓝缕，以启山林；
>
> （乙四）箴之曰：
>
> （丙七）民生在勤，
>
> （丙八）勤则不匮，不可谓骄。

用佛教的"科判"办法，给它分出等次，眉目立刻清楚。

有人以内容说完了才算一句的角度看句法，有的一组算作一句，有的一章算作一句，那可能无尽无休，一本书说明一项问题的，岂能全书算作一句？所以有些长楹联，分两长条写成排出，但每一长条中，实含有许多句或许多组。像有名的昆明大观楼孙髯翁的长联，并不能看作两句，上下联更无法看作一句。谁要那么看，当然有其自由，只是念起来，不易找有那么长的气力的人。

五、"词"及"词的位置"

如说"句"是语言的小单位，那么"词"就是句中的细胞。汉语中的"词"，最少的音节（不说音素）或文字，是一个，如"人""猫""狗"等。如要详细分出差别，便再在这词上加形容、限制等作用的词，所加的就不限一个音节或一个文字了。但不论加多少附着物，"人"这一词的上下左右前后都有缝子，可以切开。

也有附加物黏着较紧，二字成为一词的，在生活中极其常见。但二字和以外的第三字便不那么紧密了（也有二字附着一字的，则二一之间也不太紧）。如果把多字复合的都算作一个细胞，那就立刻平添出若干独立的词。如"国"是一个基本词，"中国"已成了二字的基本词。"南中国""北中国""唐代中国""宋代中国"，以及"中国人""中国货""中国领土""中国社会"等，在词典上似乎没有各立词条的必要（除非有分歧的含义或特定用法的）。古代还有删三为二的习惯，如把"司马迁"说成"马迁"，"诸葛亮"说成"葛亮"，流传至今，积非成是，足见二字词的习惯根深蒂固。

古代衡器，是用砝码。一两、一斤、一石，各有一"权"。到了杠杆的衡器出现，只需移动秤锤的位置，即可称出不同的重量。古代的名词各立专称，几岁的牛名叫什么，黑白的牛又名叫什么，从一月到十二月也各有专名。后来把"牛"和"月"当作基本词，几岁的，黑的白的，只需在牛上加上几岁或黑白就可以了。"月"为基本词，上加一二的数字，也就行了。词由繁到简，把基本词和附加物分开，也应算是进步的手段。

也有天然二字词，如"蒲桃""林禽"等，它们是外来的果种，带来外音的名称，与二字以上的译音词一样，那只好另行对待。还有联绵词，以音表意、以意表态，近似译音的词，但很少二字以上的，也不存在切开的问题。清代有人把满蒙语的人名一字字地拆开和汉语的字作对联：

乌拉喜崇阿（满语人名）对

鸿飞遵远渚（古诗成句）；

阿幕尔灵圭（蒙语人名）对

又求其宝玉（古书成句）；

额勒和布（满语人名）对

腰围战裙（小说成句）。（清人笔记）

这叫"无情对"，无理取闹，当作笑谈则可，而那个三人的名字是不能切开的（探讨语根的不算）。所以我们研究汉语的词，译音词应另属一类。

古今都有二字以上的词，在说时、用时都不一定必须切开，即当它"整词"亦无不可。但在研究分析它们的"元素"或"构件"时，就须切开看看了。"太和殿""电视机"，在翻译成另一民族语言时，就须有不同的办法：一是整译音。二是找彼族中相对应的东西作代替、作比拟。三是半译音。前两者没什么问题，若"太和殿"作半译音，就须把"太和"和"殿"拆开，三字就成二一了。

拙作前篇中提到"词"的"上管下"，现在看来，不够完全，"管"字也不够恰当，应改成"上罩下"，还应强调一下"下承上"。例如：

北京师范大学学报

从上往下看，北方的京，师的模范，大（高级）的学校，学术的报。从下往上看，什么报？学术的报；哪里的学报？大学的；什么性质的大学？师范性的；哪地方的？北京的。每二字中上罩下，上二字又罩下二字，往下递罩。而"报"是最下的基础，往上层层承受。所以最少的"一字词"，并不是孤立不动的，也有它的"引申义"。当它和另一词相黏时，就较稳定。至于最常见的二字，也是一罩一承，只从一个方向看去，是不够的。还有外表非常吓人的多字词，例如清代慈禧死后的全称号：

孝钦慈禧端祐康怡昭豫庄诚寿恭钦献崇熙配天兴圣显皇后

二十五字，其实只有一个"后"字是"基本词"，"皇"字是附着最紧的附加物，其他全是平列的松散附加物（按封建的历史制度讲，各字还有些名堂，这里全不管它）。其实仍是"几罩一承"的一个词。

另外还有一种两字的"叠字词"，有的是联绵词，有的是为加重语气。有名的李清照"声声慢"词，"寻寻觅觅"等一连串叠字，传诵已久。还有清代人题"花神庙"一联是：

莺莺燕燕，翠翠红红，处处融融洽洽；

雨雨风风，花花草草，年年暮暮朝朝。

各字虽然重叠，有余意，但无过多的别解。还有为斋馆命名用叠字的，就稍不同了。如：

斋斋斋（斋齐古代属同字，此取"齐齐"名斋。）

堂堂堂（堂堂是正正之义，此取以名堂。）

亭亭亭（亭亭是卓立的样子，此取以名亭。）

轩轩轩（轩轩是飞舞的样子，此取以名轩。）

航航航（航航是连舟渡水的样子，此取以名船。）（清人笔记）

故意用三同字作"虚虚实"的用法，这是故弄小巧，自炫新奇。至于下边一段，就费研究了：

齐景公问政于孔子，孔子对曰："君君，臣臣，父父，子子。"

（《论语》）

这四个叠字短句究竟是"君样的君，臣样的臣"呢，还是"君够君样，臣够臣样"呢？也就是"虚实虚实"呢，还是"实虚实虚"呢？其实也不难解决，且看下文：

> 公曰："善哉！信如君不君，臣不臣，父不父，子不子，虽有粟，吾得而食诸！"

可见前边是先实后虚的。语言环境可以解决词句的不明确处，如此。

从以上对词的各种现象的探讨，得知一个字的词不但有若干含义，而且异常活动。从它的前后可以连上其他词，如"国"前加"中"为"中国"，后加"中"为"国中"（国内）。左右也可连其他词，对偶中"天行健"，对句是"地势坤"，"天""地"是左右互配。上下（或正面背面）也可为对，训诂学上有"反训"，"敢"即是"不敢"。所以每一字的词，都可有骰子式的六个面，而每面都可插电线通电流。但无论它们多么活动，只要成了二字词，像个盒子，底盖相扣，便稳定得多了。即使底盖翻覆，底作盖盖作底，它固然能活着，而我们也仍能辨认和利用。

汉语作品中有游戏文字，什么"回文""集句""谜语"之类的东西不少。略加说明：回文是一句可以正倒都通的，如从第一字到第二十字的五言诗，倒回去从第二十字到第一字也成一首，也有每句各自颠倒念的，还有一圈字绕着念，每字都可作起首的。集句是从不同的作者和不同的篇章中摘出句子，拼成一联或一首的诗。谜语更是从字形到字义的拆拼比附，人所共知，不待举例。

又有一种"诗钟"是两句一联，有分咏二物的，有分嵌两字的。有一个题是分嵌"女花"二字，限定在第二字，有人用集句作出，是：

> "青女素娥俱耐冷，名花倾国两相欢。"
> "商女不知亡国恨，落花犹似坠楼人。"
> "神女生涯原是梦，落花时节又逢君。"（《春冰室野乘》）

好像唐人诗句是为打"诗钟"的人预备的。唯因汉语字词有前边所说的那些功能，所以汉语文体中才能有这些游戏花样。

又从上边这三联诗钟里看到一字二字词的妙用。"女"和"花"是词的主干，是基础。"青女""名花"是二字的"盒子"。此下是二一二的词。当然嵌字的位置不限于第二字，诗钟也不都必须集句。但从中可见词既分成单和双字之后，便可随时移动，随意搭配了。明白这个妙用，也就不难进一步了解"句"的元素，千变万化，都是由它们的基本细胞构成的。

六、余　论

这篇札记，是以前拙作的引申、补充和纠正，在开始已经说过，这仍只是一个线索的头，或说探索的一条小路。为什么专从"文言文"说，是因文言文简单些、固定些，容易下手。口语或"白话文"，浮动度太大，衬字太多，容易混淆主次，有时几个"了"字能把人搅得头昏。孟子说"今之乐犹古之乐"，我也说"今之语犹古之语"。它的"附加物""装饰品"或"调料"今古不同，而主干部分或说骨骼的结构，实属相通，甚或相同的。生物标本虽然现在是死的，但它曾经是活的。如把标本弄清，也不愁不能识别活的生物了。

我在起草这篇文稿时，和一位懂得电脑的教授闲谈，说到汉语不易处理，程序难编，无法翻译成其他语言等。问他主要问题在哪里？他说词汇复杂，长短多变，不易切分。我举"基本词"的看法，他很感兴趣，认为只要词能切成最小单位，就好办多了。还谈到节拍的比喻，词在句中、句在组中的关系等，他以为都有助于程序的编制，只苦于需有人为它先"切"。我问无标点的文章输入后，机器能否自切，回答是"不能"。我说人把切的工序当作第二次标点如何？他进入沉思。

我还曾幻想，把汉语装入"书架"，从第一格到第四格，格中的册数递变，排列组合，恐怕也不会有一格中几十册的，那么它的排法也不会样式过多。八卦翻了六十四样，这四层"书架"的书册排列，恐怕也翻不出几百样吧？

至于"词"，我也曾幻想，以单字为基础，加一字的为一"盒子"，所加一字以上的都视为附加物。不妨找出若干"常用字"，把这些常用字相配成盒子，即是若干"常用词"，多字的附加物另行看待。换句话说，就是把常用字当作单字词，现在统计大约有四千个字。如果据这四千字拼合成双字常用词，估计以一万多个算，加上那四千个，合为一万几千个。倘把这一万几千个单、双字常用词，储存作基本词，以外的多字词，都用它们去拼合，遇到出乎其外的字、词，临时另作处理，或亦未尝不可作一试探。

有人以为"字"的观念不是词，一个字的不是词等。这自有语言学上的学派理论，我也不懂。我只想，符号或数码，更不是词了，但在电脑中，却多所借用它们。即把不是词的"字"当做符号、数码看待，恐亦无伤大雅吧？总之，报矿人如果误拿砖头当矿苗，就请矿业专家把它扔掉就是了。

原载 1987 年《北京师范大学学报》第五期

从单字词的灵活性谈到旧体诗的修辞问题

一、引　言

这篇拙文是由单字词是不是"词"的讨论引起的。（其中有些论点和例证，已见拙文旧作中，为了集中讨论，不免重复。）在汉语中，许多单字词不但口语里有，即在文言文和旧体诗、词、曲中，同样常见、多见，甚至是必不可少的，因此进而讨论到单字词、两字词在旧体文学作品中的灵活性。

本人曾学作过旧体诗词，还曾教过旧体诗词，深尝过旧体诗词的利与弊。所谓利、弊，主要有词（指单字词和两字词）和韵（指从《切韵》到《佩文诗韵》）的两个方面。汉语词的利处是许多单字词可以左右逢源，甚而创出许多文字游戏；弊处是有许多过了时的词掺在句中，造成今天的人读不懂的句子。

韵的利处是使古代许多不同方言地区的人读顺了古代诗歌，也用那种统一了的韵部作出统一可读的作品；弊处是到了元代以后，某些方音起了变化，隋唐以来的官方韵书已不能完全概括各地方音。而作旧体诗的人仍不敢打破已有的常规，于是隋唐以来的官方韵书的韵部便成了旧体诗的绊脚石，由于韵部的限制而破坏了正确的修辞。孟子说："不以文害辞，不以辞害志。"到了清末，竟自成了"以韵害辞，以辞害句"，直至"以韵害全首诗"了。本文即想就以上所列旧体诗"用词""用韵"两方面的利弊情况，加以论述。

二、单字也是"词"

大约 20 多年前，我见到一位专家著作的一本小册子，册中大意是说一个字不算是"词"，只能算是"字"（指词义不全），两个字和两字以上的才可算是"词"（因为文体中有"词"这一种，为免得相混，以下多用"词汇"二字）。当时有人谈起：《辞（词）源》、《辞（词）海》中，每一个大词条，都以一个字领头，先注解了这个字，然后再列出由这一个字联系起的若干二字和二字以上的词条。那么《辞源》《辞海》岂不应称"字、词源""字、词海"了吗？其实"单字词"不但具有"词汇"的资格，而且还有非常广泛的作用和极其巨大的功能。

先谈"一字成词"的例子：不待说旧体诗和文言文中极多的"一字词"，即在今日日常所说的口语中也经常出现，甚至每天不知要说多少遍。如小孩常说"爸""妈"，绝大地区的人所说的"你""我""他"。这些个字，都不用附加上任何字。小孩说爸爸、妈妈，只是一个字的重复加重；一般人如说"你们""你的"，便完全不是代表身称的那个单独的"你"字了。

其实单字词在文言诗文中，如果统计起来，恐怕比两字和两字以上的词汇，不知要多多少倍。只拿起《康熙字典》来看，若干万个单字，除了构成"联绵词"的单字（如"枇"字和"杷"字等）外，绝大部分都有它的含义、用途和用法，并非必须借助于另外某些单字来拼合才能成一个词汇。情况明白，不待详举例证。我甚至认为汉字没有一个不是词的。除了单个笔画中"丿""丶""一"是没有含义的局部外，其余即"一"（一个）"丶"（主、炷）"乚"（乙、勾、转），也有含义。凡有含义的，便是一词。

三、从几种文体看单字词的灵活性

汉语中的"单字词"好像一张张的麻雀牌，随便抓来拼凑，合格的便是一把可"和"的牌。这只从它的灵活性来说，实际上汉语"单字词"的用法，不知比麻雀牌要大多少倍，有许多种诗体、文体（当然不包括白话的诗文）可作例证，下边分别来谈：

1. 回文诗、词：所谓"回文"是指顺读、逆读都能成文；甚至排成方阵，任何一行上下、左右都能成文；摆成圆圈，从任何字起，顺时针、逆时针方向去读，都能成文。晋代殷仲堪有《酒盘铭》，是"礼为酒悦，体宜有节"八字，就是这种圆圈的回文。明代人编了一部《回文类聚》的书，收罗自晋代至明代许多实例。这里只为证明"单字词"用法上的灵活性，不是要介绍某种诗文的形式，所以不加详说了。

古代"回文诗"外，还有"回文词"，但仔细读来，都免不了或多或少地有比较生硬些的词汇或比较勉强些的句子。曾见苏轼《题金山寺回文体》一首，正读倒读都很流畅自然，可算回文诗中最佳的一首：

> 潮随暗浪雪山倾，远浦渔舟钓月明。
>
> 桥对寺门松径小，槛当泉眼石波清。
>
> 迢迢绿树江天晓，霭霭红霞晚日晴。
>
> 遥望四边云接水，碧峰千点对鸥轻。

2. 集字诗、文和集字对联：梁武帝命文臣周兴嗣用一千个不重复的单字拼成一篇四言韵语，号称《千字文》。第一句是"天地玄黄"，即以这四个字来变换，可成多句："天玄地黄""地黄天玄""玄黄天地""玄天黄地""黄地玄天"，合起"天地玄黄"计，可得六式之多，而且每式都可讲通。宋代有人把《千字文》字字拆开，另排成文，很为得意。有人问他"枇杷"是否拆开，作者说只这两字没拆开，于是承认另拼失败。这两字没能拆开，是因为它是"联绵词"，是以声韵双叠为成"词"的主要条件的，所以分拆不开。其实《千字文》中还有其他联绵词，如"俊乂密勿"，"密勿"即是"黾勉"，也是声韵双叠的，但在一般还不了解"密勿"即"黾勉"的人，硬行拆开，也是常事。

清代文人许正绶曾把《千字文》字字拆开，另拼成各式对联，自四言、五言、六言、七言以至多字长联，竟有一厚册。这类集字为联的，又以集《兰亭序》的为极多，还有集其他碑帖中字为联的，不再详述。集《兰亭》字的，大多离不了山水、竹林、觞咏、修禊等等词汇拼起的内容。有一联云"万有不齐天地事，一无可寄古今情"，被推为最能"脱俗"的一例。"单字词"在离开它们所在的原文后，被运用得没有一些原文的痕迹，也是各个"单字词"灵活性的特征。

3. "神仙对"和"诗牌"："神仙对"又称"无情对"，是一种文字游戏。玩法是由某甲把预备的一句诗每字拆开，随意出一字，在场的乙丙丁戊诸人各写相对的一字，不相传观。某甲最后把原句各字恢复原来次序，旁人按甲的原句各字次序排出，往往成为不知所云的怪句，取得大家一笑。我在青年时听老辈谈过一联是"山山水水悠悠去，雨雨风风得得来"，最为巧合。但"悠悠""得得"两个词汇，恐怕不可能是拆开拿出、拆开对上的，可见这种"神仙对"中是许可夹用"双字词"的。

"诗牌"也是一种游戏，用若干小牌，上写"一、两字"词若干个，打牌的人各分若干张，打出无用的词汇，补进新抓来的词汇，最后先拼成一首诗的即是赢家。这种牌的实物打法，我没见过，但见过清末文人诗集中有记录打成诗的作品。

4. 嵌字格的"诗钟"："诗钟"也是一种文字游戏，某人出题，大家去作，限时缴卷，再由一人评定甲乙。诗钟的格式很多，主要分为"分咏"和"嵌字"二类。分咏是把两件不相干的事物，各咏一句，合成一联。这与本文所讲词汇无关。"嵌字格"是拈出两个字，分嵌在上下联中，并限定嵌在第几字（也有出三四个字，分散嵌在两句中的）。清末张之洞好做这种游戏，他在北京作分掌政权的大臣时，曾出"蛟断"二字，梁鼎芬作一联云："射虎斩蛟三害去，房谋杜断两心同"，曾传诵一时。还有虽定嵌字格，而作者又集著名诗句而成的。题为"女花二唱"（几唱即是分嵌在第几字），清末有三人作这题，都是嵌字而又集句的：

神女生涯原是梦，落花时节又逢君。（第一）

商女不知亡国恨，落花犹似坠楼人。（第二）

青女素娥俱耐冷，名花倾国两相欢。（第三）

（见清人《春冰室野乘》）

嵌字诗钟作品中，极少见规定嵌用两字词汇的。

5. "集句联"和"集句诗、文"："集句联"是摘取一个现成诗句，再摘一个成句和它相对，成为一副对联。前举"女花"诗钟，即是极好的集句联。不用更多举例。清末有一位文人杨调元摘取《南、北史》中成语，集成若干或长或短的对联，成了一部《读史集联》，是集诗句外的另一种体裁。到了二十世纪初期，梁启超作了许多集宋元人词句的长联，随后又有人继作，一时蔚然成风。

至于集句诗、文，可以追溯到晋代傅咸集七种"经书"成句的《七经诗》，后来集诗句为诗的更多，编成专集的就不胜枚举。他们把不同时代、地区、男女、身世、题材、情感等毫不相干的作者的成句，拼成另外的各首音调和谐、对偶严密的律、绝乃至其他形式的诗、词（清人还有集"经书"、集《文选》成句为文的，不再详举）等，足使读者惊奇赞叹，不知集者是怎样有这等随手拈来的奇功妙术，好似用一块磁石在掺铁屑的沙石堆中，信手一吸，便成那样美妙的铁屑花朵。语言词汇分合游戏，到了这个境地，真够称为"造化在手"了。

集句诗以清代陈荣杰集唐人句专咏黄鹤楼七言律诗三十二首为最著名，现举其首尾各一首：

江边黄鹤古时楼（白居易），崔颢题诗在上头（无名氏）。

一自神仙留笑语（李商隐），至今乡土尽风流（李　远）。

吟哦但解胸中恨（许　坚），简贵将求物外游（韩　偓）。

莫道昔人曾搁笔（严　维），才非白雪也赓酬（张　泌）。

词客如今迹尚留（刘长卿），不知经历几千秋（王昌龄）。

青山碧水浑无恙（耿　沣），去燕来鸿各自愁（李咸用）。

便要乘风生羽翼（高　骈），更凭飞梦到瀛洲（胡　宿）。

神仙若见应惆怅（韦　庄），此地空馀黄鹤楼（崔　颢）。

（见单刻本，又见《霞外捃屑》所引）

作诗的人都知道，集前人成句为诗，比自己创作困难不知大多少，集成为律诗的更难。因为律诗有对偶的要求，古代的诗句怎能随便搭配成对？不但要虚词对虚词、实词对实词以及多方面配合恰当，还要平仄谐调、声调顺口，似乎其中具有什么巧妙的办法。但在有过实践经验的人看来，这种拼凑配搭的过程中，并不是毫无棱缝可寻的。所谓棱缝，主要有两项，抓住它们，便是拼凑古句成诗的"下手处"：第一项是各句之间的"黏对"关系（律句只有四式，排列恰当，即是黏对合格。见拙作《诗文声律论稿》）；第二项是词汇的一字词、两字词相对（汉语中没有不可分割的"三字词"，见拙作《文言文中"句""词"的一些现象》一篇中）。五言律诗句中的词汇，不外 221、212、2111、1121 等；七言律诗句中的词汇，不外 2221、2212、12121、22111 等。各双字词，有时可切成 11，但句中下四字绝不可切成（○○）○22 或（○○）○211（即打破"三字脚"成为"四字脚"）。集句时看明白甲句中的单双词汇的次序，再找和它相同次序的乙句，即不致有参差不合的句式了。只要词汇的一字、两字合适，虚词、实词都属次要，因为联绵词的虚词，可以对双声叠韵的实词。黏对句和一、二字词这两项要点掌握了，其余只看集者的细心和经验了。

四、一字词、两字词由灵活到拘滞

汉语中的"一字词"既然那样无限灵活，"两字词"是多了一倍的字，灵活性似应也成倍增多了，其实并不尽然。到了后来，"两字词"反而出现"窘况"，再后连最灵活的单字词也一样出现"窘况"。这是为什么？我想，这大约由于宋元以来方言俗语的语汇变化，生活事物与古代有所不同了。代表生活事物的词汇，传达思想感情的语词都不期然而然地发生了变化。许多旧词汇、古词汇或遭增字、减字、改字的破坏，或被另起的词汇所代替。只要看看近年来由书报上所见的常见词、常用字中筛选出来的"常用三千字""常用四千字"和新编各种词典就不难看出，古书中常见的"一字词""两字词"，许多都被摈到"常用"之外。那些古有的词汇，或因后世读音轻重有变化，或随着读音而使符号形状有变化，或因外来事物带来的外来词汇冲击，以致变化或消失。这是时代、生活所造成，人力都无可奈何的。

熟读古书和习惯写文言文、旧诗词的人，把脑中的许多词汇，视为固然应有的，因而会自然地流露在自己的笔下，读者也就在"这是文言"的前提下，习以为常。偶有生疏处，读者也会以"自愧浅薄"，以"我不懂"的谦词把它揭过。假使有人在谈话中常常夹用文言词句，必定蒙受"酸气"的嘲笑。但是如果细心体察，今天不论白话的书面上或口头语言上，还不时有文言的字、词乃至成句。如请彻底的"白话"主张者，把口语中常见的"成语词"都一定用"白语"说出，恐怕并非容易的事。

《三国演义》，谁都知道是半文言半白话的作品，彻底的白话主张者，在分类上，对它束手无策。它为什么半白之中还留着半文，什么原则、什么标准定它的去留？大约在成书时，好像煮豆粥，易烂的米先烂了，虽烂而仍成形的豆，就不再去一一碾碎。那些虽属文言的句子便是不碾碎而易嚼的熟豆子，不去管它也罢了。如遇不知"也"即"呀"，"父"即"爸"的彻底白话主张者，必要一一去改，《演义》的作者也不负责任了！

出现"窘况"的词汇，在旧体诗词中较多于散体文，因为散体文中还有语言环境给它们衬托，使读者由"上下句"间可以领会；而旧体诗词句法多是固定的，一个今不常用的词汇，被挤在短句中，就成了熟而不烂的豆子。粥中常掺豇豆、芸豆，都较易烂，旧诗词短句中用今不常用的词汇，便成了粥中掺上铁蚕豆，不免吃者崩牙了。

许多旧体诗词的作者，未必不觉得有些词汇在他当前的时间里已然比较生疏，甚至于有些更冷僻的词汇连自己也不完全说得明白，但是由于种种原因，竟自不能不用。在清末有人作骈文，作旧诗词，用了些已不常见的词汇和典故，有人问起，作者也常茫然。便有两句成语来说这种情况，即是"用则不错，问则不知"。仔细寻味这八个字，要想找出它的所以然，恐怕绝非一时所能说透的。粗略探索，使得词汇拘滞、句子无法讲解、不同作者的旧体诗词作品面貌彼此相似等等现象，大致可列出三种原因。这些种原因，都是捆绑旧体诗词以至一些文言文的绳索，使这些作品的作者被吓得这也不敢、那也不能，在束手束脚之下，作出自己也讲不明白的作品（即所谓"用则不错，问则不知"的作品）。这些绳索分述如下：

1. "无一字无来历"：语言从词汇到句法都是人们自己创造而又互相承认的。如自己也不知道的，那是梦呓；如只两人互相懂得，那是密码；如果只有某个小团体懂得的，那是行帮语。必须至少一个地区通行，虽然并不完全能通于广大地方，但它在那个通行地区已是"约定俗成"的就可成立。这个"无一字无来历"的口号，原来是指杜诗、韩文而言。诗文中所用的一字起码的词汇或短语，没有个人凭空臆造的，都是约定俗成的。这种要求，原是很合理的。但在接受这口号的人把它绝对化了之后，便成了捆手的绳索、绊脚的石头。

唐代刘禹锡在重阳节登高时作诗，重阳民间多吃重阳糕，刘氏因字书不见糕字，因而作诗时不敢用这个字，成为历史上著名的故事，也成了作诗文的人"因噎废食"的典型例子。到了后世愈演愈烈，清末文人王闿运（号湘绮），作诗专学六朝人（所谓《文选》体）。他有儿媳杨庄字叔姬，也是他的学生。能作诗文，诗也专学六朝，有《湘潭杨叔姬诗文词录》，书中保存了王氏的批语，那比刘禹锡的戒律又变本加厉若干倍了。杨氏有"拟谢灵运诗"一首，其中用有"南朔"二字，王批云："谢诗不用南朔等字。"照他的说法，如果拟谢诗，只好把谢诗原作拆开成若干单字，然后凑起另成一首诗，才算拟作合格。又批一首诗云："此照下句改，非唐调，更非温（按指温庭筠）调。于诗律为失格，但吾家诗不必纯唐。""吾家诗"实际只是六朝体罢了。又一条批语说："质锡韵相隔甚远，宋词人不是读书人，用韵无章，至并庚真为一，故屋月不分，不足怪也。湘绮人则不可矣。"在此首上又批云："雪亦出韵，以句好故不改。""湘绮人"做诗究竟以韵的出不出为主呢，还是以句子好不好为主呢？旧体诗至此时已不是作诗，只剩作韵和作派了。由于自古需要"无一字无来历"，就出现了为各字（词汇）列出根据的专书。

2. 胪列词汇出处的"词书"：清代康熙时官修的《佩文韵府》，即按《佩文诗韵》各韵部中所有各字，举出它们和其他各字组成的词汇，又详注每个词汇的出处。《佩文诗韵》只列词汇，不注出处，实是《韵府》的简本。现举《佩文诗韵》一东韵中词汇较少的"弓"字为例：

> 弓：执～（～即代表"弓"字）、挂～、珊～、桃～、宝～、彤～、良～、弯～、惊～、伤～、橐～、地～、两石～、月如～、水如～、月半～、竹枝～、六钧～（按以上是"弓"字上边曾被古人用过的附加的词汇。）○（用圆圈隔开，以下是"弓"字下边曾被古人用过的附加的词汇。）～镯、～马、～箕、～人、～鞋、～鞘、～旌、～燥、～缴、～衣、～弯、～招、～靴、～翊、天道犹张～《老子天道篇》："天之道，其犹张～乎?"

这样可使作诗的人既知道东韵中有弓字，也知道弓字属于东韵。又从所列的词汇中，可知由弓字组成的、已见于古书的有哪些词汇，放心大胆地使用它们，不至于发生无来历、无出处的毛病。但是"拉弓"和"卧如弓"两个词汇，又不见于弓字之下，为什么？"拉弓"是口语，"卧如弓"是俗谚，就不在吸收之列了。

3. "家"和"派"的局限：作旧体诗有学唐、学宋之说，怎样就像唐、像宋了呢？当然唐人诗中常常表现的什么情感，常常吟咏什么生活，自然是所要模仿的。相传有人作诗请人看，里边有"舍弟江南没，家兄塞北亡"两句，看诗的人问他家门何以如此不幸，他回答说并无死丧之事，诗句只是学杜甫罢了。还有唐人有许多吟咏早朝的诗，明代人学盛唐诗也常有涉及宫廷朝会等内容，考查作者的履历，未必都有这方面的生活。还有一项奥秘，即是采用唐人、宋人诗中常用的词汇，使读者被这些词汇的暗示，引入唐人、宋人的诗境中，便觉得这些拟作果然很像唐音了。即如明代李梦阳"黄河水绕汉宫墙"一首，被推为"唐音"，而且是"盛唐之音"，戳穿了，这首诗所用的词汇，都是盛唐诗中所习见的罢了。即以这第一句说，"黄河水""汉宫墙"这两个信号进入读者脑中，即可联想到汉、唐的生活。但禁不得细想：黄河水离汉宫墙有多么远，又怎么去绕呢？实际作者、读者以至选者、评者，都并不去管它，也管不了它，爱绕不绕，只看有"黄河水"和"汉宫墙"就够了。又如《人间词话》所批评的沈伯时《乐府指迷》，主张填词宜用代字，如说柳不可直说柳，宜用"灞岸""章台"等；如说桃不可直说桃，宜用"红雨""刘郎"等。这很明白，即是用某些典故所变成的词藻，使读者发生某些联想而已。所可联想到的，并不专在那个词藻和那个典故的本身，而学唐、学宋的作者，正可使读者联想到"唐音""宋派"，因为那些词藻所表现的生活、情感，即是唐人、宋人诗词中常见的，这方面相似了，则唐音、宋派也就算学到了。

五、拘滞词汇的勉强运用

1. 无法串讲的句子：词汇的拼凑和典故的借用成了旧体诗的流弊，已如上边所述，但从教学的手段上讲，还不是丝毫无可利用的。我年轻时曾听说邵瑞彭先生教学生填词的办法：令学生拿一本《花间集》来，把一首"菩萨蛮"标出句逗和平仄，教他熟读。又教他把全书中的许多一字、两字的词汇随手摘出，然后用这些摘出的词汇往"菩萨蛮"的谱子里去装。这位学生次日拿去二十多首"菩萨蛮"交卷，居然是词藻斐然，音调铿锵上口，但每句每首怎么讲，作者也无法自己说清楚。这种"善巧方便"的办法，用以教导初学，确实可见"立竿见影"之效。但这只能是一种策略，并无补于这位学生的"深造自得"。

"诗无达诂"这句话，是对凝滞了的词句所用的稀释剂。自"三百篇"起，其中有许多无法"串讲"的句子，杜诗中更多。例如"感时花溅泪,恨别鸟惊心",近年有许多评论家、翻译(包括翻成今天的口语或翻成外国语)家曾经讨论,虽然热烈,但无结论,因此"溅泪"和"惊心"的究竟是花鸟还是作者,仍是一个悬案。实恐起杜老而问之,他也未必能够答出的。

2. 有待公认的新兴词汇:语言是随着时代发展的,有些词汇的起灭又几乎是"瞬息万变"的,这虽未免夸张,但它们变化之速,确是无可争辩的事实。《佩文韵府》中所列的词汇,是康熙以前书面上的,当时口头流行的许多词汇都不收。后来作诗词的人,专以《韵府》为依据,他们的作品中,词汇就出现贫乏枯萎的现象。到了近代,口头语可以正式成为书面语以来,又出了另一种现象。执笔临文的人随手运用或引来各地的方言,甚或出于执笔者自己随意捏合的词汇,在各地方的报纸刊物上大量出现,常令人无处考查。二十世纪七十年代出版的《现代汉语词典》中,今天看来,已经有大量未收的新词;而已收的那时很新的词,今天已不常见的也不在少数。

清朝末年政府设立"法律学堂",由中国的法律学家如沈家本等名人执教,还聘请了日本的法律学家翻译日本法,结合"大清律",成了"六法"的初步架子。"西学东渐"是当时的一句常说的话,如从语言词汇方面讲,则是"东学西渐"的。即如"法律、名词、关系、舆论、参加、认可、赞成、反对……",都从日本书面传入中国,在当时也曾被旧文人所反对。但是用久了,也没有人觉得它们是外来的了。至于今天出现的许多新引用、新创造的词汇,寿命如何,恐怕还要经过一段时间,待看大家沿用的多少,很难事先预料的。可以理解,今天出现的新词汇,以拼合的居多。两个词,各表一项内容,要把这两项内容组合在一起,使它用字少而内容多,就不免出现硬拼的现象。这类情形,古代公文中已常出现,即如清代的"陕甘总督",是陕西甘肃两省合为一个机构的总督。"京外官吏"就不同了,不是京城以外的官吏,而是京官和外官。总之生活事物是不断发展的,记录它们所用的语言(从词到句)也必然要随之发展,但容易理解的易于传播,过于硬捏的就未卜如何了。

　　3. 古代硬捏的词汇：文言文尤其是骈文、韵文和旧体诗词，由于句中字数有一定的限制，作者不得不常用些典故来压缩他所要说的话，于是缺头短尾的古代成语，也被默许使用，甚至还另成了合法的词汇。如"友于兄弟""微管仲"，后来"友于"成了兄弟和睦的代用词，"微管"成了管仲的别名。这是唐代以前出现的，到了清代后期的诗词中，左臂接到右腿上的典故，到处可见。作者以为这样一句可以总括表现左和右，又可表现臂和腿，你如从这里推测全身，那就更算"善于读诗"的了。这不过是偶举旧体诗中末流的一种弊病，至于填词，硬拼词汇的现象，更不胜枚举了。

　　宋代有人作了一首《即事》的五言律诗，是：

> 日暖看三织，风高斗两厢。
>
> 蛙翻白出阔，蚓死紫之长。
>
> 泼听琵梧凤，馒抛接建章。
>
> 归来屋里坐，打杀又何妨。

有人问他的诗意，回答是：始见三个蜘蛛在檐前织网，又见两厢前各有麻雀相斗。有死蛙翻出白肚皮像个"出"字，死蚯蚓似个紫色的"之"字。方吃泼饭，听到邻家琵琶声，弹的是"凤栖梧"曲子。吃馒头未毕，报道建安章秀才来谒，他抛了馒头，去接待建安章秀才。最后回到屋里坐下，看到壁上钟馗打小鬼的图画，所以说"打杀又何妨"（见《宋人轶事汇编》卷三引《扪掌录》）。用大量硬捏的词汇拼成八句律诗，幸亏他自己的注解也流传下来。如果注解未传，这八句今天也就成为"天书"了。

六、旧体诗的绊脚石

　　旧体诗的最大一块绊脚石，要推"韵"的限制了。旧体文学作品中，诗词往往连类并举，本篇拙稿中前边也常把诗词二者并举，现在谈到"韵"的问题，就不能不把词和诗分开，因为作词虽有各种苛刻条件，如按照古代某名家某首作品去填，不但平仄不能差异，而且每个字都要按古人原作中那个字的四声去填。但这是清末的一时风气，即当时一般作词的人也并不都守这条法则。前代讲词律的书中，偶然探讨某一字的四声问题，却没有提出通篇逐字讲求四声的说法。词的基本原则是上去通押，某些调子还可以四声通押（如"哨遍"），所以说到韵的绊脚作用时，就把词和诗分开。至于填词讲四声这种自找束缚的变态心理，只是那前后几十年间某几个文人一时"逞能"的表现，也没起过广泛的影响，这里略提，也说明弊端之一而已。

论到旧体诗的主要绊脚石是"韵"，也就是"韵书"的负面作用。当然韵书自有它的许多正面作用，也可说到今天还见到它曾立下的许多功劳，但在功劳中已经掺着许多过错。若在作旧体诗的问题上，几乎可说是过大于功了。下面分别叙述：

1. 今存最早的韵书：在史书上记载的古代人著作中有关音韵的书曾有许多种，但至今全都亡失了。只有隋代刘臻与陆法言等九人商讨而由陆氏执笔编成的《切韵》，经过唐代略加修订而基本框架尚存，唐人重修后又经宋人再加修订，成为《广韵》，也还保存唐人重修的面貌，只是略增少数韵部而已。编著《切韵》的主要意图和手段是什么？《切韵》序中述说编书动机，是因为各地的方言不同，编者们想把它统一起来，说："吴楚则时伤轻浅，燕赵则多涉重浊，秦陇则去声为入，梁益则平声似去……江东取韵，与河北复殊。"上述方音不齐的方面，《切韵》的编者们就要用书面的分部、标音的办法，把它们统一起来。这当然使书面上字音统一，不但使隋唐时代的各地的读书认字的人得到共同的认识和读法，并且直到现代，还是研究古代音韵的重要资料。这不能不说是陆法言等人的功劳。但是往下读那篇序，又会发现惊人的两句话。就是在拿不准怎样划齐一些字的不同读音时，他们就说：

我辈数人，定则定矣。

可见他们在"技穷"时，便用主观的、强迫的手段把它划一。可惜的是，他们没说出他们（至少是这一组的编书人）用的是什么地区的语音（读音）为坐标，来排斥其他方音的。又可惜的是，他们没把吴、楚、燕、赵、秦、陇、梁、益、江南、河北的方音附带记录下，像《史记·荆轲传》写到"荆卿"时，说"卫人谓之庆卿，燕人谓之荆卿"，并存庆、荆二音，岂不给古音的研究者留下更多的材料吗？其中虽有些"又音"，但没注地区。平心而论，"四声"只有四类，即有硬划处，也不会太多；至于两百多个琐碎的韵部，就给后来押韵的人留下麻烦了。

2.《广韵》后的韵书：韵书被官方使用于科举考试的，宋代有《礼部韵》，清代有《佩文诗韵》，都是删并过于琐碎的分部和删除过于冷僻不常用的字。虽然删并了，还有许多不通大路的地方。至于没有被官方定为考试用韵标准的"民间韵书"就不必谈了。《洪武正韵》虽出官定，但在考场中并没强迫使用。有一个人的诗中触犯明太祖朱元璋的忌讳，被发现，要杀他。旁边的文臣说，请看他的诗中用的是《洪武正韵》，于是就被赦免了，可见当时并未广泛流通。偶然有人肯用它，竟能将功折罪。朱元璋虽然那么凶，它定的"正韵"竟自有那么少人理睬的历史。

3. 宋朝曾经有人公开反对《礼部韵》：南宋罗大经的《鹤林玉露》丙编卷六记载杨万里和魏了翁的议论，说：

> 杨诚斋云："今《礼部韵》乃是限制士子之程文，不许出韵，因其难，以见其工耳。至于吟咏情性，当以《国风》《离骚》为法，又奚《礼部韵》之拘哉！"魏了翁亦云："除科举之外，闲赋之诗，不必一一以韵为较。况今所较者，特《礼部韵》耳……"

至今还有严分一东与二冬，三江与七阳等的，清代袁枚在《随园诗话》中曾经举了若干江阳在古代相通的例子。又清代像段玉裁、江有诰等古韵学专家，既把古韵统计归纳为若干部，仍然有包括不尽的韵字，于是创为"合韵"一类把它们包起。自己开了一条后退的小路，实在也是出于无奈吧。

4.	"出韵"的笑柄：清代后期有一个文人高心夔，有两次考试都因为押十三元韵，误用非这一韵部中的字，也就是所谓出了韵，被列入四等，不及格。当时的文人王闿运作了一副对联嘲笑他说："平生双四等，该死十三元。"（见李慈铭《越缦堂日记》）记得乾隆时一个文臣曾向皇帝提议把十三元韵分为两部，没被许可（回忆是钱大昕的事，待查）。可见这一韵容易出错，并不自清末开始了。

5.	次韵：唐以前的分韵、赋韵（分、赋都是分配的意思）、次韵（定出几个字为韵脚，令作者按次序去押），见拙作《南朝诗中的次韵问题》。到了唐代元稹和白居易互相唱和，争奇斗胜。"首唱"者作诗，无论若干韵，"和诗"者照首唱者原作每个韵脚挨次去押，以各逞其能。后来苏轼更好用这个办法。到了清代，王士禛一生不作和韵（彼此同押同一韵部）、次韵的诗。另外却有人在自己作诗，不属唱和时，也找古代某家某诗的韵脚一一去押，有人问他为何自讨苦吃，他说"捆起来好打"（记得是宋琬的话，待查）。这种种畸形、变态的做法和作品，归根结底，都是韵部作祟。

6.	最早创编韵书的目的不是为作诗押韵用的：陆法言《切韵》序中说得很明白，他说：

　　　欲广文路，自可清浊皆通；若赏知音，即须轻重有异。

原来这部韵书，是为研究、分辨音韵异同的。回顾前边所引"吴楚则时伤轻浅"那一段话，更可明白，作者是先有比较，后作划一，使读者得以知道哪是作者们所认为的"正音"，此外即是各地的"不正的"方音。"音"怎么就"正"，本是另一个问题。这些《切韵》的作者们，虽然曾用"我辈……定矣"的强硬手段来编辑这部书，但还没有彻底地强硬，仍很理智地说了前两句："欲广文路，自可清浊皆通……"这也正足证明他们编书并不是为作诗的人来押韵脚的。后世斤斤于韵部的"出"不"出"，似乎很是精通古韵的，真难于知道他们除《佩文诗韵》外，是否曾读过《广韵》；即曾读过《广韵》，也不知曾否注意了附录的《切韵》序；即曾注意了《切韵》序，还不知读懂了"欲广文路"两句没有？时至今日，如果还以"不出韵"要求作诗者的人，请他最好先看看《切韵》序！回顾本文第四章第1节引王闿运（湘绮）的话："宋词人不是读书人，用韵无章。"王湘绮确是读书人了，可惜读得马虎些，只读了《切韵》以来的韵部，未读《切韵》序，竟自有此失言。

《切韵》序中关于"广文路""赏知音"两句怎么理解？按唐人重修《切韵》至宋人增修成《广韵》（都是《切韵》的架子），成为二百零六部，后来陆续合并，到了《佩文诗韵》，只剩了一百零六部，试问这是否都是"不读书人"胆大妄为的？又如《切韵》东部中"东"是清声、"同"是浊声，在东部这一韵中，已是清浊并存了，那么"清浊皆通"四个字岂不等于废话！可见"欲广文路"这句话，只能是指打破韵部界限的借用措辞。再看唐孙愐《唐韵序·后论》明白地说："若细分条目，则令韵部繁碎，徒拘桎于文辞。"（见陈澧先生《切韵考》卷三所引）这段话大概王闿运先生也没见到过。

至于"轻重"怎么讲？在古代论著中，还未见明确划一的解释。按沈约《宋书·谢灵运传论》谈到"浮声、切响"，我们借以理解"浮声"即指扬调的平声，"切响"即指抑调的仄声。那么《切韵》序中这两句用现在话来说，即是：想要行文路子广阔，韵部可以通融不拘泥；想要使知音者赞赏，平仄是不可混淆的。

七、小　结

因和友人谈起《文学改良刍议》发表以后旧体诗的情况，它被废除、被代替已有七十多年了。新体诗还没见有使人脱口而出、有人背诵如流的作品，也没见有抉择精华的选本。即从唐诗说起，到"文学改良"时大约一千多年，从"文学改良"时到今天不过七十多年，不到百分之十的历史时间，再过一段时间，新体诗会有更好的发展成就，应是毋庸置疑的。奇怪的是：旧体诗虽被打而未倒，近些年来反而作者更多了。又见作新体诗者又有注意吸取民族形式的趋向。据我这个对新体诗是外行的人来揣测，所被称为民族形式的重要因素，大约是句中有节奏、篇中有辙韵（不是古韵的韵部），进一步便与上面所探讨的词汇的合理运用有关了。单字词、两字词这种汉语中的基本细胞如何在句中安排，词汇出自约定俗成，而不出于生捏硬造，又是无论诗体的新旧，都宜注意的。还有无论新体、旧体诗的前途，都必以合乎人们的口语习惯为优胜的先决条件。如果有辙有韵，作品的辙和韵，必然是出于自然的，而不是出于某种韵书的。如果无辙无韵的作品，它的句法必然是汉语的，而不是外国语的。佛经是从印度古梵语译来的，译了内容、意义，就不能同时顾到辙韵，但我们看无论秦译或唐译的偈语，在无辙韵处，读起来也并不别扭。因为什么？因为译成的句子是华言（汉语），而不是另一种什么外语的。例如秦译的：

> 一切有为法，
>
> 如梦幻泡影，
>
> 如露亦如电，
>
> 应作如是观。（《金刚经》中偈语）

这是无辙韵的，宋代苏轼的《鱼枕冠颂》等作，即用这无韵一体，仍为后世传诵的名篇。又如唐人意译的揭谛咒：

> 究竟、究竟，
>
> 到彼究竟，
>
> 到彼齐究竟，
>
> 菩提之毕竟。（唐人写本，见《安素轩帖》）

有辙韵，虽句脚"竟"字雷同，却无伤它的声调和谐。恰如元曲的《单刀会》中许多句脚都押"也"字，听戏的人，并不觉得单调、重复，其中缘故，是颇耐人深思的！可见作中国的词、曲、诗、文，不管有韵无韵，凡中国读者所接受的，主要是说中国话，而不是模拟外国话的就行了。

原载 1994 年《北京师范大学学报》第六期

比喻与用典

一、谈比喻

比、方、比方、拟、比拟、譬、喻、比喻、譬喻等，都是同义词。它的表现手段，主要是以甲比乙，以丙喻丁；以人比物，以物拟人；以甲事说明乙事，以甲意义说明乙意义。形状比得定型了，成为文字；意义表得定型了，成为成语。形义也有时交流互用，都成了信号，又能发人种种联想。往上可到语言创造之始，往下直到今天日常说话行文，比喻功用，真是不可须臾离的！以下分条加以阐说。

1. 事物的命名

人之所以为"万物之灵"，原因很多。我想其中至少有两项是其他动物所不具备的，即语言和文字。

人用语言表达意识、交流思想；用文字传播语言、记录经验，使得经验不致遗失，并在已有基础上不断增多、扩大。这至少是人类文明、文化逐步发达的一项因素。

但人类发明和使用语言、文字，却是很费力的。一个事物，怎样去表示，用什么声音称呼它，用什么符号描摹它？第一个人这样开创，又经多久才被别人同意、承认，以至共同使用它？过程的艰苦，是不难推想的。

首先对一个事物的命名，如"天"，怎么表示，把它叫做"天"，又是从何想起的，为什么用这个声音来称它？我们今天实在无从推测出最早的出发点。训诂书中说："天，颠也。"准确吗？"颠"的解释是上边、上端，这"上"又从哪里算起？先从自身说，我们身体最上边是头发，再上是帽子，再上是屋顶，再上也许有树枝，再上还许有云雾，再上有大气层，还有宇宙太空。那么"颠"究竟指哪一层，"天"又包括哪些层？可见这个命名，实在是出于无奈的。

再如"鸡、鸭、鹅"，都是模拟它们的叫声来作它们的名称。"椅"，因为能倚靠；"桌"，因为能卓立。这类的若干名称，都是牵连借用来的。

2. 文字的创造

用符号表示事物，发展而成为文字，过程也是艰难的。如"人"字，篆书属于象形类，但从形的哪个角度来象呢？即以小篆文字说，一段微顿的起笔，下边两条曲线，以像人头和人身、人臂。人的组成器官，当然并不仅止这三项，外形也不止这样姿势。为什么用那个声音来称人，又为什么用这个姿势来描写人，即在甲骨、金文等比小篆更富于形象性的字体中，"人"字也只是人体的某一个姿势而已。可见，选声选形都是出于无奈的。

此外"山、川、日、月"等字，也都是从模拟它们的形状开始。至于把它们叫那个声音的理由，也是无法追溯得知的。

以上有形可见的东西，造字的形状还都只能以偏概全，至于语词虚字，表示就更难了。这类虚词，多半是在发出语言时，表示某些情感，某些用意，以至转换、连接等抽象内容的声音或手势。抓住某个表意或表态的声音、动作来做虚词，其难于捉摸，更是不言而喻的。

经过如上的穷追细问，可以证知，无论表示事物的实词或表示意态的虚词，从选声命名到选形造字，所用的都是模拟或说比喻的手法。

3. 古代训诂学的局限

后世人想要探讨某些个词的起源或较原始的取义，把搜索古书中对词、语的解释叫做"训诂"，训诂即是解释古代词义。这项研究、这门学问，称为"训诂学"。古代这方面的书，著名的有《尔雅》《说文》《广雅》《释名》等。古代的语言比后代简单些，先秦一二字的词，汉代人仍用一二字作解释，有时已经不太够了。如"天，颠也"。"颠"有顶端之意，顶端倒过来，就说"颠倒"，波动的说"颠顿"，乱动的说"疯颠"。颠是天的训诂，颠又有几个义项。如果对号不准确，选择不恰当，可能说成："天，颠也；颠，倒也。"于是天可训地，岂不大成问题？

《周礼》《说文》中都曾提到"六书"，名称虽有小异，主要不离"象形、指事、形声、会意、转注、假借"六项内容。细看所象的形、所指的事、所会的意、何形何声、所转所注，无不从比喻而来，便说它们都应算是假借，又有何不可！只是有直接假借和间接假借罢了。

由于一切语言和其中各个局部都来自比喻，就发生不周密、不确切的问题。《墨子》说："兄，鬼也。祭兄，祭鬼也。祭鬼，非祭兄也。"又说："舟，木也。入舟，入木也。入木，非入舟也。"大家公认这是逻辑问题，其实逻辑学本身的任何语言部分，也都是借来的。若求语言中每词、每句、每项内容都准确不生误解，那可麻烦了。"我是人"，不够清楚，"我"指的是名叫什么的；"人"不够清楚，哪里人，什么年龄、性别。都说明白，才不致与同名人相混淆。"人"是基本名词，在运用中，尚且有误会的可能，就无论更多词的语句了。

4. 语言有模糊度

由于易生误解、易生歧义，近年有人提出了语言的"模糊度"，集中研究的，成为"模糊语言学"。"模糊"之所以产生，多数由于一个词比不恰、钉不住，在句中切不齐、放不稳的原因所致。《诗经》形容美女说"颈如蝤蛴，肤如凝脂"，翻成白话，可说"她的脖子像一条白而长的虫子，皮肤像冷冻了的猪油"，行吗？又如常言称权威的"金口玉言"，若理解为"贵重金属的嘴里说出坚硬如玉石的话"，对吗？又常有人骂人心地不良为"狼心狗肺"，如果遇到一位固执的解剖学家，会说："那狼狗和人品种不同，心肺怎能移植呢？"又现在宴会提倡俭省，多用一汤四菜，如果有人说："这桌吃得一干二净。"有人听了说："桌上必然还剩两盘菜。"又如："貂不足，狗尾续"这个古代谣谚，已被压缩成为"狗尾续貂"的成语。但如果苛求地问："是狗尾上续貂，还是用狗尾去续貂呢？"那还有待详解。还有著名的"盲人摸象""扪烛扣盘"的故事，更很形象地说明比喻不周延引起误解的道理。

这些误会，似乎与说者、听者注意不够和语言环境显示不全等因素都有关系。同时也是证明比喻是没有十分完美无缺的。实际上，现代的"模糊语言学"和"悖论"也都是从这里得间而兴，发展壮大的。但日常说话、写文章如果都处处不悖、不模糊，势必随时随处都要加上限制词、解释词，因噎废食。文章一句用纸几张，说话就更难于开口了。

5. 比喻的扩大

前边所谈语言中的比拟，多是一物比一物。语言内容扩大了、复杂了，连缀的事物多了，所要说明的道理也曲折了，用作比喻的词也就需要加以复合了。一个词不够用，则需加上限制、形容等附加物。如还不够，就要原原本本地把故事讲全。如遇抽象的道理，费的唇舌当然就更多了。

我们知道《庄子》善用比喻说明抽象哲理，《孟子》《战国策》善用比喻说明政治利害。《韩非子》有《内储》《外储》《说林》等篇，其中都是些小故事。这些故事，储它做什么？是准备见诸侯时做游说材料。游说为什么要用小故事？不外乎是药外的糖衣、催眠的乐曲。借着对方听着有趣味的机会，把自己要讲的道理顺利地灌输进去。当然故事的内涵必须和所要陈述的道理密切相关，才能起譬喻的作用。

既然语言源于比喻，比喻又多欠周密，所以语言愈来愈复杂，于是冗赘的长篇文章常见，隽永的短篇文章少见。讲演、谈判所占时间也不断加长，大概力量都费在擦拭"模糊"和防"悖"设施上了吧？《孟子》说："不以文害辞，不以辞害志，以意逆志，是为得之。"为什么常出现"害"，又为什么常要"逆"呢？这恐怕是语言的"先天不足"处。所以说话者和听话者之间，作文者和看文者之间，设喻人和听喻人之间，所设喻的甲物和被喻的乙物之间，先具有共同基础，不周密时也能理解。

屋子有四个角落（隅），孔子教人，常举"一隅"为例，听者如果不能连带明白其他"三隅"也是同样的，孔子只好不去理他了。（见《论语·述而》）其实不但思想交流要有共同基础，即使口角争辩，也需有共同的语言。一个华人和一个洋人不经翻译也打不了嘴架；一个化学家和一个文学家也争不了各自的学术问题。

明代有一位徐太元，从准备行文作参考目的出发，搜罗历代有关譬喻的资料，编成《喻林》一书。他说："采摭设譬之词，汇为一编。"共一百二十卷。范围是早自经史，晚到小说，旁及佛典，凡古人用作比喻的话，少自片语，多至成篇，无不采择，真可谓洋洋大观。当然不能说古代譬喻尽收无遗，更不包括语言词、句本身原始的比喻部分。所收当然只是前边已论到的扩大作用后的比喻，也就是行文中的比喻部分。读者从这书里可知比譬的作用多么大，被用的时间多么久，方面多么广，方法多么巧妙复杂。仅止书面上记载的古代比喻资料竟有一百多卷，似乎可称完备了，其实这只可算九牛一毛。因为它们只是狭义的比喻，事物或道理的比喻，或说生活事物中的比喻。如果按前边说过的语言文字范围中，每一个语音、每一个字形都是从比拟而来的道理去探求，那么即要说明每一事物的命名、每一名的发音都为什么？从何而来？每一字形成，它在历史上形的变化是怎么发生的？简言之，对每一物一事，用声比拟、用形比拟的确切情况，要都能说明所以然，那恐怕许慎复生，也会无所措手；而扩大重编《喻林》，再有若干倍的一百二十卷也将容纳不下的。

下面再谈用典。

二、谈用典

"典"，又称为"典故"。典的作用和用典的目的与比喻极其相似。只是狭义的比喻，多是举一个完整的事物来比另一事物；而用典则多是把事物压缩成为"信号"，或说给事物命个"题目"，供人联想或检索。它是比喻的简化，也是比喻的进一步发展。

一谈到典故，就使人想到古典文学作品中一堆一堆不好懂的词汇，特别在律诗和骈文中更几乎成为主要组成部分。有人不但用典，而且好用偏僻的典故，故意使人看不懂，以显示自己学问和所读古书的丰富、渊博。有的作者虽然用了某个典故，自己却说不清楚这个典故的始末和出处，因而出现过"用则不错，问则不知"的笑柄。

到了"五四"时候，有人提出《文学改良刍议》，其中有几项主张。首先主张"白话文"，今已完全成功；另一项重要的主张，是废除用典。由于骈体文不用了，那些附着在骈文的狭义的用典法，自然失了用武之地了。但典故果然从此就彻底消灭了吗？没有，它们在日常用语和一般文章里依然存在，这可算广义的用典。拙作《古代诗歌、骈文的语法问题》一文中，曾有一段论及它，这里再作补充。以下仍然分条加以阐说：

1. 什么是典故

典故一词，本是指"书中的故事"。后人借用它来比喻、说明另一个问题或论点，被借用来的故事因出于典籍，所以叫做"典故"。压缩故事成一词，用在句中的手法，叫做"用典"。某个故事流传定型了，大家公认了，于是它便成了一个"信号"。如"蚌鹬相争，渔人得利"这个故事，在古代设喻的人用来解劝纷争，既已收到效果，后来就更成了排难解纷最有说服力的一个典故。其余可以类推，例子不多举了。

可以说，凡是已发生过的一件事，已有过的一件物，已说过的一句话等，被后来人用作说明问题的材料时，就都成为典故了。述说蚌鹬全故事来劝燕赵息争，是策士的比喻；把故事压缩、提炼，用少数词、句来代表它，便是用典。

2. 典故的性质

把一件复杂的故事或一项详细的理论，举出来说明问题时，不可能从头至尾重述一遍；况且所举的，必是彼此共晓的故事或理论，只需选取一个侧面、一个特点，或给它概括地命个名称。凡能成为对方了解的信号，唤起对方联想的，都可采用。所以无论剪裁、压缩、简化、命名，任何办法，都是要把那件事物，作为一个小集成电路，放在对方的脑子中去。

选取侧面、特点的角度甚多，即以蚌鹬故事说，劝人息争时可说"你别作鹬啊""你们别成蚌鹬啊""你们留神渔人啊"，即使说的多些，"你们别成蚌鹬相争，使渔人得利啊"，十四个字也比《战国策》中故事的全文要少得多，仍是一个集成电路。

3. 典故的作用与功能

典故的作用很多，所以古代诗文中常常离不开它。七十年前虽已提出废黜的倡议，并已被公认应废，但它仍在人们不知不觉中活跃地存在着。如说"这个人比孙悟空还聪明"，孙悟空成了某种性格的比喻或代称，又成了孙悟空这个全部形象的一个微缩了的信号。

由于具有这种作用，典故就产生许多功能。

a. 有助于说理

在说明一个事理、辩论一个问题，需要多方面的论证时，就需举多项前所已有的事例。那些事例又不能每项、每件加以详述，那么作为信号的典故，就帮了大忙了。仍拿孙猴为例，说："你既不要胆大妄为去闹天宫，也不要惹师父生气念紧箍咒，又要监督猪八戒不要偷懒，还要一路上除妖降怪。"用这些话教育一个小孩专做好事不做坏事。用的故事都是小孩熟悉的，这不是典故吗？

b. 有助于修辞

典故可作装饰用，又可唤起读者某些感情。《古代诗歌、骈文的语法问题》中曾引李商隐诗，说明一方面的问题，现在再引其中两句，来说明另一方面的问题。

> 沧海月明珠有泪，
> 蓝田日暖玉生烟。

内容不过主要说明眼中的泪和心中的热。有典故说海中的蚌，在月光中孕育明珠。诗人先把海字上加个沧字，海已不单调了。再把泪比珠，还不是盘中的珠，而是明亮的月光照耀下的珠。这样的泪，多么宝贵！次句，有典故说蓝田产美玉，洁白光润，映在日光之下，它都能引热生烟，又是一种珍宝。诗人的情，可比蓝田美玉，情的热，可以映日生烟。这些美丽的比喻，都是要突出诗人的心情和眼泪。在层层装饰之内，曲折地反射出要表达的内心思想。如果简单地说穿了，不过泪与热而已矣。再看下边两句，不算不感情强烈：

> 心焚焰卷兴安岭，
>
> 泪落冰填戈壁滩。（我仿做的）

便大煞风景。原因明显，只是不美罢了。

c. 有助于丰富表达的内涵

还有在少数字句中，可借典故输入多项内容，这是典的又一种功能。例如：

> 同学少年多不贱，
>
> 五陵衣马自轻肥。（杜甫）

这两句是说一项事情，诗人旧日同学少年，今日已多富贵了。五陵，是贵游子弟活动的地区；"愿车马，衣轻裘，与朋友共，蔽之而无憾"，是子路的豪言壮语。这两个典故，凑成富贵少年的形象。如用散语分开说："少年是旧同学，如今父亲富贵起来，他成了高官子弟。穿的是轻裘，骑的是肥马，轻而易举地实现了子路长远规划而未能得到的美好生活。"这样既啰唆又为子路泄气的一堆话，只在十四字中完全概括，岂不是用典的效益吗？

d. 有助于发表不便直说的思想

如庾信的《哀江南赋》，主要是写梁王朝的覆灭。梁武帝萧衍被侯景所害，梁朝已名存实亡。庾信被派出使到宇文氏控制的西魏，被留不放，后来仕北周作了大官。他虽仕北朝，但还想念乡国，在当时政治关系下，又不能明显透露。于是这篇哀悼梁朝的赋，就以"哀江南"为题。全文中除了"金陵瓦解"一句提到梁朝的首都地名外，其余一切都用典故堆砌，这是一篇非常集中的暗喻法。此外其他文章还有许多"借甲说乙""指桑骂槐"的手法，大家习知，不必细举了。其实，"暗喻"说并不恰当，因为凡喻必暗，称甲为甲，一点不暗，但那是直说，无所谓喻。既用乙代甲，就已暗了。如果虽然称甲为甲，而意不在甲的，那便成为反喻。例如，讲到一个品德极坏的人，说"他本来是个人"，用意等于说他现在已不够个人了。"正说"成了"反喻"，成了讽刺，与明说、暗喻都不同了。这虽属于比喻问题，而与用典手法实密不可分。

e. 有助于联想

还有仍是说甲为甲，而意大于甲的。如一个简单的词，它的内涵可容有多项目。这词又曾经古代某人某书如何用过，又成了某种典故。举某一词为信号，使人发生若干联想，以简喻繁，也是用典的优越功能。

"春"或"秋"，本是季节的名称，但它们代表的内容之多，信手拈来，即可有若干条。春不待言，与"黄"为邻。即说一个"秋"字，秋是作物成熟的季节，于是用这个词表示成就、收获，以至气候给人感情上的刺激等，都曾被作为信号大量使用。《淮南子》说"春女思，秋士悲"，"悲秋"一典因而广泛流行。

比喻的由繁化简，修辞的联想扩大，都是用典的特殊功能。像前边说的"轻裘肥马"，乃至只说"轻肥""裘马"，任何二字即已有丰富的功能，它也一样成为那些并无裘和马，而是坐汽车、穿西服的高官子弟生活行动的代号。

4. 压缩坏了的信号

典故用在词句里，都是压缩剪裁而成的。取少数字来代表那个典故的全部内容，本是必要的、通常的手法。但在使用这种手法时，也常有因剪裁不恰当而扭曲了信号的毛病。如《论语》记载："季文子三思而后行。子闻之曰：再斯可矣。"季文子的三思并不是二加一的思，而是"一而再再而三"的思，也就是思了又思的屡次思，所以孔子不赞同。孔子所说的"再"，也不是要在已思过几次之后再加一思。可见后人劝人"事要三思"，和劝人"再思再想"，并不是典故中的本意。

六朝是骈体文盛行、堆垛典故最多的时期，这时也常见乱剪裁典故，造成扭曲的信号。如古书中"孝乎唯孝，友于兄弟"，用典作文的人常割"友于"二字代表兄弟之间有友爱之情。又如"微管仲，吾其披发左衽矣"，"微管仲"，本是"若没有管仲"的意思。用典的人常割"微管"二字来代表管仲，说什么"功参微管"，难道这位作者是要说"功劳可比小管仲"吗？这已不成为用典，而成了歇后语。清代有人故意用歇后语作了一首诗，说："抛却刑于寡（妻），来看未丧斯（文）……待遇子游子（夏），弃甲曳兵而（走）。"通首每句藏去主要的一字，成为有名的"歇后语诗"。追溯它的创始者，实可上到千余年前。而那些"友于""微管"却未被轻视为滑稽游戏，斯事之不公者也！

5. 曲折引申的典故和滥造的信号

古代男子称妻之父为外舅，妻之母为外姑。妻父当然是长者，古代又称长者为"丈人"，所以妻父也曾被泛称为丈人，好比今天泛称长者为"老太爷"，这也还不算离格。

泰山上有个丈人峰，大约山峰因像个老人而得名。于是有人便把称妻父的丈人与泰山的丈人峰相结合，称妻父为泰山。泰山为东岳，是五岳中的一"岳"，于是岳和妻父又结合，称为"岳父"（世俗还泛用岳字，如家岳、老岳、先岳，妻之伯为伯岳、叔为叔岳）。丈人与岳结合，大约宋代已然出现，只是不容"今译"，如按今译，便要说"东岳爸爸""泰山爸爸"，还没见人译过和用过。妻父的配偶，当然是妻母，也有一套对应的名称：丈人对丈母（有时下边还加个"娘"字，大约因为母字太"文"，加个娘字，近于半今译的作用），岳父对岳母，只有泰山的配偶"泰水"还停留在谐称的地位，我还没见到女婿敢于直称妻母为泰水而妻母安然受之的。曲折滥造到此地步，可算奇观了，但社会上堂皇流行，可达千年，又岂废除用典者意料所及呢！

总而言之，语言根本都从比喻而来，比喻可比镜子照人。用一词称一件事物，好比一个桌上的镜子，照见一个人脸；寓言故事好比一个大条镜子，照见一串行动；典故好比手持的一个小镜子，可以随时随地从不同角度照见不同事物的不同姿态。所以用典可称为灵活的、可伸缩的比喻。

骈文能废，骈句不易废。骈文中那种狭义的用典法已废，而日常生活语言中那些广义的用典处，也不易废。前举的泰山一项之外，还有很多四字成语，大都来自典故。试看近年出版的《成语辞典》竟有那么多本，就可明白典故在社会生活中的根深蒂固了。

有人问我："你费了许多笔墨，啰唆地说了许多比喻和用典的问题，目的何在?"回答是：语言不但不是铁板一块，而且非常灵活。随着民族、地区乃至集团、行业，各自可以形成不同的语言、语词、语汇、语序。如往更深处、更远处探求，问个"为什么这样说"，得到的答案往往是"不得已""无可奈何"地借用来的。因此可知什么初文、本义、古训、确解等，都只是相对的。再说到什么主、谓、宾，什么名、动、副等，也只是暂用、借用、说明一部分问题的。试看古代注疏中，对一个字的解释，历来有分歧的就已不少。再如有人举一个词的词性、词位应属什么、应在哪处，其得到异证或反证也一定是很容易的。大意如此，不再费词了。

原载 1991 年《中华书局八十周年纪念专刊》

创造性的新诗子弟书

一、引　言

　　唐诗、宋词、元曲、明传奇，在韵文方面，久已具有公认的评价，成为它们各自时代的一"绝"。有人谈起清代有哪一种作品可以和以上四种杰出的文艺相媲美，我的回答是"子弟书"。

　　子弟书是一种说唱文学形式，篇幅可长可短。各短篇联起来，又成为"成本大套"的巨著。它很像南方的评弹，在敷陈演说历史故事方面，又与《廿一史弹词》那一类作品相似。但子弟书又有它自己的特点，比评弹简洁细腻，比《廿一史弹词》又句式灵活而不失古典诗歌的传统特色。

　　子弟书的版本，在清代多是民间抄本。清末的"百本张""聚卷堂"等抄本流行最多。偶然有些刻本，比重几乎只是抄本的几万分之一。清末、民国初年有了石印、排印的出版物，所以一些"唱本""大鼓书词"等，又多粗制滥造，乱加作者姓名。由于出版者不在行，弄错了曲艺品种，妄标调名等现象，不一而足。这些毛病，当然不止出现在子弟书作品上，而若干子弟书好作品被混在这些杂乱唱本中，也蒙受了许多不白之冤。

　　郑振铎先生早年编印《世界文库》，后边有《东调选》《西调选》两部分，传播了许多好作品。但有些失去作者姓名的作品，却被题上姓名，可能是沿自坊本之误。像《西调选》中大多数题罗松窗，即是一例。但子弟书在出版物上首次列于世界名作之林，不能不归功于郑先生。

二、来　源

我们伟大的中华国土上，自古以来，各兄弟民族一直是互相学习，互相影响。各民族的文化不断交流，不断融合，又一直在不断融合的过程中，吸收多方面的新血液，形成了永不凝固的中华民族文化。

东北地区，由周到今，肃慎、勃海、女真、满洲、东三省中，各兄弟民族世代融合，互相吸取，出现过若干文化上的奇花异草。而这些文化遗产无论是用汉文写的，还是用少数民族文字写的，随时随处，无不显现出各民族相互影响的痕迹，子弟书即是这样的产物之一。它的发源以及提高，都与清代山海关内外的旗下子弟密切相关。

所谓子弟，广义的是对"父老"而言的，如说"子弟兵"；狭义的，在曲艺方面，是相对职业艺人而言，类似后来北方所称的"票友"，南方所说的"客串"。而职业艺人，则称为"老合"。

子弟当然比职业艺人有文化，但学的程度不深，而陷进框子也不深。那些半文半白的语言，无可多用的典故，正帮助了作品形成一种通俗而又新鲜的风格。

子弟书最早的作品不可考，可见到的刻本都刊行于清代中晚期。但这并不等于清代前期一定没有这种文学形式，正像儒家古经典到了汉初才"著于竹帛"，我们不能说古经典出现于汉初一样。

三、形式和题材

子弟书的形式，基本上以七言诗句为基调。每句中常常衬垫一些字数不等的短句，比起元人散曲，在手法灵活上有相同之处，而子弟书却没有曲牌的限制。元散曲句式灵活而不离开它的曲牌，子弟书句式灵活而不离开七言句的基调。

它不分章节，起首处先用八句七言律诗，有"引子"的性质，很像

"快书"前八句的"诗篇",但没有"诗篇"的名称。以后接写下去,每四句或八句在语气上作一小收束,百句左右为一回,是一次大收束。每回也没有回目小标题,只标"第几回"就完了。一本书自一回至几回,也没有一定的限制,回与回之间情节可分可联,非常方便。

它的内容,大抵取材于著名小说的为多,也有历史故事、民间传说。佳人才子、儿女情长的固然占绝大数量,而慷慨动人的英雄故事也并不少。以讽刺世态炎凉为题材的也有一些,且有"入木三分"的佳作。至于黄色淫秽的,也曾秘密地授受流传,但收藏家不便登于目录,本不值得一提。这是市民文学的通病,亦不足怪。知此,也可有助于了解子弟书的文学属性。有一特点值得注意:子弟书中绝对没有"如油入面"的混合物,黄色作品都独自为书。明清小说中《金瓶梅》不待言,即《红楼梦》中也不免混入泥沙,子弟书却是"弊绝风清",这大约与登场演唱有关吧。

四、唱 法

艺术不能逃乎时代,文词接受"目染",曲调接受"耳濡"。"小口大鼓"后称"京韵大鼓",早期的民间腔调,到了刘宝全一变。他融入了皮黄的韵味,以及一些戏剧中的"发头卖相",于是成了一派。到了现代,有些演员不知有意或无意地吸收了花腔女高音的唱法,又是一变了。

我在十岁以前,所见"杂耍"场面上已经没有子弟书的位置了,只有家里常来的两位老盲艺人能唱。这种盲艺人,称为"门先儿",即是做门客的先生。当时对盲人统称"先生",说快了成为"先儿"。这些门先儿常在书房、客厅中陪着宾主坐着,有时参加谈天,有时自弹自唱。他们多能喝酒,会说笑话,会哄着小孩用骨牌"顶牛儿",可以说是一些"盲清客"。每当他们拿起乐器来唱,我听到如果是唱子弟书,立即跑开玩去,可见这种唱法的沉闷程度。在我幼年时,北京能唱子弟书的老艺人,只剩了两位,现在这种曲调在北京绝响已经六十余年了,又没有谱子传下来，只能凭我的记忆回味它的大概。

可以说，当时有几个曲调品种接近子弟书；也可以说，它们是属于这一大类的。如"硬书""赞儿"等。石玉昆唱硬书出名，自成一派，于是硬书又分出"石玉昆"一调。这都和子弟书是"一家眷属"，也即是唱腔基调属于同类。多举几个相近的线索，可以帮助寻找一些"线头"，提供一些联想，这也是极不得已的办法。

子弟书唱起来每一字都很缓慢，即使懂得听的人，有时也找不准一个腔中的每一个字。我亲眼看见我先祖手执曲词本子在那里听唱，很像听昆曲的人拿着曲本听唱一样。我听昆曲，就拿着曲本，由于唱腔纡曲转折，时常听的腔对不上看的字。到了听硬书、赞儿等，觉字句之间，毕竟比子弟书紧凑。拖长腔、使转折的地方，并不随处都是，所以那时我还比较能够接受，这恐怕也是子弟书"广陵散绝矣"的因素之一。

因此悟得，皮黄腔、女高音，一再地变了小口大鼓，才使得小口大鼓得以存在。又悟得子弟书在今天竟和宋词、元曲同成案头文学，同为"绝调"，却又同成"绝响"的道理了。

子弟书有"东调""西调"之分，又称"东韵""西韵"。所谓东、西，乃指北京东城、西城，其间并无绝大差异，只是东调略低沉，西调略婉转而已，所以东调多唱英雄慷慨故事，西调多唱儿女缠绵故事（其间也有互相交叉的）。东调伴奏多用三弦，西调有时或用琵琶。

在清代这些曲艺中还有"清音大鼓"一种。所谓清音，乃有别于民间的"大口大鼓""小口大鼓"以及"西河大鼓"等。清音又有"南板""北板"之分。所谓南、北，乃指北京南城、北城而言。南板至近代又称"梅花调"。南板腔调多婉转，北板腔调较简单而多重复。

或问何以西城、南城多婉转繁音，而东城、北城多较简洁，据我个人猜想，当时西城砖塔胡同一带多曲班妓馆，南城有八大胡同更不待言。所以西调、南板多繁音缛节，是不难理解的。笔者幼年这两种子弟书都不喜欢，遇到唱东韵即跑开不听，遇到唱西韵有时大笑，说像咩咩地羊叫。虽然常遭大人哂笑或申斥，却也反映了子弟书唱法给人的直觉印象。

清末有一位文人名果勒敏，译音无定字，又作果尔敏。他字杏岑，旗下人，闻曾官遵化州马兰镇总兵。会做诗，有《洗俗斋诗集》。他对于子弟书的腔调有许多创造，教了几个盲艺人，我幼年所听那两位门先儿所唱的，已是果杏岑的再传。可以肯定，他的创造无疑是向"雅"的方向去改的，事实证明极不成功，所以不到三传，就连整个的子弟书都"全军覆没"了。

五、平仄、用韵和句法基调

子弟书和元代北曲一样，平仄是按北方音来读的，特别是"入派三声"，也有些字是故意用方音去读、去押，那是个别的例外。后边所录曲词中，入作平声的字加括号标出，作上去的不标。

韵脚是"十三辙"，只有一些较诙谐的作品，才用"小人辰""小言前"等儿化的"小辙"，一般庄重的作品多不用小辙。

元曲是曲子的格式，所以三声通押；子弟书因是七言基调，所以一回中一韵到底，都是平声韵。如果换韵，只有待到另一回。

所谓基调，是指子弟书的基本句型和调式。它们主要是用七言律诗句子，再用些其他字数的碎句做衬垫，这在下文还要详谈。现在先举一个起笔处来看：

《出塞》一篇，是写昭君的故事，首先八句律诗，直用杜甫的《咏怀古迹》一组诗中咏明妃的一首。诗是：

> 群山万壑赴荆门，生长明妃尚有村。
> 一去紫台连朔漠，独留青冢向黄昏。
> 画图省识春风面，环佩空归月夜魂。
> 千载琵琶作胡语，分明怨恨曲中论。

相传一个故事：有人见黄鹤楼上有崔颢题的诗，不敢再去题诗，因写一诗说：

一拳捶碎黄鹤楼，一脚踢翻鹦鹉洲。

眼前好景道不得，崔颢题诗在上头。

足见文人对前辈名家的态度，可以说尊敬，也可以说迷信。以一般的对联来说，一句如用古人成句，另一句也必要配古人成句。倘若用自己的句子去配古句，一定要被人耻笑。在杜诗之后，紧接自己续作的句子，这在修养深的正统文人，恐怕谁也不敢。而这篇《出塞》子弟书的作者，旧题为"罗松窗"的人，却毫无顾虑，放胆高歌地接着写道：

伤心千古断肠文，最是明妃出雁门。

南国佳人飘雉尾，北番戎服嫁昭君。……

岂不正是因为修养不深，也就是较少地受框子的限制，才能有这样的胆力吗？其实杜甫作诗时也未必像解诗的人想得那么多。曹丕"受禅"后说"舜禹之事，我知之矣"，真是最坦白的至理名言，只苦了那些战战兢兢的文人。子弟书的成就，恰在于胆，也恰在于浅。

从这里看到它们的句法基调，扩而大之，也可以理解它们的艺术风格的基调。下边以《忆真妃》为例，看这种文艺作品"一回书"的全貌。

六、刻本《忆真妃》

前边已经说过，子弟书的刻本极少。"文化大革命"前，我从老友韩济和先生处借阅过一个刻本子弟书，抄下了一个副本。"文化大革命"中这本书已和韩先生所藏的大量曲艺册子（艺人称曲本为册子）同付劫灰，于是我的这个副本，真不亚于"影宋善本"了。

此书刻本序文是写刻行书体，书口上端一"序"字，下端"会文山房"四字。序文半页八行，行十五字。本文宋体字，半页四行，行二句，书口上书"忆真妃"，下书"会文山房"。眉批每行四字，正文行间附刻圈点。

子弟书的句式行款，无论是抄本、刻本，都是每行两句，每句占七格，两句之间留出空隙。每句字数不少于七字，不超过十四字。每七格中如安排多于七字的句子，就用夹行和单行并用的办法来处理。八字句如：

孤灯儿照我人单影　雨夜儿同谁话五更

　　（按：这类曲词中，除非儿化小辙处的儿字外，都作一个音节或补垫的半个音节读。）

十字句如：

再不能太液池观莲并蒂　再不能沉香亭谱调清平

十一字句如：

莫不是弓鞋儿懒踏三更月　莫不是衫袖儿难禁五夜风

十三字句如：

眼睁睁既不能救你又不能替你　悲恸恸将何以酬卿又何以对卿

举这一些，可概其余。后边附录全文，就只能单行横写了。

　　这本《忆真妃》未写刊刻年月。前有隆文序，首称"乙未夏"，是道光十五年。刻板也不会迟得过多。老友吴晓铃先生也惠示一份刻本，计曲本三种：一是《蝴蝶梦》子弟书，刻于同治甲戌；二是《谤可笑》单出影卷，亦同治甲戌刻；三是《金石语》单出影卷，刻于同治庚午。这三种都是春澍斋的作品。据二凌居士跋，知这时作者已死。可知作者生存的大略时代，也可见这时这类曲本才得有序有跋，登于梨枣。

　　"影卷"是皮影戏的剧本，《金石语》附有《上场人物表》，后书"二凌居士未儒流编辑"。按二凌当然是指大凌河、小凌河，说明他是辽东人；未儒流即未入流的谐音，他一定是一个沉于下僚而略有文学教养的人。子弟书的提高一步，大约也即在这段时间里。

七、《忆真妃》的作者

　　子弟书绝大多数没有作者可考。罗松窗和韩小窗并称二窗，但人们对罗松窗的身世几乎一无所知，他的作品也没有什么标志。韩小窗是韩济和先生的旁支远祖，我们还有些传闻可稽。他的作品，喜好在开端几句中嵌上"小窗"二字。

惟一有姓字可据的，是这本《忆真妃》的作者。从前的无作者姓名，正是一般文学艺术品的初期现象。到了有作者姓名，便已入了文人手中，处于提高的阶段了。

《忆真妃》刻本前有隆文的序，说："乙未夏，余由藏旋都，驻蜀之黄华馆，适澍斋同年亦以别驾来省……以近作诸本赐观。"又说："曾记共研时，霜桥孝廉戏澍斋句云：'前有袁子才，后有春澍斋。'"款署"愚兄云章隆文拜读"。从这里得知作者春澍斋是隆文的同年，曾任四川某州的同知。按隆文字质存，号云章，清宗室，正红旗满洲人。嘉庆十三年戊辰翰林，散馆改刑部主事，官至军机大臣、户部尚书，谥端毅。

《蝴蝶梦》有二凌居士跋云："爱新觉罗春澍斋先生，都门优贡生，宦游奉省年久，与余笔墨中最为知己。所著各种书词，向蒙指示。公寿逾古稀，精神健壮。临终先时，敬呈楹联十四字云：'公正廉明真学问，嬉笑怒骂皆文章。'夫子赏鉴，遂以此书相赠，梓付手民，以志不忘云尔。二凌居士谨跋。"从这里得知春澍斋姓爱新觉罗，都门优贡生（隆文所称同年，应是生员同年），曾在奉天做官多年，年逾七十还精神矍铄。临终以前，二凌居士得到书稿。《蝴蝶梦》刻于同治甲戌，假定春澍斋卒于这年，年约七十五，上推约生于嘉庆五年，在四川做同知时年约三十五，而《忆真妃》正是在蜀中所作。

清代旗下人的汉名，多是二字，并不连姓。普通即以名的上字代姓氏，如春某，字澍斋，即被人称春澍斋。他既姓爱新觉罗，如是宗室，当然可在《星源集庆》宗谱中查出，从水旁的"澍"字可以推出他名的下字不离什么"霈""润""霖""泽"之类的字样。清代皇族都姓爱新觉罗，本无差别。但清初即曾经官定，本支称"宗室"，旁支称"觉罗"。觉罗人士可以署名某某，也可署名觉罗某某。宗室则署某某或宗室某某。觉罗人士为了表示他也"系出天潢"，有时也写"爱新觉罗某某"，而宗室反倒不这样写。妇女称某氏，觉罗称"觉罗氏"，宗室则称

"宗室氏"。到了民国成立，袁世凯在所谓"优待条件"中曾有一条是要旗人名上冠以汉姓，清代的宗室人士有为表示自己原有姓氏，因而自署"爱新觉罗某某"的，但这只在行文上出现，社会交际的名帖上并不这样写，别人口头也不这样称。以上是清初到清末和自民国初到 1984 年两段的情况。

春澍斋的这个"爱新觉罗"的姓，很可能标志着他是觉罗。如是觉罗，则需到《仙源集庆》宗谱中去查。问题还不止此，二凌居士跋中的斋上一字却是从木旁的"树"字，这就更加不可捉摸了！

八、创造性的新诗体

子弟书虽然是歌唱的，但因为它是敷陈故事，属于鼓书一类性质，所以叫做"书"。当时这些"书"的作者，极像宋元之间的戏曲作者"书会先生"。他们创作作品，称为"著书"，所以隆文序中说春澍斋"尤善著书"，即指撰写子弟书。

我对这个"书"字却有些意见，并非以为只有经史子集才配叫书，必作议论考据才配叫著书，而是觉得它应叫"子弟诗"才算名副其实。这个"诗"的含义，不止因它是韵语，而是因它在古典诗歌四言、五言、七言、杂言等路子几乎走穷时，创出来这种"不以句害意"的诗体。我们知道白居易的作品在唐代总算够自由和大胆的了，那些《长恨歌》《琵琶行》，通俗性并不减于春澍斋、韩小窗的子弟书，但他还出现过把周师范这个人名在诗句中只称周师，自注"去范字叶韵"，直成了"杀头便冠，削足适履"。当然由于冠履小于头足，才去杀削，若有人能制出能伸缩、有松紧的冠履，头足也就无须杀削了。

古代诗从四言到杂言，字数由少到多，句式由固定到不固定，都是冠履由紧到松。但每放开不久，就又成了定型。杂言到了李白《蜀道难》，总算句式相当自由了，三、四、五、七、九言杂用，思路、形象跳跃，当然与句型的变化是尽力相应的。但由于时代差异，语言习惯发展，今天读起来，未免仍稍有生硬之感。欧阳修的《明妃曲》，出现

211

"胡人以鞍马为家，狩猎为俗，泉甘草美无常处"的句式，实是以三四四的句子对七言句，但念起来远不如子弟书流畅，主要应由于"胡人以"处顿不开，便成了七四七的两句，相当拙涩了。

词、曲解放了一步，因为它们可以有衬字，但终究有曲牌的锁链松松地套着，到了衬字辨不出来时，就都变了正文，那松链又变成了紧链。偶然遇到苏轼的《水龙吟·杨花》、李清照的《声声慢》，能在紧链中任情高唱，大家不禁喝彩，可惜就只有这么几首中的几句。

到了元明剧曲中，衬字活的，能"不以词害句"；而定型了的，则多以文雅的词藻、典故来堆衬，以救其"不成话"之穷，造成了"皮厚"（艺人称易懂的唱词为"皮薄"，难懂的唱词为"皮厚"）的唱词。西皮二黄唱词似乎可以无多顾忌了，但也出现了"翻身上了马能行"一类的句子。马而不能行，上它何为？实际"能行"只是凑数凑韵而已。

子弟书以七言律句为基调，以其他的长短碎句为衬垫，伸缩自如，没有受字数约束的句子，也就没有受句式约束的思想感情。虽也有打破三字脚的句子，但总以并列的四言镇住句尾。在其他作品中，也有一句中以一个四言为句尾的，但这种句中上边总以松活的衬句领先，而且对句也必配得相称，绝没有"胡人——以——鞍马——为家"那样干巴巴的句子。至于

> 似这般，不作美的金铃、不作美的雨，
>
> 怎当我，割不断的相思、割不断的情。

当然"不作美的雨"和"割不断的情"是五言句，实际上这两句是"作美金铃作美雨，不断相思不断情"。加上衬垫，就把五言、七言句子变得有如烟云舒卷，幻化无方了。又如蚯蚓有一般的长度，但禁得起切成碎段。断了再长，又成几条。这种既具有顽强的生命力，又具有多变的灵活性，归结还不离一般的长度和形态。这种诗，衬垫自然，不必用很多的"啊""哦"来烘托，才够诗的气氛；节约版面，也不必用阶梯式的写法，才成诗的形式；密咏恬吟，更不必用大力高声，才合朗诵的腔调。

另一方面，它的曲词又可随处移植：在演唱的场面上，从前听到清

音大鼓拿它作唱词，后又听到小口大鼓拿它作唱词。可见它又没有唱法唱腔上的狭隘局限，岂不是一举数得的民族的、民间的、"雅俗共赏"的新体诗作吗！

九、子弟书与八股文

《忆真妃》隆文序中说："余卒读之，纯是八股法为之。以史迁之笔，运熊、刘之气，来龙去脉，无不清真，而出落处，更属井井。至于意思新奇，字句典雅，又其馀事。"

眉批不知出谁手，与隆文的序相印证，似即为隆氏所批。在"忙问道"二句上批："此等度法，纯是天、崇、国初。"在"说这正是"句上批："一'说'字入口气极妙。"

这里需要加以说明的，首先是"清真"。按八股向以"清真雅正"四字为标准。我所见到的最早露面处是在清代《钦定四书文·序》中，从此嚷了两百多年，谁也没能给这四字举出定义，只有张之洞的《輶轩语》中有几句解释，仍是抽象之词。现在姑从字面上讲，"清"当然是清楚，不杂乱；"真"应是对伪而言的，也就是不做"歪体""伪体"（即历史上文艺评论家所反对的不合正统的诗文），或指不说假话。"雅正"是俗邪的反面，比较易懂了。在八股家的评语中，提出清真二字，便是肯定文章合乎标准的同义语。至于"度法"一词，是指"度（渡）下"之法。何谓"度下"？如题为"甲乙"，先说了甲后，过渡到说乙时，这个过渡部分的话，叫做度下（回顾上文、联系上文的话，叫做"挽上"）。"入口气"也是八股的术语，如题为"子曰什么"，在作者用自己的、客观的说明交代完了之后，应该阐明孔子说什么的时候，即应用孔子的口气来说。开始用题中人物的语气来说话处，叫做"入口气"。

八股文曾为什么人服务及其功过是非等，都是不待言的，也是这里所不能谈得全的。而它的逻辑周延，推理精密，一个问题必须从各面说深说透，这种种文笔的技巧，则又是读过八股的人所共见的。作子弟书的人，生在科举考试用八股文的时代，必都学作过八股文，也是可以想见的。但子弟书并不等于八股文，运用八股文的某些技巧，也并不等于作八股文，这也是不言而喻的。清代中期学者焦循，曾因八股文代题中人物说话，把八股比作戏剧；还有人做不好八股，因读《牡丹亭》而文笔大进，这也都是八股技巧与戏曲有关的旁证。

这篇《忆真妃》还有一项最明显合乎八股文法处，却未被隆文指出的，即是这段故事内容是写杨妃死了以后，唐明皇在入蜀途中回忆杨妃的心情。所以有些传抄本题作《闻铃》或《剑阁闻铃》。这未必全出抄者臆改，可能是作者某次稿的旧题。有涉及杨妃死前事迹处，都是明皇心中悔恨的追忆，而不是作者客观的记述。如果实写了以前的事，叫做"犯上"。又末尾只写到天明起程，如用作者语气写出起程以后的事，便成了"犯下"。也不知是作者有意为之，还是习惯地使然，居然丝毫未犯这种戒条。

有趣的是全篇想唐明皇之所想，细腻入微，面面俱到，几乎是滴水不漏了，然未免犹有令人遗憾处。如此心思玲珑剔透的作者，却没留下从杨妃那一面设想的作品。

附：《忆真妃》全文

乙未夏，余由藏旋都，驻蜀之黄华馆，适澍斋同年亦以别驾来省。他乡遇故知，诚为快事。澍斋诗文，固久矣脍炙人口，而尤善著书。如《忆真妃》《蝴蝶梦》《齐人叹》《骂阿瞒》及《醉打山门》诸作，都中争传，已非朝夕。兹长夏无事，欲解睡魔，澍斋因以近作诸本赐观。余卒读之，纯是八股法为之。以史迁之笔，运熊、刘之气，来龙去脉，无不清真，而出落处，更属井井。至于意思新奇，字句典雅，又其馀事。曾记共研时，霜桥孝廉戏澍斋句云："前有袁子才，后有春澍斋。"虽曰戏之，实堪赠之云。愚兄云章隆文拜读。

通首诗文，尚未之见。今观此本，已诚为文坛捷将矣。拜服，拜服！晓瞻弟张日晟拜读。

（以上是序文和题辞）

（以下是全部曲词和批语）

马嵬坡下草青青，

今日犹存妃子陵。

题壁有诗皆抱憾，

入祠无客不伤情。

批：源源本本，高唱而入。（按：眉批原在上端，现为阅读方便，先出曲词，下注"批"字，再录批语。又正文句旁圈点，多为映照批语，今删。）

三郎甘弃鸾凰侣，

七夕空谈牛女星。

万里西行君请去，

何劳雨夜叹闻铃。

批：甘弃二字、谈字、请去字、何劳字，春秋笔法，是老吏断讼，盲者焉知。

杨贵妃，梨花树下香魂散，

陈元礼，带领着军（卒）才保驾行。

叹君王，万种凄凉，千般寂寞，

一心似醉，两泪如倾。

愁漠漠，残月晓星初领略，

路迢迢，涉水登山那惯经。

好容易，盼到行宫，（歇歇）倦体，

偏遇着，冷雨凄风助惨情。

批：如此落题，是大家手段。

剑阁中，有怀不寐的唐天子，

听窗儿外，不住的叮咚作响声。

批：天衣无缝。

忙问道，外面的声音是何物也，

高力士奏，林中的雨点，和檐下的金铃。

（按：从前习惯此和彼的"和"，多写作"合"，今改。）

批：苍老。此等度法，纯是天、崇、国初。

> 这君王，一闻此语长吁气，
>
> 说，这正是，断肠人听断肠声。

批：一"说"字入口气极妙。

> 似这般，不作美的金铃、不作美的雨，
>
> 怎当我，割不断的相思、割不断的情。

批：绝妙好词。

> 洒窗棂，点点敲人心欲碎，
>
> 摇落木，声声使我梦难成。
>
> 铛锒锒，惊魂响自檐前起，
>
> 冰凉凉，彻骨寒从被底生。

批：句句是情，句句是景。情中景，景中情，双管齐下，横扫五千。

> 孤灯儿，照我人单影，
>
> 雨夜儿，同谁话五更。
>
> 怎孤眠，岂是孤眠眠未惯，
>
> 恸泉下，有个孤眠和我同。

批：匪夷所思。

> 从古来，巫山曾入襄王梦，
>
> 我何以，欲梦卿时梦不成。

批：非情天孽海中人不能如此设想。

> 莫不是，弓鞋儿懒踏三更月，
>
> 莫不是，衫袖儿难禁五夜风。
>
> 莫不是，旅馆萧条卿厌恶，
>
> 莫不是，兵马奔驰你怕惊。
>
> 莫不是，芳卿意内怀馀恨，
>
> 莫不是，薄幸心中少至诚。

批：六"莫不是"是六层，一层深似一层。雅人深致，绣口锦心。

> 既不然，神女因何，不离洛浦，

批：三字有千钧力。（按：三字指"既不然"，正文旁有密圈。）

> 空教我，流干了眼泪，盼断了魂灵。
>
> 一个儿，枕冷衾寒，卧红莲帐里，
>
> 一个儿，珠沉玉碎，埋黄土堆中。
>
> 连理枝，暴雨摧残分左右，
>
> 比翼鸟，狂风吹散各西东。

批：连理枝、比翼鸟用在此处，确乎不拔。

> 料今生，璧合无期，珠还无日，
>
> 就只愿，泉下追随伴玉容。
>
> 料芳卿，自是嫦娥归月殿，
>
> 早知道，半途而废，又何必西行。

批：何必西行，不错不错。

> 悔不该，兵权错付卿乾子，
>
> 悔不该，国事全凭你令兄。

批：此等巧对，却在目前，他人万想不到。

> 细思量，都是奸（贼）他误国，
>
> 真冤枉，偏说妃子你倾城。
>
> 众三军，何恨何仇，和卿作对，
>
> 可愧我，要保你的残生也不能。

批：冤枉真冤枉，可愧真可愧。

> 可怜你，香魂一缕随风散，
>
> 致使我，血泪千行似雨倾。
>
> 恸临危，直瞪瞪的星眸，咯吱吱的皓齿，
>
> 战兢兢的玉体，惨淡淡的花容。

批：肖神之笔，写得怕人。

眼睁睁，既不能救你，又不能替你，

悲恻恻，将何以酬卿，又何以对卿。

批：无地自容。

嗳，最伤心，一年一度梨花放，

从今后，一见梨花一惨情。

妃子呀，我一时顾命，就耽搁了你，

好教我，追悔新情忆旧情。

批："顾命"二字，口气太毒，作书人应减寿十年。

再不能，太液池观莲并蒂，

再不能，沉香亭谱调清平。

再不能，玩月楼头同玩月，

再不能，长生殿里祝长生。

我二人，夜深私语到情浓处，

你还说，但愿恩爱夫妻和我世世同。

批：愈转愈曲，愈曲愈灵。

到如今，言犹在耳人何处，

几度思量几恻情。

那窗儿外，铃声儿断续，雨声儿更紧。

房儿内，残灯儿半灭，冷榻儿如冰。

柔肠儿，九转百（结，结结）欲断，

泪珠儿，千行万点，点点通红。

批：到底不倦，何等力量。

这君王，一夜无眠，悲哀到晓，

猛听得，内官启奏，请驾登程。

批：曲终人不见，江上数峰青。

原载 1985 年《文史》第二十三辑

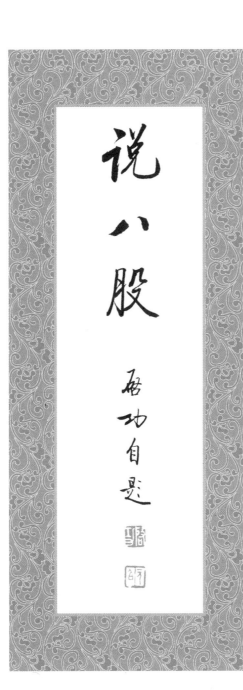

说八股

启功自题

一、引　言

"八股"二字，现在已几乎成为"陈腐旧套""陈词滥调"或说"死套子""滥调子"的代称，使人厌弃、遭人反对的一切坏事物的"谑谥""恶谥"。我曾遇到过用这二字为贬义词的人，有的竟不知它是一种文体的名称，更不用说八股为什么那么坏的理由了。

其实"八股"是一种文章形式的名称，它本身并无善恶之可言。只是被明清统治者用它来做约束士子思想的工具，同时他们又在这种文章形式中加上些个烦琐而苛刻的要求。由积弊而引起的谑谥，不但这种文体不负责，还可以说它是这种文体本身被人加上的冤案。

譬如有人用苛刻的不能忍受的条件挟制别人，俗称给人"穿小鞋"。做服装的单位、卖鞋的铺子，都有功而无过，鞋的本身也无善恶的分别。即使是小尺寸的鞋，小孩需用，何坏之有！用挟制人的手段去虐待别人，好比给大脚的人穿小鞋，使他不能走路，那属于挟制者的罪恶，与鞋无关。八股之成为谑谥、恶谥，虽不像"尺寸小的鞋"那样本身毫无责任，但形式太死板，苛刻条件太多，那究竟是限定型、设条件者的责任，实与文体基本形式或说各个零件无关。近代有人嘲笑做律诗好比戴着脚镣跳舞，但跳芭蕾人穿的硬尖鞋，也不比脚镣舒服多少！况且古今作律诗的人有多少，作品有多少，它们是否从来未曾有过文学艺术的作用？是否只是一堆用过了的废脚镣？恐怕也不见得。外国有"十四行诗"，为什么必须十四行，为什么十三、十五就不可以，恐怕也禁不得追问。

八股的基本形式很简单。开头"破题"，是说出这次要讲的主要的内容是什么，性质也就相当于今天所谓文章的"主题"；次是"承题"，即简单地进一步作主题的补充，类似"副标题"的作用；三是"起讲"，是较深入地说明这个题目的用意所在，或说是内容大意。以下逐条分析，正面如何，反面如何，反复罗列优点缺点，利处弊处。最后收场结束语。无论一百分钟的"两节课"、三小时的"大报告"、小组会的即席发言，乃至酒席之间评论一项菜肴的烹调做法，或运动场上解说员对某项比赛的实况解说，假如有人给它录下一段一段全部的原词，然后分出局部，各立一个名目，恐怕并不少于"破承起讲、提比后比"之类。因为文体来自语言次序，某种常见的次序又多是实践中选择出来的。选择的标准又常是由效果好而定的。用久用多了，成了传统，成了套子，沿用的人也忘了它的所以然。假如我上两节课，讲一篇文章或一项问题。每段之后，有人在旁边高唱"破题""承题""第一股""第二股"，不但要全场哄堂而笑，我自己也会苦笑着"心悦诚服"。这只说形式的自然形成，谁也不会认为每人每次的"两节课""三小时"所讲内容必然都是"毒草"吧？

再做个具体例子：导游者向旅游人介绍："今天游燕京八景"（破），"八景是本市的名胜古迹，已有几百年的历史"（承），"它们有的在市内，有的在近郊，游起来都很方便"（讲）。a景、b景（提比），"太液秋风不易见，金台夕照已迷失"（小比），c景、d景（中比），"卢沟加了新桥，蓟门换了碑址"（后比），"今天天气很好，八景全都看了"（收）。哪个旅游人会向这位导游抗议说他作了八股呢？

有人曾提出：为什么股必须"八"？回答是：是这种文章形式中常见用八条论点来讲明问题，或说用八条的比较多。至于必须八条，那属于发命令挟制人时所规定的苛刻要求之一，在早期考场中也不完全这样。相题作文，题中两项论点，即作两大扇；题中三项论点的，即作三大扇，也被允许，并非从来未见的。只是愈往后来，要求愈苛，应考作文的人谁也不敢冒险去作罢了。更有只有六股的，童生（青少年初次应考的）的考卷，作不出八条的只作六股也可以。还有些偏僻小县，文化教育很差的地方，根本找不出什么能作文章的人。但全国各县都有"学额"，需要凑够数目。因此能作破、承几句，即算及格。一次遇到一个考生在承题之后写了"且夫"二字，考官就批道"大有作起讲之意"，把这人列在第一名。这便是一股都没有，不是也算及格了吗？

又有人提出：为什么八为标准？这我也答不出，但知八数在民族习惯中非常习见。为何习见，我也说不清。且看《易》有八卦，肴有八珍，淮南八公，蓬莱八仙，汉末清流有八顾，周代贤人有八士、舞有八佾，塔有八角，荀子说螃蟹六跪二螯，总算破了八数，但校勘家根据生物实际现象，还是把它校改成为八跪了。最坏的，骂人的话有"胡说八道"一词，八道怎讲，究竟道之为八，又何坏之有？用这词的人也说不明白吧？

二、八股文的各种异称

1. 八股文

这种文体中首先是"破题""承题""起讲"三个小部分，这三小部分合起来也被统称为"冒子"，只是为说明题意。重要的在后部，逐条逐项去发挥，把那个主题从上下、前后、正反、左右，讲得面面俱到，常常要说好多条，但常用八条。由于每条怕单说不够，常变换地、相对地配上一条陪衬，用以辅助加强前边那个论点，使它不致孤立。既配上了一条，便成了一副对联，一篇中便有四联。两条相对，好比人有两股（腿），一篇最多不过八条，所以称为八股。八条的限制，也不是这种文体最初所有的。

2. 八比

每两股既然必要相衬对比，所以每两股叫做"一比"，那么每篇中实际只容下四比。大约有人嫌股字不雅，便称八股为"八比"，殊不知八比便是十六股，名实不符了！

3. 制艺、经义、制义

科举考试是皇帝命令去考试"士子"的事，皇帝的命令称为"制"，皇帝命作的文艺便叫做"制艺"。考试的内容是要士子讲明所学的某种经书中的某项道理。讲解经书中道理的文章叫做"义"，今天的教科书、教材还叫"讲义"，以经书中某项道理为题目去考试士子，这种试卷文章叫做"经义"。古代作经义还没有"八股"体裁，明清科场也有考

《五经》题目的"经义"，文体并不全用八股，这属于狭义的"经义"。《四书》既被列为经书，在《四书》中出题作八股文，也曾被广义地称为"经义"。广义的"经义"，既是皇帝命作的，也曾被称为"制义"，与"制艺"一称有时混用。举人、贡士、进士的"举、贡、进"，都是向皇帝举荐、贡奉、进呈的意思，所以科举又称制举，科举的文章又称制举文章。古代考取人才，分科分类去选拔，所以称为科举、科考等。明清以来，试多科少，混称科举，已名不副实，讲解经义更流为滥套了。

4. 时文、时艺

八股文相对两汉唐宋的"古文"来说，是后起的文体。很像律体诗在唐代是新兴的诗体，所以唐代称律诗为"近体诗"，以别于以前的"古体诗"。八股文对待"古文"称为"时文"也是同样道理。八股既称"制艺"，牵连也称"时艺"。

5. 《四书》文

明清科举考试的文体种类很多，殿试用"对策"；特别考试如康熙、乾隆时曾举行的"博学鸿词"科则考"律赋"和"排律诗"。还有皇帝对翰林院范围的文官随时进行"大考"，题目、文体也常由皇帝临时指定。清末废除八股后改用其他文体，这里都不去说它。清代绝大部分的时间、绝大范围的考试中，最主要的考试内容是《四书》，所用的文体是八股。所以从起码的童生进学考试到最高的殿试之前，即县、府、院试，乡试，会试三大级的考试主要部分都离不开《四书》题的八股文，所以八股文又称为《四书》文。按讲《四书》的文章并不是都是八股文，而用八股文形式作的文章也不全是《四书》的题目内容。但是习惯已久，"心照不宣"，《四书》题目，八股体裁，已经牢不可分了。清代乾隆时皇帝命方苞选明清人所作《四书》题目的八股文共四十一卷，名为《钦定四书文》，照样有总批有夹批。从此《四书》题的八股文称为"《四书》文"更加"名正言顺"了。

三、八股文形式的解剖

1. 题目

八股文既以《四书》题为主要内容，以下俱以《四书》题为例。

少数字的题，又称"小题"，多句或全章的题称为"大题"。有一字至一句的，如"战"（《论语》）、"妻"（《孟子》）、"是也"（《论语》）、"匍匐"（《孟子》）、"少师阳"（《论语》）、"去其金"（《孟子》）、"节彼南山"（《大学》引《诗经》）、"子路不说（悦）"（《论语》），至于五字或再多的，不再举例。有一句的，如前举"节彼南山""子路不说"都是整句，如"战""妻"等就是句中摘出的一字了。

还有两句三句以至全章的。全章中有的可分几节，例如"学而时习之，不亦说（悦）乎；有朋自远方来，不亦乐乎；人不知而不愠，不亦君子乎"即是一章中分三节。出题为了简单，只写"学而时习一节"，或"学而时习二节"（即至"乐乎"，或写"学而至乐乎"）。若写"子曰学而全章"，则是自"子曰"至"君子乎"了。

"战"是摘"子之所慎齐战疾"句中的一字，"匍匐"是截去"匍匐往"的"往"字，还有整句中截去半句的，固然都等于儿戏；即使那些一章中取一节或两节的，也已不是孔子、孟子诸人当时的完整意思了。

还有更荒唐的是截搭题，即截取句子的头尾，或前一句的尾搭上后一句的头，或截前一章的尾搭后一章的头，更有隔篇截搭的。举例来看：

"王速出令，反其旄倪，止其重器"是孟子对齐宣王说的。有人只取"王速出令反"五字，于是考生都作成王快出命令使人造反，成了笑柄。这是上下句的截搭。"异邦人称之亦曰君夫人"是《论语》中《季氏》篇的末句，"阳货欲见孔子"是《阳货》篇的首句。有人截成"君夫人阳货欲"，就更不像话了。

大家习知截搭题为儿戏，却不想即出单句，原意也不完整。但这类出截搭题法是怎么来的呢？因为整段整章的题，前代人几乎都作过了，考生念过，遇到同题，可以抄用。考官很难记得那么多，辨别那么快。于是出这种缺头短尾、东拉西扯的题，可以杜绝考生抄袭的弊病。这也是清代后期这种现象才渐渐多了的缘故。不难想象，如果在雍乾时代，法令严苛，像那出"王速出令反"之类儿戏题的人，后果就不堪设想了。

2. 破题

顾名思义，"破"即是解开、分析的意思，翻译密码叫做"破译"，猜谜语叫做"破谜"。文章开篇先把题义点明，叫做"破题"。从唐代人作律赋、宋代人作经义，直到明清人作八股文，开始点明题意的、那几句话，都被称为破题，只是唐宋人作法没有明清人在八股文中那样死板罢了。

怎说死板？八股文的破题，规定只用两句。也有三句的，多半是有一个长句中有略顿处，像是三句的。这两句主要是概括题意、解释题意，但又不能直说题意。直说的等于重复说一下，叫做"骂题"。做得好的，常是既透彻又概括。很长很复杂的题目，要用简单的两句把它点明；短到一两个字的题目，也要用比题字多几倍字数的两句话把它说透。

在科举考场中，考卷数多，阅卷人少。题目一律，文体一律。阅卷的时限又短促，每日要看若干本。阅卷人的精神情绪，不问可知。所以有人阅卷，一看破题已可预见到全文的水准。很简单，一本卷子，头两句即不通顺，下文怎能忽然变好？况且即使后边较好，而开头不通，一座没顶的房屋，也难算合格。因此阅卷者的注意力很自然地多投在破题部分。作者对破题部分也多费煞苦心，极力把它作好。还有仓促之间测验一个人才智，出一题令被测验的人去"破"，破得好，便过了这一关。可以算是最短最快的考试，前人记录也非常多。

从实质上说，这种破题的作法，和作谜语极其相似。有谜面，有谜底。破题两句即是谜面，所破的题目各字即是谜底。进一步讲，整篇的八股文几百字就是谜面，题目那些字即是谜底。因为少数的几个字或几句的孔孟的话，翻来覆去地硬敷演成篇，不过是用变着花样的字面（字、词）、挖空心思的论点，上下左右正反前后地开辟通道或堵塞漏洞。从其中看出被考的人对《四书》和朱熹的注解念得熟不熟，钻得透不透，想得全不全。出题人拿出一字半句，类似零头碎块，作者也能把它说全，说圆，说得天花乱坠。这样的士子"说谎"和"圆谎"的技能才算及格，才是可靠的官员材料。什么是"圆谎"，比如说"惟天为大，惟尧则之"，尧学天，谁知道，谁看到。如遇此题，也要写得逼真活现，岂非圆谎！下面举些破题的例子：

"子曰"二字题，破说："匹夫而为百世师，一言而为天下法。"这是不露出谜底的任何一字而把"子"（孔子，至圣先师）、"曰"（孔子所说，至理名言）二字说得不但非常透彻，而且绝对不能移到别人身上，这是最标准的破题。又因为不露谜底题字，可以叫做"暗破"（各种巧立名目的破法不必详举了）。

"大学之道、天命之谓性、学而时习之、孟子见梁惠王"，这是《大学》《中庸》《论语》《孟子》每部书的第一句，合起作题目。这四句毫无关联，破说："道本乎天（切题中前两句），家修而庭献也（切后两句，在家里学习，在朝廷贡献）。"又如"周有八士，伯达、伯适、仲突、仲忽、叔夜、叔夏、季随"（《论语》记了八人，题目截去末一人季骐）题，有人作了破题的上句说："纪周士而得其七"，缺一个下句。有人续出来说："皆兄也。"毫无联系的七个人名，还故意缺少一个，用三字凑成了两句"废话"。少数字也破两句，多数字也破两句，有情理的破两句，没情理的也破两句。以上都是郑重的场合中所作的冠冕堂皇的废话。

还有公然做游戏的破题："君命召，不俟驾而行"（《孟子》），破曰："王请度之。"这也是《孟子》的一句，本意是请王自己忖度，这里当作"王请""度之"讲，度又是徒步行走的意思。"君命召"即是王者邀请，

"不俟驾而行"即是不等得车来就徒步走了。这是特意作少数字的破。又有人看到一个秃头人走过，指向另一人说：你能以这秃头为题，作一个字的破题吗？回答说："鞟。"《论语》"虎豹之鞟"朱熹注解鞟字说："皮去毛者也。"

也有故意作长破的，如题"御人以口给，屡憎于人"（《论语》），破说："圣人憎御人之人，恶其以善为恶、以恶为善、以是为非、以非为是、以贤为不肖、以不肖为贤者也。"三十七字，实只两句；"之人"为一句，"者也"为第二句。其中顿号处，都是小停顿，不能算句。又有出"三十而立"题的，破云："两当十五之年，虽有椅子板凳而不坐也。"

以上都是公开取笑的事，如真在考场中作，必然要被罚的。但郑重的考卷中所作破题，它的原则和技巧，与这类游戏是并无两样的。

还有误解题意，作成不合理的破题的。一考官出"非帷裳必杀之"题，这是《论语》的一句话。帷裳是朝、祭用的礼服，尺度可宽。如非帷裳，宽了必须削剪。"杀"即削剪之义。一人作破题云："服有违乎王制者，王法所必诛也。"把杀字解为杀人的杀。虽然错了，但考官因为他维护王制、王法，就许可算他及格。

又一考官出"征商自此贱丈夫始矣"，这句出于《孟子》，是说开始征收商旅税的人，为统治者聚敛钱财，是个贱丈夫。考者误解为征讨殷商的周武王，作破题说："以臣伐君，武王非圣人也。"考官因为他侵犯了周武王这位统治者的偶像，就把他判入劣等。

更有对题目字面乱作解释的，如题为"子之燕居，申申如也，夭夭如也"，作破题的人说："记圣人之鸟处，甲出头而天侧头也。"把燕破鸟，把居破处，申破甲出头，夭破天侧头，可算荒谬而离奇的了。又有一位学政考一省的生员，出"鳖生焉"题。这是把《中庸》"鼋鼍蛟龙鱼鳖生焉"句，截去前五字，已不成话。生员作破题说："以鳖考生，则生不测矣。"字多双关，令人失笑。以鳖考生，可以讲作用鳖的问题来考生员，也可讲作派鳖来考生员。则生不测，可讲作生员莫测高深，也可讲作则发生不测事件了。结果学政被革了职。

3. 承题、起讲

在破题后，用三句承接破题所说出的意思，这部分叫作"承题"，它具有承上启下的作用。以三句为标准。

承题以下，引申、讲明题意或说明题目内容的背景等，这部分叫做"起讲"，又称"小讲"，最多不得超过十句。

所谓的句，比较灵活，有时一句中的许多顿处，可以不被算作一句。如上文谈破题中那个"御人以口给，屡憎于人"题的长破，有许多小顿处都不认它为句。为了说明一篇中各部分的关系紧密，下边连贯举一篇为例，分出各部分来谈：

> 狗吠（出《孟子》"鸡鸣狗吠相闻而达乎四境"，是孟子对齐宣王说的话，见《公孙丑·上》。）　　　　　　清　蒋栻之

> 物又有以类应者，可以观齐俗矣。

> （以上是破题。狗吠上有鸡鸣一词，所以说出"又有"。孟子当时是说齐国富庶，不是凭空为说狗吠，用"观齐俗"可以笼罩全题。）

> 夫狗，亦民间之常畜也，乃即其吠而推之，其景象果何如耶？

> （以上是承题。大意是狗本是民间常畜，其吠有何可说？孟子所以提出狗吠，是为说明齐国富庶，而富庶的景象究竟何如呢？这样写，既承上讲明为何提出狗吠，又引起下文的地步。因为只抱狗吠二字而说，必然只表现狗吠的声音；这里扩展到狗吠的背景范围，就不愁没有可说的了。）

> 若曰：

> 辨物情者，所以观国俗；睹物产者，所以验民风。吾尝入齐之疆，而窃叹其聚俗之盛也。

> （以上是起讲。从齐国之内，民风国俗说起，民生富庶，当然养的狗就多了。这样写，先铺开齐国的环境，狗所生

存的背景就不致落空。起讲即可开始"入口气"。"若曰"即是说孟子当时即是这样说起的。从此以下，全要体现孟子的口气，也就是所有议论，都是孟子说的。八股文这种特殊的讲解经书义理的文体，要"代圣贤立言"，文中所论，都必须是替圣贤说话。从破承到起讲，总起来是一大部分，也被统称为"冒子"。）

岂但征之鸡鸣已哉！

（这种单句或小段都是文中的引子、楔子或黏合剂。用在前边的叫"领题""出题"，用在中间的叫"过接"，用在后边的叫"收结"，还有下文的或暗藏下文的叫"落下"等。这里"岂但"一句即是第一比以前的"领题"。明代曾把这部分的话称为"原题"。八股的苛刻要求之一，是不许"犯上"或"犯下"。例如孟子原话是"鸡鸣狗吠相闻而达乎四境"，而题目只出"狗吠"，如果文中讲了鸡鸣如何，就算"犯上"；如讲了达乎四境如何，就算"犯下"。这里写岂但鸡鸣就完了吗？下句潜台词是还有狗吠呢！又可引出狗吠。如说它犯上，但它却是否认鸡鸣的。）

4. 八股、四比

以下接用《狗吠》一文的中间部分为例：

自功利之习既成，而人争夸诈。故斗鸡之外，尤多走狗之雄。

（以上第一股，从狗吠问题上想起走狗，走狗问题上又配上作陪衬的斗鸡。这里只提出狗，并不沾吠。）

自山海之资既启，而户饶盖藏。则吠夜之声，不减司晨之唱。

（以上是第二股，与第一股合为对联。从人民收入富裕说到养狗的渐多，狗吠之声，不减鸡鸣。仍没正面露出狗吠，又仍在暗中用鸡鸣陪衬。）

分沥粒之馀甘，而驯扰优游，不过与羵豚并畜。乃暮析相传，而人为之守望者，狗亦共之徼巡。盖风雨晦明之间，嗖嗖者终宵而未静矣。

（这是第三股，也是第二比的上联。进入了全篇要正面发挥的重要部分。沥粒余甘指洗米的剩余，与羵豚并畜是说养狗和养猪一样简单。人在晚间或守望或巡夜，狗亦随着出力。嗖嗖是狗叫之声，因此常常整夜可以听到。这里既说出狗的用处，也说出狗的叫声。）

抚胎伏之无伤，而尘嚣角逐，亦只与牛犊同群。乃夜扉既阖，而人乐其安居，狗尚严其戒备。盖草露寒瀼之际，狺狺者达旦而未休矣。

（这是第四股，是第二比的下联。说狗的繁殖增多，可与牛犊同群奔逐。每到人家入夜关门之后，人已安居，狗还在戒备。露水满地的草丛中，发出狗叫声音，到晓不停。狺狺也是狗叫声。这两大股，从狗的生活、繁殖、功用，归到吠声。嗖嗖、狺狺更是形容狗叫的常用专词。）

瞻之以影，听之以声，非其见闻习熟而狰狞欲啖者，一若有异言异服之讥。

（这是第五股。狗从人的影、人的声，辨别是否熟习的人。如是生疏的人，便凶猛地去咬。这时它的作用很像古代国境上遇有特殊语言、特殊服装的人要加以稽查一样。讥在这里是审查之义。前边两股已正面说出狗的功能，和吠声的广泛。似乎已无可多说的了。这里又提出狗能识别熟人生人，对生人进行拦阻、又吠又咬的情形。）

深巷之中，蓬门之下，苟其一唱噪然而嘈杂齐喧者，并若有同声同气之助。

（这是第六股。前边说了狗在较远范围能加守护。这里说一个小户人家的门前，一狗一叫，众狗齐叫，真有"同声相应、同气相求"的态度。）

由是国风十五，而卢令志美，独夸东海之强。

（这是第七股。从今天的狗追溯到古代的狗。《诗经》十五国风的"齐风"里说到"卢令令"，卢是田犬，令令是犬戴的铃铛声音。齐国在东海之滨，卢令载在齐风，可以说为东海地方增强了声誉。）

甚而食客三千，而狗盗争雄，尝脱西秦之险。

（这是第八股。说齐国的孟尝君有三千门客，曾用鸡鸣狗盗的手段，逃出了秦国。前三比把狗的能力、功劳、讥查、咬人、吠影、吠声、乃至哐哐、狺狺的声音特色都写得既详且尽，到了最末，好像已无可再说了。作者忽然抬出狗的光荣历史，辉煌地载于《诗经》《战国策》，有根有据，可以说是毫无遗憾了。只是还有一个小漏洞，是作者忽略了的，下一章里再作详说。）

233

苟使民居寥落，安能群吠之相呼；倘非万室云连，岂必村厖之四应也哉！

（这是用对句作结束，说明"相闻而达乎四境"的原因。即是说，如果齐国国内居民寥落，即有狗吠也不能连成一片。正因为齐国富庶，万家相连，才有吠声相应的盛况。这是中间暗藏着"达乎四境"的下文。这种收结，称为"落下"。明代在篇末有一段可以自己发挥见解的话，叫做"大结"，清代取消了。）（此篇引自《目耕斋偶存》）

四、八股文的基本技巧和苛刻的条件

在前边各项叙述中，已经可以见到八股文中一些个苛刻的要求，现在介绍做八股文的基本技法中，也会随处遇到。这真如佛书所谓"如油入面"，无法专项去提炼了。说到基本技法，也即是初学入门者的基本练习，不是八股专家所评论的什么风格、什么义法，"大家"如何，"名家"如何的问题。专家的评论，常常比较玄虚、抽象，有时有些具体的指点，又常是文章中间的夹批。问题在于有些是作者自己已刊刻的作品，印出来表示向人求教，其实这些无异于请人注意的自我宣传。另有些是中试之后把考中的文章刻印出来向人夸耀，这种作品多半经过修改或另作，原篇中的毛病已然不存。又次是书坊把中试的作品搜集刊印以供其他应试人作样本去学习。像《儒林外史》中马二先生等人所选所批的，即是这种坊刻本。以上这些刊刻本中的批语当然都是说好不说坏，所选的作品也必是优秀的至少是合格的。因此，如果想找修改错误、批点瑕疵的样品，是极难得到的。所以在废除八股文后已达一百多年的今天，要想真正谈出这种文体作法中的甘苦和窍门，其难也是不言而喻的。现在只能据我个人耳食所得的一鳞半爪加以介绍而已。

1. 换字

宋代传说有人应考，题目是"圜坛八陛赋"。应考人文思枯竭，只写道："圜坛八陛，八陛圜坛。既圜坛而八陛，又八陛以圜坛。……"如此写了些句交卷，考官在后嘲笑性地批曰："可惜文中尚不见题。"故事见于宋人笔记，大约并非捏造。因为这类笑柄直到清代嘉庆中还有具体的例子。有一个八十余岁的老童生应考，题为"周公谓鲁公曰"（出《论语》）。老童生写道："不观周公乎，不观鲁公乎，不观周公谓鲁公乎？"考官照顾他年老，算他及格入学。可见"死于句下"，对题面各字之外束手无策，是初学作文者的第一难关。于是善于诱导的塾师多半从换字教起。

我见到一本村塾启蒙的书，名曰《八股启蒙》，作者署名谭鹏霄，作了些各式的小题，词句也都浅显易懂，纯粹是向童蒙示范的作品。可贵的是书的前面附了一部分《字眼便用》。大致介绍如下：

> 破各圣贤称名
>
> 破虚字（此条漏刊标题）
>
> 从师教学考古好问类
>
> 诗书易象礼春秋类
>
> 礼乐制作类
>
> 致知力行言语事功类……

> （以下还有十九类，内容包括伦理、天地、器物、草木、鸟兽、战争、政事、名人等等，大都几项事物合成一条标题，亦无精确分合的原则，大约随手拈出，只是向童蒙示范而已。）

看他所谓的破，只是代字。例如他首先说："破题有一定破法，如孔子则破'圣人'，或单破'圣'字，如'圣心''圣训'之类是也。与群圣比论处，则破'至圣'，所以别于群圣也。颜子、曾子、闵子、子思、孟子则破'大贤'，其余子贡、子张、子夏、子游诸贤，凡注称孔子弟子者俱破'贤者'或'贤人'……惟子路或破'勇者'，子贡或破'达士'，须相题而用之。……"

又如：

> "姑言"，意未尽而姑且言之，宜用于次句。"慨世"，慨叹世事单用"慨"字。"转核"，核，考核也。核字略实。"首"，凡书中第

一事用之，如"首举""首论""首推"之类是也。

又如：

"天"破苍、苍昊、天心、维皇、于穆、帝载……"日"寅宾、寅饯、出日、纳日……"日月"升恒、薄蚀、出旸谷、入虞渊、积阳之精、积阴之精、昭回云汉、昭临下土、晦明嬗代、居诸递更。

不必多举，已足看到它的浅陋可笑。但是这本书的可贵处即在展示出从前教童蒙入手学作文，特别是学作八股文最初入门的真实情况。譬如在舞台后面参观初学武功和舞功的男女幼童，那些弯腰抬腿的功夫，相当残酷。恐怕一般看戏观舞的人，是不易见到的。我想宋代那位作《圜坛八陛赋》的人，如果曾遇谭鹏霄这样的塾师，学过一些换字方法，也不致只翻覆四字留为笑柄了。又这本书的作者虽然首先说"破题有一定破法"，好像这部分《字眼便用》只是专为作破题的，其实不然。只要看《狗吠》那篇例子，不难了然，贯串全篇处处都在用替换字面的手法，尤其在两股相对偶的部分，更不容雷同重复，于是愈可见出换字的重要作用。从这本《字眼便用》里又可看出少数字换成较多数字的例子，当然反过来题中有较多字数的典故、成语处，也可用少数字的词来替换的。这书里讲虚字的部分，连某个虚字宜用在上句下句、第一句第二句都加以注明。这并不是过分轻视童蒙，实是指示在文中"口气"的问题，这真是教作八股的入门秘诀。

2. 对偶

汉语中为什么有对偶，对偶是怎么兴起的，它的利弊何在，应不应该废除，都不是我个人此刻所能解答的，也不是这篇文中所负的责任。现在谈八股文，八股文中有对偶，是历史的事实，对偶也是八股文技巧中极其重要的组成部分。以下只谈怎么对和怎么学作对的问题。

八股文从"破、承、起讲"以后，进入文章的主要部分后，即要分股，每两股成为一副对联。单看一股（上联或下联），句子和散文一样，并不都成骈文、律赋那样"骈四俪六"的句式。但再看另一股，就必定与和它平行的那一股字句长短、虚字实字、人名地名等等都完全相当。这在前举《狗吠》那篇例子中已经看到。以下要谈谈初学作文的童蒙，怎样作入门的练习。

大家都知道对联是实字对实字，虚字对虚字。例如天对地，人对物，是对非，去对来等，很容易明白，只是它们还有一个附加条件，那是平声对仄声，仄声对平声。前文谈过，有时有人突然向学生或别人出个题，令作"破题"，仓促之间，有人便能作出很巧妙的破题，可算是最快的考试，最短的考卷。对对联也常有这样的情况，塾师出词句令学生作相对的联语，自然是功课的组成部分。有时家长亲友也常向子弟出对令对，朋友谈笑中也常出难对的词句找人去对。这比只作破题的短小考试更短更小了，可算是微型的考试。

一个词、一句诗找出可对的字句，究竟还比较简单，若是长篇大套的句子，句句都对上对联，就不太容易了。无韵的骈文，或有韵的赋，看起来句句对偶，初学人自然望而生畏。其实八股文对偶的一比一比中，散语较多，运用也较随便，写完了一股，还需比照着前股的尺寸，给它去配出下一股，岂不是自己找麻烦？有时两边凑合长短，真要费许多力量。当然也有些一股中有骈句，和下股的骈句字数不太相同的（参看后边尤侗的文中第五六两股）。当时的塾师们创造了一种歌诀一类作对联的启蒙书，下边介绍一些例子。

康熙时有一位车万育作了一本书，叫做《声律启蒙》，按照《佩文诗韵》分韵部，上平声十五韵、下平声十五韵，每韵作歌诀三段。如把那一段当作一首长短句的诗来看，便是每韵三首，三十韵共九十首。这种书也有的刻本书名中有"撮要"二字，可见初稿可能段数要多，大概在传习中，这种简本也够用的，所以还没见到过不"撮要"的本子。试看：

一东 （上平）

云对雨，雪对风，晚照对晴空。来鸿对去燕，宿鸟对鸣虫。

三尺剑，六钧弓，岭北对江东。人间清暑殿，天上广寒宫。两岸晓烟杨柳绿，一园春雨杏花红。两鬓风霜，途次早行之客；一蓑烟雨，溪边晚钓之翁。

十五咸（下平）

冠对带，帽对衫，议鲠对言谗。行舟对御马，俗弊对民严。鼠且硕，兔多毚，史册对书缄。塞城闻奏角，江浦认归帆。河水一源形淼淼，泰山万仞势岩岩。郑为武公，赋缁衣而美德；周因苍伯，歌贝锦以伤谗。

这种歌诀，念起来非常顺口，易背诵，易记忆。童蒙读起来可以懂得字、词、句怎样相对，又可从长短句的配搭受到声调和谐的启发。不但有三字、五字、七字句，也有四字、六字句。念熟了，背惯了，就无形中打下了作诗作赋的基础。再结合换字方法，运用这里的任何句式都可以翻出不同的对联。韵脚都是平声，作为歌诀比较好念，而其中每个"上句"又都是仄脚，倒过来就是仄韵的句子，把仄脚的句子用在"下联"，便是仄韵的对联或仄韵的诗文的句子。

从唐朝的考试就有作诗一项。唐朝用"试律诗"，是五言六韵（每句五字，每两句为一韵，共十二句）。清代用五言八韵诗，叫做"试帖诗"（每首共十六句，本文最后附带介绍）。《声律启蒙》这类歌诀既对于学做诗、赋、骈文有用，即对于学做八股中的对偶句子也有用。在今天既不再有人作狭义的八股文，但还有人作旧体（或说古典体）诗词，熟读它们，也会受到有益的启发。有人研究古典诗词时，在解剖那些作品的技巧问题上，也不见得没有帮助的。

类似《声律启蒙》的书，著名的还有康熙时李渔的《笠翁韵对》等，不再详举。还有一种叫做《时古对类》的书，失作者名。从二言类起到十七言类止，全是对联。例如："太乙、长庚"，"雨线、风梭"等等。中间四言、五言、六言、七言的对联都是不可分开的整句。至于八言常是两个四言拼成，九言常是四五言或五四言拼成的。其余如十言常是四六言的，十一言常是四七言的，不必多举。最后十七言，有五五七的句子，还有长短句的如："二老海滨居，一在南，一在北，不期同归西伯；八元应运出，或为兄，或为弟，何意均成帝师。"则纯粹是八股中的一比了。

3. 相题

这里的"相"字是"了解""端详"的意思，也就是"相面""相术"的相。有了题，必须先仔细揣摩题的出处，即是作为题目的这个词、这句话，乃至这些话是谁说的，对谁说的，在什么环境中说的，有没有不同的解释等方面都考虑到了，然后再揣摩这个人、这些话的语气神情。例如有人作"知之者不如好之者，好之者不如乐之者"题，第一股立论写从旁人看出"不如"的道理，第二股是写从自己看出"不如"的道理（原文从略）。又如"学而时习之一章"题，一般看来，是平列的三条道理，有人偏要把它们分出次序，以为"学而时习"的"悦"是根本，以下的"乐"和"不愠"，不能与之相等。因为有些"游心物外"的人也会乐，"放达自恣"的人也会不愠，究竟全不如学习的"优游涵泳不期然而然"所得的悦（原文从略）。这真是挖空心思，无中生有，甚至可说是牵强附会的"胡说"，但在八股这种"没话找话"的文体中又不得不占满篇幅。早期的八股文本无字数的严格限制，有人作两三百字的短文，有人作一千余字的长文。到了清代后期，严格限制到七百字，超出了就算不及格。因此有的说也须写那些字，没的说也须写那些字，又不是仅仅换字所能敷衍的了。

这种钻空子的相题办法，愈钻愈奇，有时也能言之成理。例如有人出"伯夷隘"题（见《论语》），一考生卷有一股云："隘又莫隘于绝兄弟之伦，中子既已承祧，何以不还奏埙篪之雅。弱弟早偕出遁，何以不同甘薇蕨以终。则父命天伦，亦两无据。"考官感觉其说可怪，问他这说法的根据。回答是：春秋时人皆称伯夷叔齐偕隐首阳，至战国时，乃只伯夷孤行，而叔齐中途而返了。再问出于何书，回答是："想当然耳。"考官认为乱说，要加扑责。考生说：凡《论语》中皆夷齐对举，至《孟子》中则单言伯夷，无一连及叔齐的，请告诉我是何原因。考官也无辞以答，就算他过了关。这种真是"读书得间"，找到了缝子。

前边举了学作换字法和学作对偶法的书，而这种揣摩经书题旨、钻研古人语意的书，也颇不少，著名的如《五经备旨》《四书备旨》等，专琢磨《四书》的还有《四书味根录》等。它们的形式是在木版刻的每页书面上横分几层，无论什么书的正文（连注）占最下一层，甚至有些被压到版面的三分之一的，上边无论三层四层，每层各自排列着某方面的资料，从词句的解释、典故的原委、故事的背景、哪句话的精神、哪条道理的讲法、哪一章的综合宗旨、哪一节的部分论点等，各自纳入某些个横栏中。因此，这种书的版面必然是头重脚轻，头长身短，俗称叫做"高头讲章"。这种书的用处是预先把书中的某字句以至某章节都设想周密，分析细腻。摆在那里，供做文章的人去吸取，甚至去抄袭。因为这类"高头讲章"中从辞藻、典故到原话的意旨、所讲的道理等等都给预备好了。在今天看来比有些"赏析"还全面，只是缺少今天的"文艺理论"而已。

在当时有一种口号，包括了"做学问"的重要内容，就是"义理、词章、考据"。乾嘉时虽具有科学头脑、不信宋儒理学的"朴学大师"戴震这样的人，也居然举过这三大项，更不用说一般打着桐城古文旗号的八股先生了。这三大项仍是为应科举做文章而说的。所谓"义理"，即是琢磨出孔孟以至宋儒的思想论点；"章"即是做文章的技巧，从词句、辞藻、章法、层次以至逻辑推理等的锻炼；"考据"的作用即是对历史故事、典故出处不要弄错。清代学者江永做的《乡党图考》一书刚刚刻出，有人偶然先得到一读，在应考时遇到出《论语》中《乡党》篇的题，他便抄用了许多论点，考官也没有看过江永的书，就对这本考卷大加赞赏。这便可以证明"考据"在科举考试中的重要性了。

当时的导师，从塾师至学政等指导后学作科举文章的人，常提出平日要"积词""积理"的口号。平日多积累有用的词藻，作文时可以不致枯燥；平日多积累对某些"义理"的论点，以免作文时没有那么多用以"分析"的说法。所谓"义理"，不过是《五经》《四书》中古代圣贤所说的道理，最古有伏羲画卦、文王演易、周公制礼等等的传说，较后除《论语》直接记述孔子所说的话，还有许多关于孔子的传说，什么删诗书、作春秋等等。翻看《五经》《四书》，古代人的语言简单，历代解释有许多异同，从元代至清代都以朱熹的注解为标准，到了末后，如果曲解了孔孟的论点（如钻了孟子未提叔齐事的空子），都能过关，而朱熹的解释权，却是丝毫不许动摇的。

4. 口气

八股文的"体制"，是要"代圣贤立言"，所以题目的话是哪个圣贤说的，作文者从"起讲"起就要站在那个圣贤的立场，"设身处地"地想，替他把题目的那句话再加阐发、分析，说出几十几百句那个圣贤没说过的话。虽然那个圣贤没说过具体的那些话，而替他说话的人所说的又句句说得"逼真活现"，体会出符合（也就是"迎合"）那个圣贤意旨的话来，而所根据的解释，又必定要出于"朱注"的。

清代学者焦循曾把科举八股比作演戏，又有一个士子作不好八股，有一位老师给他一本《牡丹亭》剧本看，于是他作的八股水平大大的提高。因为戏剧台词，都要深刻表现剧中人物的性格，正和作八股"代圣贤立言"的道理一样。

代言、模拟口气的办法，最常用的是"若曰"（当然并不只用这二字）一词，像前举《狗吠》一篇的入口气处即用这二字，是代孟子说的。"若曰"二字见于《书经》，八股用来作交代关系，表明身份，说明以下是某人说的，但又是作者替他说的。古人怎么说的呢？"像是这么说的"。即此二字，就包含这些层的作用，还具有退步余地。如果有人质问说古书中并没见那位古人说过这样的话，作者还可以搪塞说：古人是"像这么说的"呀。

用滥了时，也会用乱了。一个考官出"虎负嵎"（见《孟子》）的题，一考生在起讲后分三段来说，全是虎的口气。第一段开始说："虎若曰，我所积畏者妇（指冯妇）也，今尔众，其奈我何！"第二段是

"虎若曰，我所甚惧者搏也，今徒逐，其奈我何！"第三段是"虎若曰，我所失势者野也，今在峭，其奈我何！"真是"匪夷所思"。考官要加惩罚，帮着阅卷的人说，这人一定怕老婆，所以说"我所积畏者妇也"，互相大笑，这生员也过了关。

5. 磨勘

与"口气"问题相邻或相联的就是时代问题。比如说，代孔子说话时，用了秦汉唐宋人的典故或成语，就不算合格，理由是孔子怎么能说出或运用他死了以后的人的话呢？其实这不过是苛刻挑剔的一个环节而已，孔子所说的只有那几个字，凡是作文者加以"代言"的任何话，岂不都是孔子死后的话嘛！即使中试以后的文章，还有一关要过，即是"磨勘"。"磨勘官"（官名）逐一仔细检查，从字的笔画规范与否查起，哪句语法（当然不是按葛郎玛的标准）通不通，哪个典故错不错，皇帝名讳避没避，"丘、轲、熹"字避了没避，直到口气的合不合等，都在检查之列。当然这些问题在考官阅卷时已在留意范围之内，但谁也不能没有疏忽的时候，这种补充检查自然也是势所必有的了。也有考官学识不够，因此误加挑剔的。有作文者用了"佛时"（见《诗经》）一词，考官误以为"西土经文"，看见"佛"字即以为与佛教有关；又有人用"贞观"（见《易经》）一词，考官批说："贞观是汉朝年号。"他不但不懂贞观一词，还把唐代说成汉代。这些笑柄既反映了八股文无理取闹的挑剔，又反映了考官的没知识，足以说明了科举"选拔人才"只不过一句空话而已。

前边《狗吠》一文末一股的按语中曾说到有一漏洞。不知蒋栻之这篇文章是自己练习作的"窗课"，还是考场中的试卷。如是试卷就有被磨勘的危险。原因是孟尝君入秦被留，用门客鸡鸣狗盗的手段得以逃出这件事与孟子说齐宣王的时间谁先谁后。孟子书中记齐宣王的事，史书记载都是齐湣王的事，于是孟子的说"鸡鸣狗吠"这事的确切时间已有问题，成了疑案。万一孟尝君的事在孟子的事后，那么"鸡鸣狗盗"的典故就不许用在孟子语气之中，这是漏洞之一；又"鸡鸣狗盗"都是真人假装的，这文里当作真狗的历史，便成了以假当真，这是漏洞之二，也会有被磨勘的危险啊！

又周镐作"我将去之"题（见《孟子》），起讲说到太王将去邠时，对其耆老的惜别的心情："天下黯然销魂者，别而已矣。""黯然"二句是南朝江淹的《别赋》中的句。这文大概是自己的习作，如果遇到磨勘，必定被挑剔出来（周镐此文见《犊山文稿》）。

6. 钓、渡、挽

这类名词，是作八股文时某些特定手法的术语。这些手法，都是作"截搭题"中用的。例如前边举过的"王速出令，反"的截搭题，现在已不知当时人怎么作的文章，姑借此作例来说，文中应该包括两个重要层次，一层是王速出令，一层是反（返）什么。从破题起，就要概括这两层的五个字，直到分股阐发之前，也就是在"领题"的地方远远地暗示或提醒，"出令之后还有反呢"，这个伏笔好比钓鱼，所以叫做钓。渡是从上文引起下文，挽是从下文关照、回顾上文。由出令怎么就会引出反的论点呢，当然要有一些引起的话，就叫做"渡下"；说完了反，再说这是王令教作的，即是"挽上"。关于这种启下承上的部分，流传有名的有三个故事。

一是"可以人而不如鸟乎？诗云穆穆文王"，两句毫无关系，如何写在一篇文里，还要使它们互相联系（截搭题绝大多数是截取相连的字句，像这里还可以截"乎诗"，但不可以截"鸟文王"。前举用"学、庸、论、孟"每书的首句合起为题令人做破题的事，是一种临时测验借用的题目）。这个作者在做了"夫人不如鸟，则真可耻矣"，正在没法接上，反复朗诵这句时，隔壁有人听到后说"如耻之，莫若师文王"，他便用上了。这件事，记录者说是在承题部位黏合上下文义的，也即渡挽的手法。

二是"以杖叩其胫。阙党童子将命"题，作者写道："一叩而原壤痛，再叩而原壤仆，三叩而原壤死矣。三魂渺渺，七魄沉沉，一阵清风，化为阙党童子。"如果说作这种文的是向出这种题的人开玩笑，那也是出题人"咎由自取"。

三是"王如好色，与百姓同之，于王何有。孟子谓齐宣王曰，王之臣有托其妻子于其友"（写题时，即简化成"王如好色至有托其妻子于其友"）题，作者写道："王之好色，与百姓同之，而不与王之臣同之者，王之臣自有其妻也（一作"自有其妻子故也"）。"以上是渡下。再后边写："王之臣托其妻子于其友，而不托于王者，以王之好色也。"以上是挽上。出儿戏题，作儿戏文，到这个地步，也就足以说明八股考试的没落、堕落。但反顾那些就算"一本正经"的题和文，"没话找话"和"东拉西扯"，与这类的本质上又有什么不同！

7. 附谈纯粹的儿戏题

前谈儿戏题，还是偶一出现的，基本上还是《四书》上原有的文词，只不过是胡作截搭罢了。至于乾隆皇帝，屡次出题，文臣都知道出处，一次出了一个"灯右观书"的题，用来"大考翰（林）詹（事）"。彭元瑞算是最为博学的，也不知出处，就请示出处，皇帝大笑说："今天可难倒彭元瑞了。"原来是昨晚皇帝在灯右看书，想起用这四字为题。如此难倒文臣，未免近于撒赖了。

彭元瑞作学政，考四个府属的学生，出"洋洋乎""洋洋乎""洋洋乎"，各注其出自某篇。主管人说还少一个题，彭元瑞说"少则洋洋焉"（《孟子》）。这不是集中地作出题游戏吗？彭氏还有许多用若干题中若干个首一字拼成一句话，切合当时某一事的，更属无聊，他被那样"难倒"，也算毫不冤枉吧！

同时的鲍桂星（字觉生，号双五）也曾集中地出游戏题：把《四书》中的话任意割取少数字为题。如"顾鸿"（"顾鸿雁麋鹿"见《孟子》）、"驱虎"（"驱虎豹犀象而远之"见《孟子》）、"及其广大草"（"及其广大，草木生焉"见《中庸》）、"见牛"（"见牛未见羊也"见《孟子》）、"礼云玉"（"礼云礼云，玉帛云乎哉"见《论语》）、"十尺汤"（"交闻文王十尺，汤九尺"见《孟子》）、"七十里子"（"伯七十里，子男五十里"见《孟子》）、"谷与鱼"（"谷与鱼鳖"见《孟子》）、"下袭水"("上律天时，下袭水土"见《中庸》)、"宝珠"("宝珠玉者"见《孟子》)，这分明是无理取闹。有考生每题作诗一首，但不知是以诗代文写在卷上，还是另外作诗来进行嘲笑，大概还是属于后者。今举六首：

"顾鸿"诗云：

> 礼贤全不在胸中，扭转头来只看鸿。一目如何能四顾，本来孟子说难通。

"及其广大草"诗云：

> 广大何容一物胶，满场文字乱蓬蒿。生童拍手呵呵笑，渠是鱼包变草包。(鲍字拆开是"鱼包"二字，"草包"讽鲍氏无知。)

"见牛"诗云：

> 屠刀放下可齐休，只是当年但见牛。莫谓庞然成大物，看他觳觫觉生愁。("觉生愁"，可解为"觉得生愁"，实因鲍氏字觉生，双关讽刺鲍氏。)

"谷与鱼"诗云：

> 秋成到处谷盈堆，又见渔人撒网回。不是池中无别物，恐防现出本身来。("本身"指鳖，亦即指鲍氏。)

"下袭水"诗云：

> 真成一片白茫茫，无土水于何处藏。侮圣人言何道理，要他跌落海中央。(按：不但这种割裂题是"侮圣人之言"，即那些郑重其事似的一词半句乃至单句半章的题，又何尝不是"侮圣人之言"呢！)

"宝珠"诗云：

> 拣起明珠玉任沉，依然一半是贪心。旁人不晓题何处，多向红楼梦里寻。

以上举出许多话柄和笑柄，并非仅只供读者一笑，而是为说明死套子中也有漏洞和八股文题目割裂的不合理。一词、半句、单句等割裂的小题固然不合理，即使不完全的半章或不相同的连章大题，又何尝合理？不用等到光绪三十一年，岂不早已该废了吗？奇怪的是，康熙曾经下令废除八股和禁止妇女缠足，却遭到大诗人王士禛（渔洋）的坚决请求，才"收回成命"，可又怎么讲呢？

五、选和批

我们都看过《儒林外史》，里边写了许多应举的士子们的故事，还写了马二先生和匡超人为书铺选文、批文的事。这是科举生活和八股流行过程中的一个重要环节。

选，当然是指选取可资学习的模范作品，它不但包括明清各大名家的八股名篇，最受读者欢迎的更在于当时考取中试的文章。古今一理，文学艺术作品都有一时的风气，科举考试所用的八股文更具时代性、时期性。某一科被取中的文章作风，尤其是正要应考者所必须注意掌握的。它们反映这时期考官阅文的标准，也就是即将应试者的投机对象。所以当时新被录取的中试文章，被称为"新科利器"。"新科"指的是最近这次考试，"利器"是指这类文章好比打仗的刀枪、开锁的钥匙，也即是正符合这时期考官胃口的特效药。

当时的"书坊"，包括今天的出版社、编辑部、印刷厂、售书店，只是缺少今天的固定编辑成员。书坊老板出版这种选本，自然成为畅销书，但需有高手来选、编、评、点，要求的条件是选得符合投机之用；编得有吸引力，名列鼎甲，做了高官的当然列前，有些名次虽然低而名头较大的也应编入；评和点是紧密相连的一件事，评的恰当明显，说出真正优点所在，对参考者说哪里是最应注意处，这是读者所最需要的。出版还要快，当时没有版权法，谁先出谁赚钱，所以匡超人批得快，大受老板欢迎。评语写在纸上的叫做"批"，有对应文句夹在行间的叫做"夹批"，写在横栏上边的叫做"顶批"，写在篇后的叫做"总批"。辅助批语的标志是圈点，当然文中有句读，停顿处用逗（是扁点），整句处用圈。较好的句子，在逗处重一个扁点和句处重一个圆圈。再好的，在句中每个字旁加一扁点，再好的每个字旁加一圆圈（注意，每句中连用点或圈时，首一字不加点圈，以显示那是句首。如"夫天地者"，"夫"字旁绝不加圈点）。这种圈点更富于直观性，除了语言评论之外，还有圈点的标志，一目了然，哪是最好处，哪是次好处。专从技巧方面讲，它们比今天长篇的赏析文章，还较多地富有直观性。从前也有许多人用这种方法、方式去选评古文，评点小说，甚至有评点全部《史记》的，被称为"评点派"。

至于所用的评语也很灵活。比如文中议论虚实处，评论点出，即写一"虚"字或一"实"字。或评其主宾处，即写"此处是正面著论，是主"，"此处是反面作衬，是宾"，乃至更多更详，就可以类推了。后边的总评，不但要总体指出文中的好处何在，令人信服，还要词句典雅，显出评者的文笔水平。现在不再举例，因为这种评点因文而异，又因评者而异，并且必连原文才能说清，如果举例，太费篇幅，所以例子从略。

248

六、八股文体的源流

八股文的渊源，一般地常追溯到北宋的王安石、苏辙诸家的"经义"，南宋陈傅良诸家的"奥论"内容也即是"经义"。还有从破题等技术方面，又追溯到"律赋"等文体。还有从明代篇后用"大结"，借发挥经义引到陈述、评论政治问题，又牵涉到"策问"等。总之，可以追溯比附，却又都不全像，其实不难理解：皇帝需要层层的官员，招来自己可用的"人才"，重要的不外乎两方面条件，一是思想合乎要求，一是能有政治头脑。招来的方法之一即是科举考试。思想的标准，要统一于孔孟之道，那就是看被招来的人能不能合标准地理解"经书"的思想，便用讲解经书的办法来测定，讲解形式即是"经义"。了解被招来的人有无政治头脑，便用"策问"的办法，考他们对于某些政治问题的见解和有什么处理办法。根据策问所作出的答案，即是一条条的"对策"，或成大篇的"策论"。应考做文章的人都必然具有许多古代文章技巧的素养，在作文或答卷时随手运用出来，就自然形成了多项功能、多种形式或拼合而成的综合文体，逐渐定型于八股文，成了明清科举考试各种文体中的最主要的部分。

八股文在反映思想上，吸取了"经义"的原则，即主要的是讲解经书中孔孟的道理。文章自然都要有次序、有条理、又有逻辑性，也就要有主题、有发挥。这就形成有破题、有起讲，到分条议论的分股。对偶、声调是古代文章的艺术手法，也是汉语文学技巧的一些重要组成部分，也逐渐纳入八股的做法中。又要了解应考人的政治头脑，就在文章最后安排一个"大结"，以起政策答案的作用。

这种合成的过程很长，到了明代初年刚有雏形，到了弘治以后，才渐渐具备八股文的各项条件而成了定型。《明史·选举志》：其试士之法，专取《四子书》及五经命题，代古人语气为之，"体用排偶，谓之八股。"一般说，好像定了型就稳定了，但并不然。各个部分有先无后有的，也有先有后无的。各部分的字句也有由多转少的等。例如破承起讲部分，句数随着各时期而变动；大结由痛快发挥经过逐渐缩短，以至完全取消。后人追论八股文的源流，往往抓不准。这条相合了，那条又不合了。譬如拿一家祖孙三代的照相来看，必然有共同点，也必然有相异点。要知按模型轧出来的瓷器，机器生产的用品，如果极仔细地检查，也必都有一些不同处，即使有极小的一点，也算不得完全相同，何况逐渐形成的一种文体呢？

总而言之，八股文体是由陆续沉淀积累而成的。当它刚刚沉淀形成，又被人嫌它的密度不够，又再加以挤压，加上更多的苛刻条件，并再削去大结，以钳制议论之口，接着减少破承起讲的句数，又再限制全篇的字数。初期童生习作的"六股"，到了很后时期，正式试卷中六股也被默许了。概括说来，自北宋到明中叶，是八股逐渐成形时期；自明中叶至清末叶是挤压以至萎缩时期。光绪三十一年，这位姓八名股先生的肉体，正式寿终，但他祖先传给他的遗传基因，却并未由于他死而断绝，在他子女内外孙辈子女身上仍然潜伏着，从艺术形式和技巧上或隐或显地不时冒将出来。

讲八股文的专书，清代有阮元的《四书文话》（未刊行），梁章巨的《制艺丛话》。又有一九三〇年章中如的《清代科举制度考》、一九五八年商衍鎏先生的《清代科举考试述录》中附带谈八股部分。（本篇拙作除注出者外，事例资料都是根据以上各书。只为说明问题，不再详注卷页。）

阮元的书未见传本，内容不可知。梁章巨的书有刻本，内容多是品评优劣、举出利弊，没有全面基本法则的介绍。因为当时凡读书应举的人都必然学过八股，所以并不需要从头讲起。后两种讲科举制度，连带讲到八股文，并不占主要位置，因而也不求详细。此外，像清初顾炎武的《日知录》中曾有意识地记过八股文的源流，以后其他人的笔记书中也间或有谈到的。凡涉及八股文形成过程的，都追溯来源，但比起来看，又都有对不上、套不全的感觉，甚至成为疑案。八股文究竟从哪里掉下来的？所以这里不嫌辞费地作些说明。

以上是说八股的来源。任何文体流行久了，没有不生流弊的。明代中叶有些自命会作"古文"的人不屑以八股自居，而标榜能以古文笔法作八股。其实他们所谓的古文笔法，只不过是在一股中用古文句调去作罢了。但八股不可能没有相对的另一股，那么两股相对，必然又是一双长联。清代中叶阮元有一段话说：

> 时文曰八股者，宋元经义四次骈俪而毕，故八也。今股甚长，对股仿此，偶之极矣。震川（归有光）辈矜以古文为时文，耻为骈偶。孰知日坐长骈大偶之中而不悟也。出股数十字，对股一字不多，一字不少，起承转合，不差一毫，试问古人文中有此体否？

以上一段见扬州博物馆藏阮氏手写条幅墨迹，不见于《揅经室集》，但集中另有《书梁昭明太子文选序后》一篇，略谓：

> 明人号唐宋八家为古文，为其别于四书文也，为其别于骈偶文也。然四书文之体，皆以比偶成文，不比不行，是明人终日在偶中而不自觉也。且洪武、永乐时四书文甚短，两比四句，即宋四六之流派。弘治、正德以后气机始畅，篇幅始长，笔近八家，便于摹取。

足见明代茅坤等人的特别标举唐宋八家古文，实际也是不满八股的一种表现。只是以唐宋八家来反对八股，未免不够彻底罢了。

再后，发生了滥调的弊病。有人讽刺性地作了一段空话的滥调说：

> 天地乃宇宙之乾坤，吾心实中怀之在抱。久矣夫，千百年来，

已非一日矣。溯往事以追维，曷勿考载记而诵诗书之典要。元后即帝王之天子，苍生乃百姓之黎元。庶矣哉，亿兆民中，已非一人矣。思入时而用世，曷弗瞻黼黼坐而登廊庙之朝廷。

这两大股中，全是空洞而且重复的词句，但平仄抑扬，深合八股的腔调。当时被称为"墨派"（考场中的试卷，应考人在卷子上用墨笔写，为了防止考官认出应考人的笔迹，所以专派人用朱笔抄出考卷上的文章，让考官去评阅。墨笔写的叫做"墨卷"，朱笔抄的叫做"朱卷"。考场外私自练习的作业，当然也属墨卷范畴。随便运用滥调，常被称为"俗调"，有人用"反话"称它为"脱俗调"，也就等于说"俗调"，又简称"墨派"）。滥调的形成，多数由于模仿或套用。例如，有一塾师作"鲁卫之政兄弟也"题，说："谓鲁之政即卫之政可也，谓卫之政即鲁之政可也。"其徒仿效来做"弥子之妻与子路之妻兄弟也"题，说："谓弥子之妻即子路之妻可也，谓子路之妻即弥子之妻可也。"见者无不大笑。（见《坚瓠集》）这时八股文体已正式破产了。

七、八股文的韵律

八股文既然是吸取古代若干项文体综合而成，它又用了骈体文中长联式的对偶，那么骈文的韵律手法，自然会附带引进。乾隆中曾一度明令不许用骈体，大概指的是四六形式的纯粹骈体，并未禁止在对偶中和谐声调。下面举乾隆时人周镐的一篇为例，同时也解释了篇中的大意，为层次技法的参考。

逸民伯夷叔齐 　　　　　　　　　　清　周镐

有逸于商周之际者，民之望也。

（以上破题）

夫夷齐之遇，不为民不可，同为民而又不忍也。民而称逸，此其所以为夷齐乎。

（以上承题）

且自古圣人并起，莫盛于商周易姓之交。生文武以为君也，生三仁又生十乱以为臣也，天生夷齐何为也哉？曰以为民也。夫君臣不易得，民则滔滔皆是，安用圣人？不知有易代无易民，苟任其互兴互废于其间，民彝之性先亡，君臣之统愈乱。圣人适遭其变，不敢自外于民，而又不忍自混于民，于是有逸之一法，所以立民极存民心也。故鲁论叙逸民而首举两人焉，曰伯夷叔齐。

（以上起讲。这篇起讲做的较长。“故鲁论”等十七字有人称它为“原题”，也可称为“领题”或“出题”，联在起讲之尾，又

（可成起讲的一部分。）

仄平　平仄平平　　仄仄平平　平平仄仄　　平平平
首阳之薇蕨诚甘，则北海高栖，奚为引领就岐山之养。知姬宗行

仄　平平平仄平平　　仄仄　平平　仄仄平平　　平平仄仄　平
善，夷齐非有违心也。载木主而东征，死父难欺；三分服事之孤

平　仄仄平平仄仄
忠，入地应伤扣马。

（以上第一股。说明夷齐并非原来就想隐居，也并不反对文王，

只是认为武王伐纣的行为不太合理。）

仄仄　平平仄仄　　仄平平仄　平仄平平　平仄平平　　仄仄平
镐洛之屏藩可慕，则墨胎华胄，奚不承祧袭孤竹之封。知盖世功

平　平平仄仄平平　　仄平　平平平平　　仄仄仄平平　平
名，夷齐不屑萦怀也。告武成而班爵，桓裳虽贵；八百会盟之侯

仄　仄平平仄平平
服，戴天宜愧从龙。

（以上第二股。说明夷齐原来就没有做官求荣的心，受武王酬

勋封爵的人，比起夷齐，应该有愧。这一比是从夷齐正式去做

逸民之前说起。）

且夫

（这是"出题"，也就是进入正面题旨的起手处。）

平仄仄仄
不得已而逸者，其逸最苦；

（以上第三股）

平仄仄平
不必逸而逸者，其逸最奇。

（以上第四股。这是一小比，也起着引入正面题旨的作用。）

平仄平平　　平仄　平平　　仄平平平平仄　仄仄平平
谓夷齐生不逢时，时则何害于夷齐也。千古非常之举，数见则安。

仄仄平平　平仄仄平仄仄　　仄平仄平　平平仄仄平平
放桀南巢，来世不闻口实。况军士倒戈而反斗，筐筐载币以迎师，

平平仄仄平　平平仄仄平平　　仄仄仄仄　　平平仄平仄仄
天心亦可知矣。夷齐素属布衣，去就不妨自决。即周旋二姓，岂有

平平仄仄平平　仄仄平平平仄　　平仄仄仄　　平平仄平
隳名失节之嫌。此亦何须于逸者，而夷齐乃不忍不逸也。殷民也欤

哉，如独夫何；周民也钦哉，如旧君何。以暴易暴之言，直欲澹麾

旄仗钺之心，勉嗣王于养晦。故义人扶去，深恐阻挠大计，而又羞

蒙杀士之名。斯岂普天率土之恒规所得强而拘也。逸焉已矣。

（以上第五股。反复说明这次政变原与夷齐无关，夷齐本可不
逸，而又不忍不逸。因为如果坚持做殷民，那个独夫纣王实在
不配拥护；如果便作周民，又对不起旧君纣王。在阵前骂了武
王是"以暴易暴"，竟没被杀，且被称为义士而扶去，在这种
两难而微妙的处境中，只好逸吧！）

谓夷齐所事非君，而君则何弃于夷齐也。我周鼎革之初，怜才甚

笃。商容复位，下车首拔名贤。矧朝鲜拜访范之师，东夏留象贤之

客，王度亦恢宏矣。夷齐分异周亲，出处无难从便。即黄冠旋里，

255

亦备新朝顾问之资。此又何容于逸者，而夷齐乃不敢不逸也。遗民

也钦哉，呼之亦可；游民也钦哉，应之亦可。我适安归之叹，直欲

破衔璧负图之案，警百尔以偷生。故槁饿奇踪，其文不载尚书，恐

彰胜国耆英之丑。此岂崇德报功之盛典所得罗而致也。逸焉已矣。

（以上第六股。站在周朝立场来说，灭殷立国以来，做了许多
礼贤之事，夷齐当然会被重视。本不必逸，而夷齐乃不敢不
逸。他们兄弟曾发出无处可去之叹，足以反映周朝并不高明，
这便能使那些投降派自愧偷生。《书经》中没记夷齐的事，大
概是照顾殷朝归顺之臣。可见武王的酬劳，对夷齐并无作用。
夷齐只好逸吧！这一股拿归顺周朝的殷人对比，衬出夷齐只有
逸的一条路了。《论语》原文这一章开头便说"逸民伯夷叔齐
……"，并没记载这话出自孔子，所以通篇不"入口气"。既出
《论语》，必是周人所记，用"我周"二字，也就符合记录《论

语》者的立场和他的口气了。这一比，正面发挥夷齐必逸的理由。）

　平仄平平仄仄　平平仄仄　仄平　平仄平平　仄仄仄平　　仄仄
盖天下惟民最贱，壶浆箪食，反颜结新主之欢。逸以耻之，而德与

仄仄平仄仄　平平仄仄　仄平　平平　平平平仄　　平平平仄
怨两无所任。西山片石，犹恨在寰中也。腥闻易染，纣不能兴渊薮

平平　仄仄平平　　仄仄仄平平仄
之波；大赉难辞，武不敢赐巨桥之粟。

（以上第七股。一般的民，对任何统治者都不敢不表顺从。而夷齐的逸，从君民两方说，都无德无怨。即首阳山也属多余的，因为夷齐的超脱，竟使纣王的虐政不能加到他们；武王的恩赐，也不敢给到他们。）

　平仄平平仄平　仄仄平平　仄仄　平平平仄　仄仄仄平　　仄仄
周室惟民最顽，纪叙图功，乘衅煽多方之变。逸以谢之，而畔与服

仄平仄平　平平　仄仄　平平　平仄　仄仄仄平　　仄仄仄平
两无所徇。黄农之宇宙，何异在今日也。墓木受封，死不愿效比干

平仄　仄平仄仄　　平平仄仄平平
之烈；宝龟见兆，生不轻为小腆之愚。

（以上第八股。殷民归周之后，仍不太顺，被称为顽民。他们私自记录小邦的政事。而夷齐的逸，超出了叛与服的两端。他像是处在黄帝神农的天地里。他死了也不会像比干墓木的受封，活着也不做顽民写自己政事的笨事。这一比从夷齐已逸之后发挥，说明他们逸的伟大。）

呜呼！自有夷齐而民心可以不朽矣，此其所以为逸民之冠欤。

（以上收结。《论语》这一章记许多逸民，首先提出的是伯夷叔齐。此文最后用冠字结束，点明这一章中诸人的次序，也表明夷齐在逸民中的地位。）（本篇引自《犊山文稿》）

按汉语的文学作品，包括诗赋词曲，乃至四字匾额，作为声调的细胞，或说最小的单位，常是两个字为一个盒子。两个盒子叠放时，上个的底如是仄，下个的底宜是平。三盒叠放时，三个底宜是"仄平仄"或"平仄平"。例如"闰馀成岁，律召调阳"，"馀岁"是平仄，"召阳"是

仄平。"落霞与孤鹜齐飞，秋水共长天一色"，"霞鹜飞"是平仄平，"水天色"是仄平仄（"与共"是衬字不算）。相连的盒底如果有接连相同的，就破坏了律调，就不好听。普通骈句，有时也会夹有不全谐律的句子。详见拙著《诗文声律论稿》。

后边再举一篇著名的游戏文章，即清初尤侗以《西厢记》句"怎当他临去秋波那一转"为题的一篇八股。尤侗文风以华丽见长，和当时的王广心一类，号称"尤王体"。当然也都很讲求声调的和谐。其实一般的八股既需用排偶也就必然不能不和谐，只是没有他们的突出。到了前举周镐那一篇不但突出，而且更加集中了。

以下举尤侗文章的故事通俗，不作解释，非专为介绍声调，也不再标平仄。

八、最著名的游戏八股文

怎当他临去秋波那一转　　　　　　清　尤侗

想双文之目成，情以转而通焉。

（以上破题）

盖秋波非能转，情转之也。然则双文虽去，其犹有未去者存哉。

（以上承题）

张生若曰：世之好色者，吾知之矣。来相怜，去相捐也。此无他，情动而来，情静而去耳。钟情者正于将尽之时，露其微动之色，故足致人思焉。

（以上起讲）

有如双文者乎？

（以上领题，亦称出题）

最可念者，啭莺声于花外，半晌方言，而今馀音歇矣。乃口不能传者，目若传之。

（以上第一股）

更可恋者，衬玉趾于残红，一步渐远，而今香尘灭矣。乃足不能停者，目若停之。

（以上第二股）

惟见盈盈者波也，脉脉者秋波也，乍离乍合者，秋波之一转也。吾向未之见也，不意于临去时遇之。

（以上领题，亦称出题）

258

启功全集　第一卷

吾不知未去之前，秋波何属。或者垂眺于庭轩，纵观于花柳，不过良辰美景，偶尔相遭耳。犹是庭轩已隔，花柳方移，而婉兮清扬，忽徘徊其如送者奚为乎？所云含睇宜笑，转正有转于笑之中者。虽使靓修瞳于靓面，不若此际之销魂矣。

（以上第三股）

吾不知既去之后，秋波何往。意者凝眸于深院，掩泪于珠帘，不过怨粉愁香，凄其独对耳。惟是深院将归，珠帘半闭，而嫣然美盼，似恍惚其欲接者奚为乎？所云渺渺愁余，转正有转于愁之中者。虽使关羞目于灯前，不若此时之心荡矣。

（以上第四股）

此一转也，以为无情耶？转之不能忘情可知也。以为有情耶？转之不为情滞又可知也。人见为秋波转，而不见彼之心思有与为之转者。吾即欲流睐相迎，其如一转之不易受何！

（以上第五股）

此一转也，以为情多耶？吾惜其止此一转也。以为情少耶？吾又恨其馀此一转也。彼知为秋波一转，而不知吾之魂梦有与为千万转者。吾即欲闭目不窥，其如一转之不可却何！

（以上第六股）

噫嘻！

（以上过接）

招楚客于三年，似曾相识；

（以上第七股）

倾汉宫于一顾，无可奈何。

（以上第八股）

有双文之秋波一转，宜小生之眼花缭乱也哉！抑老僧四壁画西厢，而悟禅恰在个中。盖一转者，情禅也，参学人试于此下一转语！

（以上收结）（本篇引自《西堂杂俎》。《制艺丛话》刻本，漏掉了一股。我藏有一册抄本，全是《西厢记》句子为题的，作者都题为唐寅，可疑是伪托的。）

九、余 论

前边已经谈过，八股文是陆续积累古代各种文体中的局部技法，拼凑而成的一种文体。不但那些局部技法无功罪可言，即开始拼凑的人，以及拼凑成的规格，也无功罪可言。如议罪，那就是有意特定用这种规格去考试士子的统治者，他们不但用此套子，而更设许多苛刻条件去"难"人，致使八股这种文学形式蒙了恶名。统治者不但害了士子，也害了一种文体。明末有人作诗有"断送江山八股文"之句，明亡后还有人写一柬帖贴于朝堂："谨具大明江山一座，崇祯夫妇两口，奉申□敬。晚生文八股顿首拜。"可见世人对八股的谴责。

清初有个医学家（当然是中医）徐灵胎，号洄溪，著有许多首"劝世"的"道情"（一种民间小调），总名《洄溪道情》，其中有刺时文一首云：

> 读书人，最不齐。烂时文，烂如泥。国家本为求材计，谁知道变作了欺人技。三句承题，两句破题，便道是圣门高第。可知道三通四史是何等文章，汉祖唐宗是哪一朝皇帝。案头放高头讲章，店里买新科利器。读得来肩臂高低，口角嘘唏。甘蔗渣嚼了又嚼，有何滋味。辜负光阴，白白昏迷一世。就教他骗得高官，也是百姓朝廷的晦气。

要知道这位徐灵胎也是读过、做过八股的人，他没做官，还可以说他比较能客观地看八股。稍后的文豪袁枚，是翰林官，既做知县，又是八股大家，刻有《袁太史稿》，总算得过八股好处的。他也记录这首道情，刻入《随园诗话》。是迫于舆论，不得不跟着嘲笑一番呢？还是反衬自己高明，不同于那些末流呢？还有梁章巨也是个翰林出身，做了大官，也做过考官，还著了一大部《制艺丛话》，"一本正经"地评论明清各家八股文的优缺点，而在他的《丛话》中也引了这首道情。袁枚没做大官，没操文柄，抄了道情，尚可理解；而梁章巨则不但在做考官时用这绳套套了多少士子，还要著书立说，颂扬这根绳套，最后抄了这道情，不但否定了八股，否定了他的著作，也否定了他自己，却是一件奇怪的事情！

大家都知道八股文害了多少士子，而受害更大的，实是皇帝。"崇祯夫妇两口"，固然是受害最明显的证据，从本质上看，用《四书》中零章断句来强迫人东拉西扯，还要算"代圣贤立言"，分明是"公开造谣""假传圣旨"，皇帝还郑重其事地封官任职。既然自己令人造谣，自己还以为选拔人才。所选的那些人和他们做的官，自宰相一级直到地方县令，都是久经锻炼说假话的人，这样从朝政到吏治，能够好得了吗？明眼人看来，不必等到崇祯死后才算"断送江山"，从开始用那文体、用那题目、用那做法、用那条件去套人的人，早已种下了"断送"的根源！

八股文被利用来束缚士子并从根本上成为说谎造谣的大训练，流弊自然不可胜言，但世上事情并不全都这么简单，还有它的另一面：也不知从何时何人起，许多士子称科举八股文为"敲门砖"，这个词也包括其他科举考试所用的文体。拾起一块砖头去敲门，门里的人听见出来开了门，客人手里的砖头也就扔掉了。可见应科举的人对科举本身的态度，更无论对八股文体的态度了。所以明清历朝科举出身的人，也就都是作过八股的人，并不都是专会欺诈撒谎的人，也有许许多多具有各方面的才能，为国为民作过若干好事的。但又可断言，那些人的各项才能和所作的好事，绝对不是从八股文中学来的。

有人反问："你不是说过八股文体并不负罪责吗？"回答是："并不

矛盾。"试看周镐文章的声调流利铿锵、分析深透周密，这些文章技巧，岂不都是从古代文学传统中学来的！尤侗的文章，代《西厢记》的张生立言，岂不是剧本外的一出小品戏吗！我还要问：骈文中几个单句之下用几双排句，然后再接单句，俗称"宫灯型"，上下绳穗单，灯架四框偶，或说"乌龟型"，上下、头尾单，前后四腿偶。还有五七言的律诗，也是首尾可单，中间必偶。这些模槽，传了一千几百年了，今天作旧体诗的人还用五律七律之体，这问题岂不值得研究民族文学史、民族文化史的学者好好深思吗？

传统也好，模槽也好，前边谈过的《字眼便用》那本"换字法"的书，可以上溯到《尔雅》，"初、哉、首、基"等字都同于"始"，"林、烝、天、帝"等字都同于"君"……下沿到《骈字类编》，两字两字的词，可以分别换着用。从唐朝的《白孔六帖》、宋朝的《太平御览》、明朝的《永乐大典》、清朝的《图书集成》，下到后世的蒙书《龙文鞭影》、《史鉴节要》，等等，哪个不是作文用典的资料！高头讲章式的《诗韵合璧》，上端横栏中所列的《类腋》之类的书，又哪个不是修饰辞藻的大型"小抄"呢？再大到《四库全书》，前边的上谕是破题，目录是承题，提要是起讲性质，经史子集正目、存目是八条腿，馆臣的进书表是尾巴。

戏剧例如皮黄的《空城计》，诸葛亮出场自述是破题，派将是承题，马谡违背指挥、王平预报地形是起讲，诸葛亮在城上与司马懿对唱是两大扇，斩马谡是收结。即到大鼓书、牌子曲等，开头几句，也必要笼罩全篇，等于破题。

建筑方面如四合院，大门、二门、过厅，是冒子。游廊四面，瀡顶两座（东南、西南）、厢房两面，是提比、小比。正房一套，包括暗间、耳房，是主要的龟背部分，也即是中比大段。照房或群房是收结。诸如此类的现实所反映出的思想方法，似乎都有"基因"。听说有人用老鼠作试验，把"基因"打破搅乱，于是有尾生背上、腿生五条的，但其为尾为腿，依然故鼠，而无鸟爪鱼尾的。基因之伟大，其顽固之可恨，有如此者哉！总之，八股文体各部分，各器官和它们的功能，都是从遗传基因而来的。定型的、程序化的八股文，则是人为的，由搀乱而产生的畸形老鼠。用八股去考试天下士子，犹如勒令天下人以畸形老鼠为主要的食品肉类而已。

再回到文章技巧问题方面来，即以换字法为例，非但无善恶之可言，还是一个不可避免的条件。某个民族语言的词汇多，足以说明这个民族文化的丰富，而绝不证明他们野蛮。况且无论讲话或做文章，只有几个词来回用，听者读者一定厌烦。古今若干好的文学作品，没有不是善于变换运用词汇的。有趣的是，像王国维先生《人间词话》曾举沈伯时《乐府指迷》所说的加以贬斥。沈氏说，说桃不可直说破桃，需用"红雨""刘郎"等字；说柳不可直说破柳，需用"章台""灞岸"等字。当然这些"不可直说破"和"需用"的提法，实在太死，但是换字法却是作诗文词曲乃至说话讲演的人，不但都绝对不可避免，而且是修辞手段中的一个重要环节。不必远举古代《江赋》《海赋》之类为例，即以《人间词话》所推崇的苏轼《水龙吟》咏杨花词，整首全是拟人化、比喻法。最后才落到"细看来，不是杨花，点点是离人泪"。通篇是一个大换字，只是活而不死而已。至于说纯文体形式（不算思想内容）对国计民生有多大的关系，恐怕很难直接连得上。"举一隅，不以三隅反，则不复也"，故曰："并不矛盾！"

十、试帖诗

在科场考试中，与八股文并行的一种文体，就是"试帖诗"。考试所用的文体，本有多种，如赋、论等，但最主要的，一直与科举考试制度相终始的，八股文外，要数试帖诗了。

试帖诗又称为"五言八韵诗"，它的形式，即是"五言排律诗"，只是增加了一些特定的条件：

a. 必须五言句。

b. 必须律调句（在一些名家试帖诗集中，也偶有一二拗句的，但在正式考卷中许不许有拗句，尚未见明文）。

c. 必须十六句。

d. 首尾各二句可以不用对偶外，其余各联必须对偶。

e. 限定以某字为韵。例如以"东"字为韵（题下注："得东字"），通首必须严守东韵。如某句韵脚用了"冬"韵中的字，叫做"出韵"，便不及格。

f. 一般律诗，首句用韵的，那个韵脚字，可以用邻近韵字，叫做"撞声"，但试帖诗是不许可的。即使不用邻近韵字而仍用本韵中字的，也只在名家试帖诗集中偶一见之，考卷中许可与否，也未见规定。但所见绝大多数作品（包括所见的中试朱卷和试帖诗集）都是首句不入韵，而且"仄起"（即句中第二字为仄声的）为多。揣度其原因，大约是因为既称"八韵"，如果首句用了韵岂不成了九韵了。那么不用首句入韵的格式，自然是保险的。首句仄起，旧时称为"正格"，首句平起的，旧时称为"偏格"。正格、偏格的说法，本无道理，也无根据（见拙著《诗文声律论稿》），而从前流行甚广，自必被试帖诗所采用。

g. 诗的前四句中要把题目大意包括进去，类似八股文的破题。后来逐渐演变成为要包括"题字"，例如下面举的《敦俗劝农桑》那首作品，前四句里即嵌进这五个字。但死板过甚的条件，总有行不通的时候，所以有些作品中，也就不全包尽题字了。

h. 诗的末尾要"颂圣"，即是末二句处一定要扯到赞扬皇帝，歌颂时政上，即使强词夺理、牵强附会，也都在所不惜。这在窗课诗集中并不全有，但在考试上则必不可少。这末二条在苛刻条件中，实属出奇的。

试帖诗形式举例：

赋得敦俗劝农桑　　得敦字　　　　　　　　　清　杨庚

（此题式首称"赋得"，题下注"得某字"，即是以那个字为韵。所用韵字，有在本题中取字的，有不在本题中取字的。"敦俗劝农桑"是唐玄宗的一句诗。本诗作者是清代嘉庆时人。）

耕织

鸿图肇，农桑

凤诏温。

巡春民用劝，函夏俗同敦。考礼钦

祈谷，歌豳重采蘩。公田皆雨及，

法驾屡星言。

推四风清眑，缫三月满盆。笠看黄壤聚，秭到绿云屯。安土

齐趋业，蠲租叠沛

恩。万年衣食裕，

寿寓迈羲轩。

265

（书写的格式是：题目低两格写。诗的正文也全低两格写。有涉及皇帝的字句，即把指皇帝的字提高到低两格的那个高度，叫做平抬，那也是全诗的最高横线。如遇提到比当时皇帝更高一层的字句，便写在比这个横度高一字处。遇再高一层的，便再往上提。本首诗中：凤诏、巡春、法驾、恩、寿寓各处都是指嘉庆皇帝的，所以都提到平行度处。鸿图、祈谷都是指嘉庆以前就有的政令，所以比凤诏再提高一字。四推指皇帝亲耕籍田时，亲自扶犁向前三推，回来再推三次，叫做三推三返。雍正增了一推一返，所以这里提到四推时，也要比指嘉庆的话再提高一字。寓即宇字。

这首诗中，随处都是需要抬写的字，末尾的颂圣，就不显得突然了。）

考试做完八股文还要加上试帖诗，从形式上看，好像是诗文并重。仔细看来，实在另有缘故。八股文中自从明末清初删去"大结"之后，全篇中即没有应考者自己立场的语言，因此在文中也就没有地方可以安插对皇帝表颂扬的话了。皇帝下令考了一番，竟连一句颂扬的话都没听到，自是缺典，也不甘心。那么试帖诗的"颂圣"尾巴，正可起画龙点睛的妙用，也就弥补了前边八股文之不足了。

至于试帖诗的做法，当然仍是翻来覆去地嚼那题目中的字。在词章修养高的人，可以用各样换字法去变化字面。从文体类别看，试帖诗基本上属于咏物诗，但所咏的不限定某一物，而是咏"题"，题目中所有的几项内容，都要从它们的上下、左右、前后、正反、内外各个方面挖空心思去拉拉扯扯。看起来也不失巧妙有趣，实际上它正和八股文一样，没有作者自己的任何思想、感情，更不用说发为议论了。限于篇幅，这里不再举例。

由于这种诗都要扣紧咏"题"，于是形成了一种特别的腔调。有一首游戏性的"剃头诗"，虽然只做了四韵（八句），却能写出试帖诗体的神髓。诗曰：

> 闻道头堪剃，何人不剃头。有头皆可剃，无剃不成头。剃自由
> 他剃，头还是我头。请看剃头者，人亦剃其头。

中间两联，最具试帖诗句法的特点。结尾两句，尤其可见神完意足，滴水不漏之妙。有人说这是清代初年讽刺剃发令的作品。按清初时试帖诗还没达到一律滥调的程度，前人笔记所记，也没有明确指出时间，年代远近，已不可考了。

附记：先师励耘老人陈援庵先生诞生一百一十周年之日，谨以习作一篇为献。先生生于清季科举未废之时，举业既属士子唯一出路，八股文自为必读必习之艺。于是其文体形成之缘起与夫痼弊积累之所在，莫不一一了如指掌。间尝请益，深蒙详加剖析。时当神州沦陷之际，先生口诵周栎山《逸民伯夷叔齐》一篇，琅琅然声出金石，盖感时寄慨，如赋变雅焉。功亦或退而拟作，犹忆一题曰《君子不以其所以养人者害人》，一题曰《国人皆曰可杀》，每呈函丈，必蒙笑而阅之。追数其股数，又复诧曰："何以俱只六股？"对曰："总扯不长。"先生掀髯笑曰："小考六股亦可矣。"追念当年提命，虽末艺之微，笔墨之戏，其拳拳之谊犹有如是者。今距登堂受教之初，已近六十年，而功衰迟废惰，寸进不加，瓣香回向，不知涕泗之奚从也。启功谨识。

原载1991年《北京师范大学学报》第五、六期

267